# 新商科下
# 会计学一流专业教育教学
# 改革研究与实践

北方工业大学会计学专业教育教学与课程思政建设文集

刘永祥 王志亮 赵贺春◎主编

经济管理出版社
ECONOMY & MANAGEMENT PUBLISHING HOUSE

**图书在版编目（CIP）数据**

新商科下会计学一流专业教育教学改革研究与实践：北方工业大学会计学专业教育教学与课程思政建设文集/刘永祥，王志亮，赵贺春主编. —北京：经济管理出版社，2021.8
ISBN 978-7-5096-8205-0

Ⅰ.①新… Ⅱ.①刘…②王…③赵… Ⅲ.①北方工业大学—会计学—教学改革—文集 Ⅳ.①F230-4

中国版本图书馆 CIP 数据核字（2021）第 157327 号

组稿编辑：任爱清
责任编辑：任爱清
责任印制：黄章平
责任校对：陈 颖

出版发行：经济管理出版社
（北京市海淀区北蜂窝 8 号中雅大厦 A 座 11 层 100038）
网 址：www. E-mp. com. cn
电 话：（010）51915602
印 刷：唐山昊达印刷有限公司
经 销：新华书店
开 本：710mm×1000mm /16
印 张：14
字 数：244 千字
版 次：2021 年 9 月第 1 版 2021 年 9 月第 1 次印刷
书 号：ISBN 978-7-5096-8205-0
定 价：88.00 元

# 前　言

北方工业大学会计学专业创办于1983年，是全国以工为主的多科性大学中较早开办会计学专业教育的院校之一。2005年、2014年经国务院学位委员会批准，分别设立会计学硕士学位授权点和会计硕士（MPAcc）专业学位授权点。本专业依托学校多科性工业大学综合优势，经过38年的建设与发展，形成了比较合理的办学层次和坚实的学科基础，突出“新工科+会计”的办学特色，专业建设取得了一定成效。

在专业建设方面，本专业2009年被北京市教育委员会评为“北京市特色专业建设点”；2017年在北京市教育委员会组织的“北京市属高校会计学专业评估（试点）”中排名第三；2020年获批“国家级一流本科专业建设点”。专业教师主持完成的教学成果《工科大学会计学专业建设的实践与探索》2013年获北京市教育教学优秀成果二等奖；《应用导向的会计学专业实践教学体系创新设计与实践》获全国商业科技进步三等奖；《社会组织会计制度研究》2017年获民政部中国社会组织建设与管理理论研究部级课题三等奖。会计系被北京市教育工委评为“教育先锋号”先进集体。《基础会计》课程2005年被北京市教育委员会评为北京地区高等学校市级精品课程；《财务报告分析实训教程（双语）》入选国家“十二五”规划教材；《基础会计》教材被北京市教育委员会评为北京市高等教育精品教材立项项目，2021年被北京市教育委员会评为北京市高等学校优质本科教材（课件）。专业教师完成的教学案例《SJ公司股权激励计划》入选全国工商管理教学指导委员会第三届全国“百篇优秀管理案例”；1篇教学案例被中国管理案例共享中心收录；《基础会计实训》教学课件获北京市属高校“创想杯”多媒体课件大赛三等奖；9篇教学案例入选全国MPAcc教学指导委员会案例库。

在师资队伍建设方面，本专业现有专任教师28名，师资队伍的学历、学缘、年龄、职称梯队结构合理。现有北京市教学名师1人，北京市优秀教师1人，北京高校育人标兵1人，北京市先进会计工作者1人，北京市属高校中青年骨干教师4人，北京市属高校拔尖人才1人，北京市属高校青年英才1人，北京市师德先锋1人，财政部国际化高端会计人才培养工程入选者1人。《北方工业大学会计学专业系列课程教学团队》被北京市教育委员会评为北京市优秀教学团队，《北方工业大学会计学专业实践与创新教学团队》被北京市教育委员会评为北京高校继续教育高水平教学团队。

在科学研究与社会服务方面，近年来专任教师主持国家自然科学基金5项，国家社会科学基金2项，教育部人文社科项目、北京市社会科学基金项目等多项省部级课题的研究。主持北京市教育科学“十三五”规划课题（优先关注项目）、中国农业会计学会2021年度研究课题、北京高等学校教育教学改革立项项目等多项科研项目的研究。专业教师先后承担各级各类政府和企事业单位委托课题的研究，为政府和企事业单位提供财会税审规划咨询服务。开发的财政管理及财务会计类软件获国家软件著作权4项；多项科研成果先后获全国性会计类专业协会优秀论文奖。

在人才培养方面，本专业学生近年来先后荣获“科云杯”全国大学生财会职业能力大赛一等奖、全国高校商业精英挑战赛会计与商业管理案例大陆总决赛一等奖、北京市大学生ERP管理会计应用决策大赛二等奖，海峡两岸与港澳地区大学生会计与商业管理案例竞赛商业精英挑战赛中连续获得4次中国大陆赛区一等奖、2次中国香港赛区一等奖等多个学科竞赛奖项，学生学科竞赛成果丰硕，毕业生就业质量高，发展前景好。

在新形势下，如何加快教育教学改革，在建设高水平本科教育上取得实质性突破，全面提高专业人才培养质量，是专业建设面临的一个重要课题。本书坚持“立德树人”根本任务，结合北方工业大学会计学专业本科教育教学的实际，以实践创新职业能力培养为导向，从课程思政推进、课程体系设置、实践教学内容重构、人才培养基地构建模式创新等方面入手，探索大学教育与社会需求有机衔接、实践教学与新兴商业模式信息交互的人才培养机制，提高专业人才培养能力，实现符合北京“四个中心”战略定位，适应会计“数智化”发展趋势的高层次、应用型会计人才的专业培养目标。

本书为北方工业大学会计学专业教育教学改革系列文集之一，分为“综合改革篇”和“课程思政篇”。

“综合改革篇”是在全国大学本科教育推动“双万计划”和“高水平应用

型大学”的双重背景下，结合应用型大学会计学专业本科教育教学的实际进行一流专业建设研究与探索。本篇以“立德树人”为根本，结合北京“四个中心”功能定位，依托学校新工科建设平台，突出“新工科+会计”办学特色，加强工程素质和现代信息技术应用能力培养，坚持以学生为中心，深化教育教学改革，围绕培养高素质、应用型专门人才目标，进一步研究和探索推进专业自身建设。本篇主要包括应用型大学“会计学”一流专业建设、数字经济时代会计学专业应用型人才培养模式、“实践+双语”会计人才技能的提升路径与教学模式、产学合作协同育人模式、教育教学改革与创新创业教育等内容。

“课程思政篇”坚持会计学专业教育教学改革，以“立德树人”为根本任务，把教育教学的“育人”功能作为核心任务，强化专业课程的思想政治教育功能。系统梳理专业课程的思政元素，推动课程思政与专业知识的深度有机融合。牢牢把握高校意识形态工作的重要责任，积极传播习近平新时代中国特色社会主义思想，弘扬社会主义核心价值观。组织专业教师开展课程思政专题讨论会，学习、贯彻落实全国思政工作会议精神，统一思想，强化“四个意识”，坚定“四个自信”，做到“两个维护”，把培养学生高尚的道德情操放在第一位，教育引导学生正确认识新时代的重大责任和历史使命，并努力付诸实践。课程建设将思想政治工作贯彻到教育教学全过程，在会计学专业相关课程中融入社会主义核心价值观为主的思想政治理论与知识，将家国情怀、民族自豪感、法制意识、社会责任、文化自信、人文精神等思想政治教育要素融入会计学科的所有专业课程教学。构建高校全员全程全方位育人格局，强化专业课程“立德树人”功能，全力推进本科专业课程思政育人体系建设，全面提升会计学专业人才培养质量。

本书系国家级一流专业建设点——北方工业大学会计学专业（2020 年）（项目编号：108051360021XN234）、北京市特色专业建设点——北方工业大学会计学专业（2009 年）建设的阶段成果之一。本书的出版得到了国家级一流专业建设点——北方工业大学会计学专业（2020 年）（项目编号：108051360021XN234）建设经费的支持。

本书是北方工业大学经济管理学院会计系专业教师集体智慧的成果，由刘永祥教授、王志亮教授、赵贺春教授共同策划并担任主编，会计系主任王志亮教授和各课程群责任教师负责本书编写的具体组织工作。论文的具体题目及研究内容在本书总体框架内由专业教师根据各自的教学经验、研究兴趣和承担的教学任务自行设计并选定，每篇论文作者对各自论文文责自负。

在会计学专业国家级一流专业申报工作中，会计系刘永祥教授、王志亮教授、赵贺春教授、徐岩副教授、田翠香副教授、黄凌灵副教授、洪峰副教授、于国旺博士、李宜博士承担了大量的资料整理和编写工作，做出了重要贡献。全体教师积极参与，承担了资料收集等辅助性工作。在本书出版过程中，王志亮教授和于国旺博士承担了本书出版的具体事务工作。经济管理出版社任爱清编辑为本书出版做了大量工作。在此一并表示诚挚谢意！

会计学一流专业建设和教育教学改革是一个系统工程。由于多方面原因所限，本书在研究视野、研究深度、研究内容的聚焦性等方面尚存在诸多不足，恳请读者批评指正。

刘永祥　王志亮　赵贺春

2021 年 7 月

# 目　录

## 综合改革篇



## 课程思政篇

# 综合改革篇

“综合改革篇”是在全国大学本科教育推动“双万计划”和“高水平应用型大学”的双重背景下，结合应用型大学会计学专业本科教育教学的实际进行一流专业建设研究与探索。本篇以“立德树人”为根本，结合北京“四个中心”功能定位，依托学校新工科建设平台，突出“新工科+会计”办学特色，加强工程素质和现代信息技术应用能力培养，坚持以学生为中心，深化教育教学改革，围绕培养高素质、应用型专门人才目标，进一步研究和探索推进专业自身建设。主要包括应用型大学“会计学”一流专业建设研究与探索、数字经济时代会计学专业应用型人才培养模式研究、“实践+双语”会计人才技能的提升路径探究、会计学专业产学合作协同育人模式研究、高等教育教学改革与创新创业教育融合发展研究、以服务绿色北京为特色的会计学专业“四个一”实践教学模式探索等内容。

# 应用型大学“会计学”一流专业建设研究与探索

王志亮

**摘　要：**在全国大学本科教育推动“双万计划”和“高水平应用型大学”的双重背景下，本文结合应用型大学会计学专业本科教育教学的实际进行一流专业建设研究与探索，以实践创新职业能力培养为导向，从课程思政推进、课程体系设置、实践教学内容重构、人才培养基地构建模式创新等方面入手，探索大学教育与社会需求有机衔接、实践教学与新兴商业模式信息交互的“产学双向互动人才培养机制”，对应用型大学会计学专业适应会计“数智化”发展趋势，改进教育教学模式及效果，提升人才培养质量，实现高层次、应用型会计人才培养目标具有重要实践指导意义。

**关键词：**应用型大学；会计学专业；一流专业建设

## 一、引言

按照2015年国家《关于引导部分地方普通本科高校向应用型转变的指导意见》，应用型大学的办学思路应该转到服务地方经济社会发展上来，产教融合、校企合作，培养应用型、技术技能型人才，增强学生就业、创业能力，全面提高学校服务区域经济社会发展和创新驱动发展的能力。近年来，高等院校作为创新创业人才培养的主阵地，纷纷以创新创业教育改革为突破口，在培养和提高学生创新创业职业能力的同时，有力地带动了高校教育教学的全方位改革。会计学是一门实践性和技术性较强的应用学科，实践环节的教学对应用型会计人才的培养具有特殊的重要意义。长期以来，由于受学院式教育的影响，实际上已造成会计学专业毕业生在知识结构和实践创新的职业能力上与用人单位需求的不匹配。以“大智移云物区”等为代表的现代信息技术飞速发展带来了商业模式不断革新和变化，国际、国内会计学专业教育均面临如何创新教育教学模式，未来亟须培养既有扎实的理论基础，又能迅速适应现代信息技术飞速发展背景下新兴商业运作模式变化（如会计网络化、数字化、智能化）的高层次、应用型会计人才。

## 二、国外、国内相关研究现状及趋势

### （一）国外相关研究现状及趋势

从世界范围来看，一方面，西方发达国家大多非常重视学院教育与实践应用的衔接，以形成人才培养与社会需求的良性互动。建立在“双元制”（Dual System）基础上的职业教育与培训（Vocational Education and Training，VET）就是一种典型的实践教学模式，它的突出优势就是将学校与企业、理论知识与实践技能结合起来，能够培养既具有较强操作技能，又能运用专业理论知识对经济发展和企业生产经营的变化迅速做出调整，从而进行技术革新和管理创新的应用型人才。VET 最初是企业与职业学校合作，以培养技术工人为目标的教育模式。学生以学徒身份在企业内接受职业技能和相应知识的培训，以便更好地掌握“怎样做”的问题。另一方面，又在职业学校里以学生的身份接受与职业有关的专业理论和通识教育，以了解实训技能操作中“为什么这么做”的问题。近年来，随着西方国家的失业率升高，大学毕业生就业率逐年下降，越来越多的综合性大学也开始和企业合作引入“双元制”教育模式，进行教育“供给侧”改革和探索，以改善结构性失业问题。经过多年的发展，一方面，德国“双元制”高等教育也以其完整的体系、实践与理论的高度融合，享有良好的国际声誉，成为培养高级应用型人才的典范。另一方面，会计界的专家、学者和相关学术、职业团体对会计教育水平的下降表示担心，认为现行的会计教育模式没有能够对学生进行诸如会计的发展历史、会计在社会经济生活中的角色、职业道德教育、沟通技巧、领导能力、合理的职业判断、推理、职业怀疑态度等方面进行成功的教育。也有学者指出，美国现行的会计教育过于理论化，往往与企业实践需要不相一致。首先，企业经营环境的变化对会计实务工作有了新的要求，会计教育没有及时调整使学生能够去应对这些变化；其次，会计教育过分关注不切合企业实际业务的既定规则的应用，而忽略了更为重要的职业能力的培养。这种不一致也体现在学界和业界对会计职业能力判断的不同上。如在知识的掌握上，学界重视企业治理，业界认为经济学更重要；学界强调信息技术的一般理论，业界强调信息技术的应用能力。在掌握技能上，学界强调计量和报告的技术处理，业界则注重对有关法律法规和监管规则的遵守；在职业态度上，学界强调对职业道德及专业责任的理解，业界关注的是如何将其应用于真实世界。总之，现行的会计教育既不足以满足企业的实际需要，也不能够让学生去充分理解实践中的会计程序和企业财务结构，会计教育从业者应该根据经济社会发展的需要，跟会计实务工作者一起制定与时俱进的会计课程体系，提高会计教育质量，跟进现代信息技术进步和新兴商业模式发展的步伐，助力企业经营，促进经济发展。

### （二）国内相关研究现状及趋势

国内会计学本科教育在培养高层次、应用型会计人才上同样面临困境。自21世纪以来，信息技术创新消除了传统交易模式信息处理时间与地点的约束，经济全球化驱动下的会计国际趋同等因素共同促进了各种要素资源的全球流动，也带来了资源配置的全球化竞争趋势。经济社会的变革要求会计职业的角色功能做出必要的改变和重新定位。会计职业从传统财会领域的记账、算账、报账为主，拓展到内部控制、投融资决策、企业并购、价值管理、战略规划、公司治理、会计信息化、财务智能化等高端管理领域，其执业重心以核算为主的财务会计向参与战略管理和流程优化的管理会计倾斜，进而对会计人才知识和职业能力衍生出新的需求。与这种趋势形成反差的是大学不能像企业那样迅速了解市场变化信息，大学会计教育往往滞后于会计实务的发展，对外部实务界的新需求反应迟缓，尤其是在现代信息技术飞速发展的背景下，更是加剧了会计教育与企业实务之间的脱节。近年来，随着课程改革及人才培养校企合作的开展和深化，大学会计学专业实习、实践教学基地和校外人才培养基地的建设，我国大学会计实践教学方面也取得了长足发展，不仅表现为实践课程比重的增加，实践课程类型的多样化，在学时分布方面也反映现行大学会计理论教育与实践教育正在加紧融合，实践中也取得了一些积极成果。但会计学专业实践教学总体上仍然存在教学目标（实践认知还是职业能力培养）模糊，课程实训彼此孤立、缺乏系统性，尤其在应对大数据、人工智能、移动互联网、云计算、物联网、区块链等现代信息技术创新和发展带来的企业自身信息化风险、战略及业务流程风险以及商业模式、资本运作的网络化环境等方面，会计学专业相关实践、实训课程内容严重滞后，无法满足对学生进行实践创新职业能力培养的需要。

## 三、建设思路

在全国大学本科教育推动“双万计划”和“高水平应用型大学”的双重背景下，如何围绕应用型大学会计学一流本科专业建设，创新教育教学模式，形成大学教育与社会需求有机衔接、实践教学与新兴商业模式信息交互的产学双向互动人才培养机制，是提高人才培养质量，实现高层次、应用型会计人才培养目标的重要途径。会计学专业本科教育教学改革和创新是一个系统工程，局部改革不可能彻底解决人才培养与社会需求脱节的问题，整体推进更不可能一蹴而就，需要从课程内容的设置、实施模式的构建、持续信息反馈机制的形成等方面循序渐进，分环节、分步骤地持续推进。

### （一）专业建设必须牢牢把握社会主义办学方向

坚持把高等学校的“育人”工作放在中心地位，加强理想信念教育，弘扬社会主义核心价值观，把学生培养成新时代中国特色社会主义的建设者和接班人。

### （二）明确专业办学定位

厘清学校“高水平应用型大学”办学定位的内涵和对专业建设的要求，结合地方社会经济发展的实际需要，根据“国家一流专业”建设标准，确定应用型大学会计学专业本科教育办学定位和人才培养目标，凝练专业特色。

### （三）找准教育教学改革方向

梳理国际、国内会计教育，尤其是会计学专业实践教学有关改革的推进及其收到的成效，对照国际上会计学专业本科教育教学可资借鉴的成功模式，分析国内会计学专业教育教学现状及存在的主要问题，明确形成人才培养与社会需求良性互动的会计学专业教育教学模式的改革方向。

### （四）重构专业课程体系

针对会计学专业教育教学的具体实施情况，在共建“一带一路”和“人类命运共同体”的时代背景下，充分考虑信息技术创新、互联网发展及服务地方经济建设对会计人才培养的要求，根据企业对会计人员实践创新职业能力的需求，对会计学专业课程体系进行重构，增加基于现代信息技术应用和国际化培养要求的专业教育课程。

### （五）整合课程实验、实训

将按课程或业务类别设置的相对孤立的实验、实训进行系统整合，模拟现代信息技术发展背景下企业经营、管理及产品竞争等内部真实场景和外部市场环境，将会计实验、实训嵌入企业经营管理的全局下进行，构建情景模拟会计综合实训平台。实现"技能训练型"向"能力培养型"会计实践教学内容体系的转化。

### （六）构建产学双向互动人才培养机制

对现有会计学专业实践教学基地、校外人才培养基地的建设模式进行突破和创新，形成会计学专业教育与现代信息技术发展背景下企业运作新兴商业模式之间信息交换的产学双向互动人才培养机制，以适时调整大学会计专业教育的专业课程体系，持续改进校内实践教学的情景模拟会计综合实训平台。

## 四、建设目标、内容、重点和难点

### （一）建设目标

在全国推进"双万计划"和建设"高水平应用型大学"双重背景下，本文结合应用型大学会计学专业本科教育教学实际进行一流专业建设研究，旨在探索坚持"立德树人"根本任务，适应大智移云等现代信息技术发展需要和国际化培养要求，大学教育与社会人才需求有机衔接、实践教学与新兴商业模式信息交互的"产学双向互动人才培养机制"，提高应用型大学会计学专业教育教学和人才培养质量，实现既有社会主义理想信念，又有扎实专业理论基础；既能熟练应用现代信息技术，又能迅速适应新兴商业运作模式变化的高层次、应用型会计人才的专业培养目标。

### （二）建设内容

本文拟从会计学专业课程思政建设、课程体系设置、实践教学内容的重构与整合、产学双向互动人才培养机制的构建四个方面，对应用型大学会计学一流专业建设进行研究，探索大学教育与社会需求有机衔接、实践教学与新兴商业模式信息交互的“产学双向互动人才培养机制”，提高人才培养质量，实现高层次、应用型会计人才的专业培养目标。

1. 课程思政建设

会计学专业教育教学改革应坚持“立德树人”根本任务，把本科教育的“育人”功能作为核心任务，强化专业课程的思想政治教育功能。系统梳理专业课程的思政元素，推动课程思政与专业知识的深度有机融合。开展“三全育人”综合改革，进一步完善保障学生成长成才的长效机制，全面提升专业人才培养质量。

（1）构建课程思政长效机制。专业建设须坚持社会主义办学方向，明确“立德树人”根本任务，强化思想引领，把思想政治教育放在人才培养首位，突出“五育并举、德育为先”的教育理念，在培养学生自身知识和技能水平提高的同时，把培养学生高尚的道德情操放在第一位，引导学生发展成为新时代中国特色社会主义建设的合格人才。专业建设要牢牢把握高校意识形态工作的重要责任，积极传播习近平新时代中国特色社会主义思想，弘扬社会主义核心价值观。组织专业教师开展课程思政专题讨论会，学习、贯彻落实全国思政工作会议精神，统一思想，强化“四个意识”，坚定“四个自信”，做好“两个维护”，共同推进课程思政建设，教育引导学生正确认识新时代的建设责任和历史使命。努力将思想政治工作贯彻到教育教学全过程，构建全员全程全方位育人格局，强化专业课程“立德树人”功能，全面推进本科专业课程思政育人体系建设。在会计专业所有课程融入社会主义核心价值观为主的思想政治知识与理论，将家国情怀、民族自豪感、法制意识、社会责任、文化自信、人文精神等思想政治教育要素融入会计学科的所有专业课程教学。严把师德关，明确专业教师“立德树人”意识。将师德师风作为专业教师遴选和考核的首要标准，强调切实贯彻教师育人第一责任人制度，强化专业教师在学生成长、成才过程中的责任感和使命感。

（2）加强师德师风建设。专业建设要紧密围绕“立德树人”根本任务，狠抓师德师风建设，积极引导全体教师争做“四有”好老师和“四个领路人”，严格落实师德一票否决制度。全面加强专业教师思想政治教育，不断增强“四个意识”、坚定“四个自信”、做到“两个维护”。深入开展教师党员理想信念教育、教职员工中国特色的社会主义核心价值观宣传教育，进一步增强广大教师的理论认同、政治认同、情感认同。积极引导广大教师潜心教书育人、“立德树人”，把加强师德建设、培养社会主义合格建设者和接班人摆在重要位置。

（3）加强支部党建工作。专业党支部须努力践行“立德树人”理念，积极进行师德师风建设，在教学科研等方面起到引领作用。具体活动包括组织教工党员学习师德师风相关党发文件，参加师德师风主题讲座；组织开展学风建设主题讲座活动，积极引导、应询学生专业考研相关问题；在支部党员中推行党员公开承诺践诺活动；以支部党员为主，组织进行团队科研项目等。开展、做实支部专题教育组织活动，党员结合本职工作找差距、抓落实，争做新时代“四有”好老师和“四个引路人”，党务与业务工作结合，促进教风学风建设，努力践行“立德树人”理念，积极参与师德师风建设，认真履行党员公开承诺践诺工作，在教学科研和学生工作等方面起到引领作用。

2. 课程体系设置

大智移云等现代信息技术迅速发展正在改变我们的生活和工作。2000 年，高盛在纽约总部的美国现金股票交易柜台雇用了 600 名交易员。但今天，完成所有工作只需 2 名交易员；荷兰的 ING 银行，宣布一个可以让它们在未来省下近 9 亿欧元的“数码转换”计划；2020 年德国商业银行中 80%的工作都已数码化、自动化。曾经会聚全球顶尖金融人才的华尔街也可能率先被人工智能攻陷。摩根大通利用人工智能（AI）开发了一款金融合同解析软件——COIN，经测试，原先律师和贷款人员每年需要 360000 小时才能完成的工作，这款软件（COIN）只需几秒就能完成。不仅错误率大大降低，重要的是它还从不放假。①会计职业也正在发生颠覆性的变革。例如，2005 年中兴通讯建立中国第一家财务共享中心。西安有 300 名员工，管理来自 80 个国家的会计报表。共享服务在很大程度上把财务的基础业务转换成自动流水线。财务审核人数由 87 人减少到 43 人，总人力成本由原来的 619 万元减少到 316 万元，共节约 303 万元，每个费用单据所耗用的人力成本由每单 15.35 元降为每单 7.83 元，每张单据节约人工成本 7.52 元。又如，福特构建了财务共享服务模式，将分布于全球的财务人员从 4000 名降低到 3000 名并集中到财务共享服务中心，为全球 300000 名福特员工和 125 亿美元的销售业务提供服务。通用电器将其在美国的交易人员降至原来的 1/4。中国电信、中国移动、中广核、中交建、金蝶、平安、万科、长虹、海尔、宝钢等国内知名企业纷纷建立了共享服务中心。财务机器人可以每周 7×24 小时工作，可能会让上千万会计人失业。

① http：//www. nbd. com. cn/articles/2017-03-04/1081403. html.

社会经济发展、商业模式变化、现代信息技术的应用对未来会计职业能力提出了前所未有的挑战。会计专业的课程体系设置取决于会计人员职业能力构架，会计教育须借鉴国际会计师联合会（IFAC）为推动全球会计教育和会计职业的统一发展为目的，构建的基于胜任能力的会计职业能力框架，从职业知识、职业技能及职业价值观三个方面，通过实地考察、电话访谈、问卷调查等形式，对现代信息技术发展背景下企业会计人员的实践创新职业能力需求进行调研和分析。专业建设要依托学校“新工科”建设平台，促进现代信息技术和会计学专业交叉融合，组织校内外专家进行可行性论证，对照会计学专业课程体系设置进行改进，增加基于信息技术应用和国际化培养要求的专业教育课程。在通识性教育课程中设置大学计算机基础、Pyhton 语言程序设计、数据库应用等课程；在专业基础教育课程中设置会计信息系统、财务共享、财务大数据及相关智能会计应用与实践教学平台等。同时也应加大对外交流类课程及专业英语课程。

3. 实践教学内容的重构与整合

随着大数据、人工智能、移动互联网和云计算等现代信息技术的发展带来了会计“数智化”时代，传统的注重核算的财务会计不再能够满足企业管理的需要，以智能核算、智能预算、智能共享和智能分析为核心，以财务小数据、业务中数据和社会大数据的智能财务体系正在形成。会计人才不仅要掌握会计专业知识与技能，提升数据分析能力和业务与财务的融合能力，从简单的核算职能向管理职能转变，为企业的经营决策提供支持；还要适应智能财务时代带来的信息技术新挑战，熟悉与会计数智化相关的计算机科学、网络科学、信息管理等其他相关知识和技能，会计人才培养要从核算型向管理型和综合型的方向转变。

现有的会计实验、实训大多按具体课程或业务分类设置，实验、实训的内容就单个课程或业务内容设置而言相对完整，基本可以达到业务技能训练的教学目标。但是这种相对孤立的实验、实训设置没有很好地反映企业实践中不同业务之间的内在逻辑关系，不利于学生对企业的整体运营形成全局观念，从而忽略了对学生综合运用职业能力的培养，本专业建设的整合，使学生能够在企业运营实践仿真模拟参与中学习，在企业经营决策的成功（失败）中学习，在分析、解决问题的创新中学习。培养学生综合处置和应对企业运营实践和环境变化带来的更为复杂专业问题的实践创新职业能力。

构建“情景模拟智能财务综合实训平台”能从根本上改变实验、实训教学依附于专业理论教学的传统观念，整合分散建设、分散管理的实验室和实验教学资源，建设涵盖多学科（计算机科学、网络科学、信息管理等）、面向多课程（财务会计、成本会计、管理会计、财务共享、财务大数据等）、体现综合性（核算、分析、预测、决策、预算等）的实验、实训教学平台，实现课程内容与职业标准对接，真实教学场景与企业真实环境对接，真实企业业务数据和真实商业环境对接。情景模拟智能财务综合实训平台应主动适应区域经济建设对财会人才需求，配合会计人才培养体系的构建和课程改革，在现有的基础上，进一步加强升级校内实训基地建设，建成学生实验实训、社会人才培训、企业共享财务（会计代理业务等）以及专业技术服务的“四位一体”高水平会计专业教育教学实训和服务基地，培养真正适合社会需求的高素质、复合型、双创型高级会计管理人才。

*4. 产学双向互动人才培养机制的构建*

现有高校会计学专业实践教学基地、校外人才培养基地多为会计专业实习的单向构建模式。合作单位通常都能够满足会计专业实习岗位及业务训练的基本要求，包括专业认知实习、业务技能训练，甚至部分涉及企业资本运作和财务决策相关业务实践内容，在一定程度上缓解了会计学专业的大学教育与社会需求的脱节问题。但很少能有合作企业将运营实践对会计人员的知识结构、实践创新职业能力等方面的要求，与大学会计教育成效之间脱节的信息真正反馈到实践教学体系中来，没有很好地起到促进大学会计教育教学实时改进的积极作用。专业建设应借鉴国内部分高校“产业学院”的建设模式，探索与商业会计软件公司实现校企合作，构建产教融合的“校内人才培养基地”，促进人才培养供给侧和产业发展需求侧结构要素全方位深度融合。充分发挥商业软件公司技术人员产业经验优势，将企业商业模式变革对会计人才培养的需求反馈到“校内人才培养基地”中来，带动专业教师实践教学能力提升，深化产教融合，打造“双师型”教学团队，形成人才培养、科学研究、技术创新、企业服务、学生创业等功能于一体的教育教学和人才培养实体。构建大学专业教育与现代信息技术发展背景下企业新兴运作商业模式之间信息交换的产学双向互动人才培养机制，以适时调整大学会计专业教育的专业课程体系，持续改进校内实践教学的情景模拟会计综合实训。

### （三）建设重点和难点

会计学一流专业建设的重点有两个：一是构建情景模拟会计综合实训平台；

二是构建产学双向互动人才培养机制。

1. 构建情景模拟会计综合实训平台

构建情景模拟会计综合实训平台主要考虑两方面原因：一是使现有相对孤立的课程实验、实训更为系统化，更为贴近企业实务运营，有利于学生综合业务操作能力的提升；二是能够增强会计实验、实践教学的实战性，有助于提升学生发现、分析、解决问题的实践创新职业能力。

2. 构建产学双向互动人才培养机制

借鉴国内部分高校“产业学院”的建设模式，与商业会计软件公司实现校企合作，探索逐步引入企业财务共享平台、智能管理会计平台、智能财务平台，构建产教融合的“校内人才培养基地”，主要目的有两个：一是发挥商业软件公司相关工作人员的信息技术和产业经验优势，使之成为带动“双师型”教学团队建设和人才培养实体；二是能够利用这种“产学双向互动人才培养机制”，持续改进应用型大学会计学专业教育的课程体系和校内实践教学的情景模拟会计综合实训。

构建的产学双向互动人才培养机制能够有效运行是持续改进大学会计教育的课程体系和校内实践教学，实现应用型人才培养方式转换的关键，也是会计学一流专业建设的难点。一方面，这种互动机制的实现需要企业，尤其是商业会计软件公司和大学之间建立互信、互助的深度合作，企业法人参与的积极性、企业员工履职的责任心都需要有效的利益驱动和精神激励的制度保障；另一方面，大学运用（会计教育与企业实践脱节）反馈信息及时调整会计学专业教育课程体系和校内实践教学，转化成人才培养的教育生产力，需要教学、实践、教改等全面发展的复合型师资，或大学师资与公司专业技术人员组成的实践教学团队的人才支撑。项目研究将借鉴“产业学院”教育模式的成功案例，从建设目标、组织机构、运行模式、经费投入和使用方式、公司和学校师资配备、组织考核及评价等方面进行研究，尝试对校企合作实践基地的构建模式进行突破和创新，探讨北方工业大学会计学专业本科教育“产学双向互动人才培养机制”的有效实现途径。

## 五、结语

本着“落实教书育人中心任务、解决实际问题”的指导原则，本文围绕应用型大学会计学一流专业建设，从专业办学定位和人才培养目标；明确形成人才培养与社会需求良性互动的会计学专业教育教学模式的改革方向；充分考虑信息技术创新、互联网发展及地方经济发展需要对会计人才培养的教学内容进行重构；实现“技能训练型”向“能力培养型”会计实践教学内容体系的转化；构建会计学专业教育与现代信息技术发展背景下企业运作商业模式之间信息交换的产学双向互动人才培养机制五个方面进行了初步思考和探索。应用型大学会计学专业本科教育教学改革和创新是一个系统工程，局部改革不可能彻底解决人才培养与社会需求脱节的问题，整体推进更不可能一蹴而就，需要从课程内容的设置、实施模式的构建、持续信息反馈机制的形成等方面循序渐进地，分环节、分步骤地持续推进。

## 参考文献

［1］ Arie Pratama. Bridging the Gap between Academicians and Practitioners on Accountant Competencies ［J］. Procedia - Social and Behavioral Sciences，2015（211）：19-26.

［2］ Brewer，Peter C et al. The Future of Accounting Education：Addressing the Competency Crisis ［J］. Strategic Finance，2014（8）：29-37.

［3］ Chang J C，Hwang R N. Accouting Education，Firm Training and Information Technology：A Research Note ［J］. The Journal of Accounting Education，2003，12（4）：441-450.

［4］ Inaliah Mohd Ali et al. Perception of Employers and Educators in Accounting Education ［J］. Procedia Economics and Finance，2016（35）：54-63.

［5］ John Richard Edwards. Accounting Education in Britain During the Early Modern Period ［J］. Accounting History Review，2011，21（1）：37-67.

［6］ Paul E Madsen. Has the Quality of Accounting Education Declined? ［J］. The Accounting Review，20 15（3）：1115-1147.

［7］ 陈莹. 德国双元制高等教育体系研究［J］. 外国教育研究，2015，42（6）：119-128.

［8］ 董红杰，白静. 基于能力提升的会计学“一流专业建设”探索［J］. 财会通讯，2019（34）：36-40.

［9］ 高杉. 基于能力与需求双目标的应用型本科会计学专业核心课程体系研究［J］. 商业会计，2019（21）：123-124.

［10］李芸达．会计本科校外实践教学改革探讨［J］．财会通讯，2013（13）：41-42.

［11］刘崇欣．构建经营模拟平台培养企业会计人才［J］．实验研究与探索，2011，30（2）：173-176.

［12］孟焰，李晓梅．国外大学会计学本科教育特点及对我国的启示［J］．中国大学教学，2008（2）：91-94.

［13］原和平．基于行动导向模式的会计专业实践教学研究［J］．财会通讯，2015（22）：64-67.

［14］杨浪萍，汤俊．会计专业五段递进式人才培养模式改革研究［J］．高教学刊，2021（4）：151-154.

［15］张有声．从供给侧改革本科专业人才培养思路［J］．中国高等教育，2016（1）：36-41.

［16］赵燕，何双希．“互联网+”与“新国标”背景下应用型本科会计学专业课程体系的重构［J］．河南财政税务高等专科学校学报，2020，34（6）：75-82.

［17］朱纪红，何建雄．“大智移云”时代会计智慧教学变革探索与实践［J］．高教学刊，2020（3）：27-29.

# 数字经济时代会计学专业应用型人才培养模式研究

姜晓文

**摘　要**：随着数字经济时代的到来，以大数据、人工智能、移动互联、云计算、区块链等为代表的信息技术正颠覆性地改变着会计学科和专业的发展方向，高质量发展亟须应用型会计学专业人才作为可靠保障。本文围绕着健全多层次人才培养体系，增强应用型人才培养效果，理性分析当下高校会计学专业人才培养存在的问题及原因，并力图从教育理念、课程内容、多主体协同育人等方面积极进行探索与实践，以期为未来会计学专业人才培养模式的优化提供一定参考。

**关键词**：数字经济；应用型人才；人才培养模式；协同育人

## 一、引言

在数字经济时代下，会计教育肩负与产业同频共振的时代责任。根据互联网数据中心（Internet Data Center，IDC）数据，2020 年的数据增长量是 10 年前的 44 倍，达到 35ZB。数据体量的爆炸式增长，预示着大数据将迭代以人工和简单信息化为主的传统财务会计方式，成为财务人员在行业扎根的重要土壤。随着 5G、人工智能、云计算、大数据等新技术在工业领域的推广和应用，新一轮科技革命不断催化产业变革①。其中，产业数字化和数字产业化作为数字经济时代的两大重要发展方向，使企业信息处理技术能力迅速提升，财务共享服务逐渐成为引领现代化财务管理发展的重要方向。数字经济的快速发展不仅拓宽了传统会计业务边界，而且也淘汰了大批“核算型”会计人才。一方面，数字经

① 工业和信息化部部长苗圩在中国互联网协会主办的 2020 年（第十九届）中国互联网大会上的讲话。

济的发展严重冲击了传统的财会行业，核算型会计人才需求急剧下降，涉及高重复性的会计核算及信息处理工作将被财务机器人替代；另一方面，数字经济发展催化了会计服务对象、服务领域、工作机制上的更新，对高校培育支撑创新驱动发展战略，服务经济社会发展导向的应用型人才提出了更高的要求。近年来，报考财会专业热度逐渐降低，就业趋势也有所回落，表明了财会人才的竞争优势呈下降趋势。可见，数字经济时代下各类新技术的应用冲击了传统会计、财税等专业的职业形态，也督促本科高校对专业教育进行转型升级。

《中华人民共和国国民经济和社会发展第十三个五年规划纲要》① 明确提出推动具备条件的普通本科高校向应用型转变。《国家职业教育改革实施方案》②则进一步提出了“一大批普通本科高等学校向应用型转变”的发展目标。近年来教育部多措并举，通过部门协同与部省合作等方式，使改革逐渐向政策保障、深度转型、示范引领过渡。推动本科高校向应用型转变，是党中央、国务院的重大决策部署，也是教育领域人才供给侧结构性改革的重要内容③。应用型大学应把培养应用型人才作为职责和使命，并尽快确定类型定位和转型路径。由此可见，数字经济时代，在国家政策层面引导和用人单位人才市场需求的双重驱动下，高校本着服务区域、行业发展目的，借助产教融合、校企合作等多维度合作，找准培育适应时代发展要求的应用型人才的切入点并开展布局，对于提高人才培育质量，推动产业升级，促进高质量发展至关重要。

## 二、会计学应用型人才培养存在的问题

近年来，数字经济对当下经济发展及 GDP 贡献度的不断攀升，因被誉为“后金融危机”时代的新引擎而受到世界各国的广泛关注。财政部曾在《会计行业中长期人才发展规划（2010—2020）》④ 中就健全制度与创新机制提出，建立健全与社会主义市场经济体制相适应，有利于科学发展、体现会计人才价值的会计人才发展体制机制，进一步完善会计人才建设各项制度，营造会计人才发展的宽松环境，最大限度地激发会计人才的创造力。在数字经济时代背景

① 引自 http：//www. gov. cn/xinwen/2016-03/17/content_5054992. htm。

② 2019 年 2 月 13 日《国务院关于印发国家职业教育改革实施方案的通知》（国发〔2019〕4 号）。

③ 引自 http：//www. gov. cn/xinwen/2019-02/19/content_5367087. htm。

④ 财政部《关于印发会计行业中长期人才发展规划（2010—2020 年）的通知》（财会〔2010〕19 号）。

下，大数据、云计算、人工智能等新兴技术不断“赋能”生产过程，降低了用工成本，产生规模报酬递增效应。然而，目前高校培养的会计人才并未紧跟时代背景变化，开始逐渐暴露一些与社会需求不相匹配的特征，具体可以概括为以下三个方面：

## （一）专业教育理念落后，人才培养导向性不足

随着数字经济时代的到来，使财会行业的转型升级迎来难得的发展机遇期，也对完善专业应用型人才培养提出更高的要求。然而，高校人才培养模式同质化现象十分严重，缺乏培养特色。其中，专业教育理念落后是其症结所在。纵观会计发展史，从复式记账到财务智能化，会计的发展始终与技术进步并驾齐驱，会计学科也随着产业转型和时代进步逐渐被赋予新的内涵。数字经济时代的到来，逐渐弱化了“核算型”会计人才的需求，依托大数据而产生的智能财务分析师、智能财务架构师则缺口巨大。然而，高校目前对于财务共享、大数据分析、智能会计等方面的重视程度不足，相关方向课程开设情况参差不齐，在一定程度上反映高校会计学专业育人工作已严重落后于数字经济时代的需求。专业教材更新慢、授课内容相对固定等问题的存在，折射出一部分高校教师教育理念落后，对于新兴信息技术与会计学专业的融合关注不足。尽管教育部鼓励本科高校积极向应用型转变，然而目前高校培育的应用型人才的专业能力和实践应用能力并不突出，对区域经济的贡献度不高。综上所述，由于许多高校培养目标导向性不足、教师教育理念陈旧，使会计学专业对国家战略引导力不足，现有会计学相关课程设置难以适应时代发展需要。

## （二）课程体系僵化，学科交叉融合不足

课程体系建设是高校人才培养中的一个重要环节，然而在现有数字经济时代下，许多会计学专业的课程体系并未做出有效的更新与变化。一方面，从课程设计来看，会计学专业课程体系设计相对僵化，更新缓慢。不难发现，目前各大高校的会计学专业人才培养方案同质化特征明显，仍以培养核算型会计人才为主。按照课程大纲，学生需要完成财务会计、成本会计、财务管理、审计学、税收筹划等专业基础课，而对人工智能、大数据、区块链等新技术对传统会计行业的冲击涉猎甚少，很难将数字化、智能化与传统会计学专业知识进行有效融合。由于课程大纲对于必修课和选修课的严格规定，学分转换受限，因此“大数据+会计”等相关课程只能作为选修课。受制于课时限制等原因，学

生很难在较短时间内完成相关知识进行系统化、阶梯式的学习，很难真正理解数字经济背景下的会计前沿教育内容。另一方面，会计学与理工科交叉度不够。在工科院校开设会计学专业，更应该突出办学特色，“新工科+会计”的培养模式如何在教学大纲的设计中得到落实，事关工科院校会计学人才培养质量。而在如今的培养体系下，会计学专业课仍以传统课程为主，与相关技术类课程融合不足。在课程体系设计过程中，与理工类院系及相关师资缺少流动、缺乏沟通，导致培养出的学生专业视野相对局限，在人才市场上的认可度受限。

### （三）理论与实践教学分离，产教融合不足

从就业市场来看，尽管财务人员数量上存在供过于求的情况，但高质量会计人才缺口仍然巨大。就学生层面而言，学校评优评先及用人单位招聘时对于绩点和证书的重视，误导部分学生始终以考证刷分为本科阶段的重要学习目标，弱化了专业知识应用与实践。“证书为王”“绩点至上”的概念依然是多数学生的共识。就教师层面而言，多数青年教师在完成博士阶段学习任务后即入校为师，并未接触过实务。尽管这些教师能够胜任理论教学工作，但却缺乏实务经验。就课程设计而言，虽然在本科教育中设计了会计实训课程，但课程难度低、课时少、更新慢等情况普遍存在，产业与教学融合性差的问题较为明显。在这样的培养环境下，毕业学生很难达到企业实践的实际要求。学生实际操作水平与企业急需的具备运用现代信息技术实施智能化会计业务处理工作、进行数据分析、参与企业管理、服务企业决策的高端会计人才的需求并不匹配。

## 三、如何使高校人才培养与产业转型发展同频共振

### （一）更新教育理念、重塑培养目标

数字经济时代，高校专业教育工作应该及时融入开放、融合、创新的教育理念，在传统教育理念基础上做出更新。数智时代的到来呼唤高等教育的创新与改革，也只有从教育理念上意识到新兴信息技术对于当下专业建设的重要性，才可能指导培养出适应时代背景的优秀人才。一方面，技术的迭代使数据成为国家重要的战略资源，推动大数据、互联网、人工智能与实体经济发展深度融合的过程，对会计专业人才的数据收集、处理、分析、决策支撑等方面提出了更高的要求。了解行业发展、掌握前沿技术成为优秀会计从业者的基本素养。

另一方面，随着社会信用体系不断健全，在政府采购、市场准入等事项中将对第三方信用服务机构产生更大的依赖，从客观上拓展了财会人员的业务范围。围绕“新商科”建设需求，需要启动本科专业人才培养方案修订工作，依托产业学院，将职业资格标准、行业标准引入人才培养体系。随着资本市场发展、金融体制改革深化，科创板制度、创业板改革等多措并举，多层次的资本市场改革对会计人才在细分领域的分析决策能力提出更高要求。因此，高校育人应在“不忘会计初心、恪守会计规则”的基础上，形成开放创新的教育理念，使更新快、差异化的社会需求回归落实到高等教育人才培养过程。

### （二）创新组织模式，突破学科专业壁垒

针对现有课程设置逐渐滞后于数字经济时代发展的问题，在已有会计学科培养体系下增加信息技术类内容成为大势所趋。具体而言，需要在通识课程模块中增设互联网、大数据等相关前沿课程；在专业课程中，从组织、制度、文化等层面为跨学科知识体重构创造条件，着力拓展传统学科专业的内涵和建设重点，推动学科专业的交叉融合。与此同时，在相关传统课程教学方式和内容上推进改革，尤其在核心课程慕课建设上下功夫，促进线上线下混合课程建设，推动信息技术与会计专业教育教学的深度融合，充分利用虚拟仿真等技术创新商科实践教学方式，不断完善“MOOC+SPOC+混合式教学”的课程模式。

在内容上，建立并完善与新兴产业及新技术需求相适应的课程体系，建设系列应用型教学示范课程，实现课程内容与职业标准、执业过程无缝对接。改革传统财会课程，注重业财融合能力培养，并贯彻于四年的本科教育当中，发展“课程+体验”的一体化模式。大一阶段，通过企业运营沙盘模拟让学生体验企业运营过程；大二、大三阶段，开设 ERP 财务会计实训等，让学生体验企业资金流动过程；大四阶段，通过创业综合模拟实训、沙盘模拟经营实训等，让学生体验创业过程。与此同时，应积极与相关信息技术类院系师资交流合作，合作开发系列新课程，尽快使课程覆盖财务共享、商业智能与财务决策支持、大数据财务、大数据审计、AI+RPA 与智能会计、区块链技术与实践等领域，以适应数字经济时代要求。

### （三）完善多主体协同育人机制，推进人才培养共同体建设

应用型人才培养应该将学历教育与职业能力培养相结合，抓住区域经济社会发展对于应用型人才培养的需求以及行业产业技术革新对人才培养岗位能力

的需求。建立健全培养目标协同、教师队伍协同、资源共享协同、管理协同等机制，创新“校校、校地、校所、校企”协同育人模式。与行业企业共建共享协同育人基地，把更多的优质社会资源聚集，转化为可靠的教育资源。一方面，创新创业基地建设不仅是保证高校“双创工程”顺利开展的先决条件，也是培育应用型会计人才队伍的重要场所。学院应重视创新型及应用型会计人才培养基地建设，配合设立“产学研副主任”岗位，为每个系聘请知名行业企业高管担任“产学研副主任”，从而赋能新主体。同时，聘请具有丰富实践经验的企业专家为客座教授，实施“双师同台”，参与课程教学，打造产教融合教育新生态。另一方面，健全优秀师资队伍流动配置机制，有计划地安排教师到企业接受培训或挂职。建立高校、企业、社会融合的人才流动“旋转门”机制，鼓励高校教授与企业高管双向兼职流动。在此基础之上，通过开展实务专家授课月、顾问委员进课堂等方式积极探索产学研相结合的特色化道路。

## 四、结语

新兴信息技术的快速发展正在极大地改变着经济和社会活动，并创造了巨大的财富。各国政府都在规范政策法规，积极引导数字经济在促进经济发展上发挥关键作用。数字经济的发展在为各行各业创造新机遇的同时，却也逐步迭代传统财务类工作的工作内容和工作模式，催化行业转型，呼唤高质量财会人才。因此，探讨如何在数字经济时代背景下对人才培养方案进行改革，探索如何以技术赋能会计专业教育，将智能技术与已有专业课程体系有机融合，全力保障培养人才的迭代转型具有极高的研究价值。

本文深入分析了数字经济时代下会计学专业进行应用型人才培养存在的问题及原因，并进一步提出合理有效的解决方案，试图通过数智化手段，改进和创新会计学教学方式，具体通过开发完善财务机器人应用、大数据财务分析等系列课程，全面培养学生的数智化能力，从而更好地适应数字经济时代的岗位需求。与此同时，文章也鼓励高校积极整合各类资源，建立高校、企业、社会融合的人才流动“旋转门”机制，补齐高校教师实践教学环节的短板，全力提升会计系师资的数智兴趣与素养，在培养服务于区域经济发展，服务于数字经济发展的高素质、复合型、技能型人才任务上发挥积极作用，力求为北京数字经济发展提供优质人力资源支撑。

# 参考文献

[1] 李文莲，夏健明．基于“大数据”的商业模式创新［J］．中国工业经济，2013（5）：83-95.

[2] 舒惠好．关于新时代注册会计师行业职能问题的思考［J］．会计研究，2021（1）：145-154.

[3] 刘建胜．注重质量提升突出特色发展——关于工科院校一流会计学专业建设的思考［J］．商业会计，2020（19）：126-129.

[4] 相子国．新形势下会计学专业本科人才培养模式研究［J］．财会通讯（学术版），2008（1）：30-32.

[5] 董红杰，白静．基于能力提升的会计学“一流专业建设”探索［J］．财会通讯，2019（34）：36-40.

[6] 顾远，章铁生，马自俊．创建会计学一流专业的探索与实践［J］．安徽工业大学学报（社会科学版），2019，36（5）：66-70.

# 数智时代应用型大学会计教育的困境与变革

贾海波

**摘　要**：在“大智移云物区”为代表的新技术对传统会计行业冲击下，企业加速向数字化、自动化、智能化为特征的智能财务转型，会计加速向管理和决策智能化转型，会计人才加速向分析预测、决策支持和价值增值转型，本文以数智时代对传统会计行业的深刻变革为切入点，分析数智时代下传统会计教育的现实困境，基于数智技术与社会经济需求的动态变革，提出数智时代会计人才能力框架，探讨数智时代应用型大学会计教育的变革路径，实现数智时代会计人才胜任能力与社会经济需求匹配，实现数智时代会计人才培养与会计教育相得益彰，进而推动数智时代应用型大学会计教育的发展与进步。

**关键词**：数智时代；会计教育；困境与变革

## 一、引言

2017 年 10 月，党的十九大报告提出“推动互联网、大数据、人工智能和实体经济深度融合”。2019 年 3 月，习近平总书记主持召开中央全面深化改革委员会第七次会议，审议通过了《关于促进人工智能和实体经济深度融合的指导意见》。这些论述都预示着第四次科技革命下数智技术正驱动产业结构、经济活动、企业商业模式等发生深刻变革，也必将引发会计活动的重心从簿记和报告转向管理和决策智能化。数字化、自动化、智能化已成为智能会计的时代特征，以“大智移云物区”为代表的新技术和社会经济需求的动态变革促使财会工作转型，机器人（RPA）替代基础财务核算，会计、审计、财务、金融、投资等基础核算岗位从业人员数量会大幅减少，而决策支持和管理型财务人员的需求会大幅增加，因此，数智时代要求培养具有人工智能（AI）技术和财经专业知识的跨界应用型复合型智能财务人才。

大学是会计人才培养与职业能力塑造的重要时期。数智时代对会计人才需求发生变化，对传统会计教育的挑战日益凸显，高校会计学科财会教育变革势在必行，人才培养目标和课程设置体系调整迫在眉睫，教师知识结构、教材建设、实验室建设、应用场景建设等改革刻不容缓。本文以数智时代对传统会计行业的深刻变革为切入点，分析数智时代下传统会计教育的现实困境，基于数智技术与社会经济需求的动态变革，提出数智时代会计人才能力框架，探讨数智时代应用型大学会计教育的变革路径，实现数智时代会计人才胜任能力与社会经济需求匹配，实现数智时代会计人才培养与会计教育相得益彰，实现高校会计人才培养质量提升。因此，数智时代应用型大学会计专业人才培养要抓住变革机遇，向社会输入顺应数智时代需求的“新工科+智能+会计”的跨界应用复合型智能财务人才，提升社会各界对高校的评价，从而提升高校综合实力和社会地位，对高校人才教育形成良好的促进作用。

# 二、数智时代对传统会计行业的深刻变革

## （一）新技术加速财务数智化转型

在以“大智移云物区”为代表的新技术对传统会计行业冲击之下，企业加速向数字化、自动化、智能化为特征的智能财务转型。智能财务转型始于共享服务，以云计算和人工智能为基础技术，借助规则引擎、流程引擎、会计平台、作业平台等系统核心能力，采用 OCR、RPA、VPA、NLP 等最新技术工具，利用云原生、微服务、容器云等软件系统，企业建立了共享服务中心，贯通了数据基础、管理基础和组织基础，将各业务单位“分散式”进行的某些“重复性业务”整合到共享服务中心处理，促使企业将有限的资源和精力专注于有价值的工作，达到了整合资源、降低成本、提高效率、保证质量的目的。

## （二）新技术融合于财务管理场景

以“大智移云物区”为代表的新技术融合于企业的财务核算全流程自动化系统、智能财务决策支持系统、智能财务共享服务平台、人机智能一体化业财管融合管理平台，实现财务管理场景自动化、智能化和数字化。依托数据湖、事项库、智能动态会计平台、管理会计账和报告等应用技术促使对财经信息进行加工的实时会计成为可能。应用算法引擎、银企联 SaaS 服务模型、规则引

擎、计息模型、智能分析等新技术实现数智财资价值管理，使决策更高效。多维引擎、数据集成、对账平台、AI+RPA（财务机器人）技术、Python 规则引擎、Excel 即席分析六大核心技术成就了多维灵活的报表一键合并，实现了财务报告多样和及时。

### （三）新技术促使会计职能拓展

传统的会计职能是事后的核算与监督，传统的会计业务需要投入大量的精力进行数据核算，为确保核算数据的准确性，还要反复求证，增加了人力成本。数智时代公有云+影像+OCR+RPA 技术实现了原始凭证的智能采集、智能审核和智能记账，多维引擎+Python 规则+AI 技术实现了从信息检索—数据录入—数据转换校验—协同对账—自动计算合并—人机数据交互到一键合并生成智能报告。新技术替代了人工反复核算与监督，提高了数据的精准性和时效性，促使会计活动的重心从簿记和报告转向管理和决策智能化，拓展了会计职能，即从核算到分析预测，从监督到决策支持，从财务信息到价值增值。

### （四）新技术驱使会计人员转型

在第四次科技革命下数智技术正驱动企业的经营模式、管理模式和商业模式快速地更迭变化，已引发企业会计活动的重心从簿记和报告转向管理和决策智能化，更有先进企业率先向智能财务转型，已建立了财务共享服务中心，RPA 已上岗工作，这使会计、审计、财务、金融、投资等基础财务岗位被取代。企业对基础财务岗位人员的需求会大幅减少，对决策支持和管理型财务人员的需求会大幅增加，也必然驱使财会人员做出顺应新技术的转型。率先转向智能财务的企业更愿意聘用具有 AI 技术和财经专业知识，能够对企业的未来进行预测、分析及做出合理决策支持的跨界应用型复合型智能财务人才。

## 三、数智时代下传统会计教育的现实困境

传统会计学科教学模式是以满足某一岗位需求为目标导向，人才培养方式中设定的专业属性较强，细分化的专业设置使学科之间与专业之间难以进行交叉融合。数智时代对会计人才需求发生变化，对传统会计教育的挑战日益凸显，高校会计教育变革势在必行，人才培养目标和课程设置体系调整迫在眉睫，教师知识结构、教材建设、实验室建设、应用场景建设等改革刻不容缓。

## （一）人才培养目标与数智时代脱节

当前，与传统会计岗位匹配的应用型大学会计学科人才培养目标主要是要求学生掌握会计基础理论并能够熟练进行会计核算和电算化操作。在数智时代下，大量单一、重复性的核算岗位已被RPA取代，会计活动从簿记和报告向管理和决策智能化转型，会计职能从核算和监督向分析预测、决策支持和价值增值转型，社会需要具有AI技术和财经专业知识，能够对企业的未来进行预测、分析及做出合理决策支持的跨界应用型复合型智能财务人才，然而，当前应用型大学会计学科人才培养目标与数智时代脱节，严重影响学生的就业和岗位服务质量，亟须对应用型大学会计学科人才培养目标进行调整。

## （二）课程设置体系与数智时代脱离

数智时代，会计知识传播与更新的速度加快，会计学习变为“时时可学”与“处处可学”，跨界应用型复合型智能财务人才成为培养趋势。但当前应用型大学会计人才培养目标还停留在会计核算人才层面，因此，课程体系设置偏重于基础的会计核算知识和实训操作，而针对数智时代的数学统计类、计算机与机器学习类、分析预测类、决策支持类、融合类等课程设置明显滞后，进而影响会计人才的有效性培养，进而脱离数智时代岗位的实际需求。由此，会计学科课程体系设置的更新性和变动性要与新技术和社会的实际需求紧密关联，数智时代下会计学科课程体系改革亟待应用型大学科学论证与持续关注。

## （三）教师知识结构与数智时代不符

数智时代，会计活动的重心正由簿记和报告转向管理和决策智能化，“大智移云物区”新技术下云记账、云报销、云存货管理、智能采集、智能审核、实时会计、数智财资管理、一键报表合并、AI+RPA全面协同集团对账、实时多样财务报告、智能财务分析决策等已成为现实，新时代的会计教育对教师提出了全新的要求。但大多数高校会计学科教师仍沿用传统会计教育理念，并未洞察到新技术对会计教育的影响之快速、改变之深刻。他们更通晓传统会计理论和实务操作，对与智能财务相关的数学统计、计算机科学、大数据分析、智能财务决策等学科理论和实务知识准备不足，转型升级缓慢。

### （四）教学实施手段在数智时代缺乏

将“大智移云物区”新技术融合于会计教育的思维和理念，用其促进会计教育的实施与开展，顺应了新时代应用型大学会计教育的现实需要。然而当前高校会计专业教材仍停留在传统的会计实务层面，紧密追踪新技术及符合社会实际需求的智能财务领域相关教材明显滞后。实验室内实务操作仍偏向使用传统的财务会计核算软件，新会计教育下服务于会计实验课程的财务共享实验中心、人工智能分析系统、智能财务虚拟仿真学习中心等最为欠缺。教师实体课堂讲授为主，学生被动接受知识的传统会计教学模式，更与新技术下资源配置与要素整合的智能财务应用教学场景相去甚远，有待应用型大学关注与见证。

## 四、数智时代智能会计人才能力框架

以“大智移云物区”为代表的新一代数字技术正与实体经济深度融合，数字作为关键的新生产要素，正变为创新发展的主要驱动力，成为经济发展的新引擎，推动新经济形态、新商业模式不断涌现。在数字经济下，社会运行方式、组织管理方式、工作流程方式等发生了革命性变化，这驱使企业加速向数字化、自动化、智能化为特征的智能财务转型，驱动会计快速向管理和决策智能化转型。会计是数字经济应用的主要行业，会计人才是数字经济活动的相关者和分析者，数智时代对会计人才培养提出了新的更高要求，我们应该培养什么样的人，成为应用型大学会计教育变革迫切需要思考并实践的关键问题。

会计人员能力框架研究始于20世纪60年代，美国注册会计师协会（AICPA）于1967年发布了“职业知识框架”，由此引发了会计界对会计人员能力需求和会计教育目标的广泛思考。1998年英国特许会计师协会（ACCA）发布的“职能图：胜任能力框架与会员胜任能力”和2003年国际会计师联合会（IFAC）发布的“成为胜任的职业会计师能力框架”，成为具有代表性的会计人员能力框架。会计职能向管理会计转移背景下，2012年英国特许管理会计师协会（CIMA）与美国注册会计师协会（AICPA）联合成立全球特许管理会计师协会，并于2014年发布了“全球特许管理会计师职业能力框架”，它以伦理、操守和职业化为基础，构建了专业技能、商业技能、沟通技能和领导技能四种。

数智时代，会计行业变革推动其职能重心由传统的核算型向管理型、决策型、战略型转移，会计人员角色定位也由履行记录和监督职能的“账房先生”

和“警察”升级为支持业务决策的“业务合作伙伴”及以企业价值最大化为目标的“价值创造者”。因此，本文基于“全球特许管理会计师职业能力框架”（CGMP，2014），从数智时代会计职能和会计人员工作内容（战略财务、业务财务、共享财务）全新的定位出发，以职业道德和社会责任为支撑，以“五大基础能力”（数智技术能力、战略洞察能力、业务协同能力、沟通协作能力、财经专业能力）聚合“一大核心能力”（创新迭代能力），构建了涵盖数据技能、商业技能、领导技能、沟通技能及专业技能总共五项能力的数智时代智能会计人才能力框架，如图1所示。

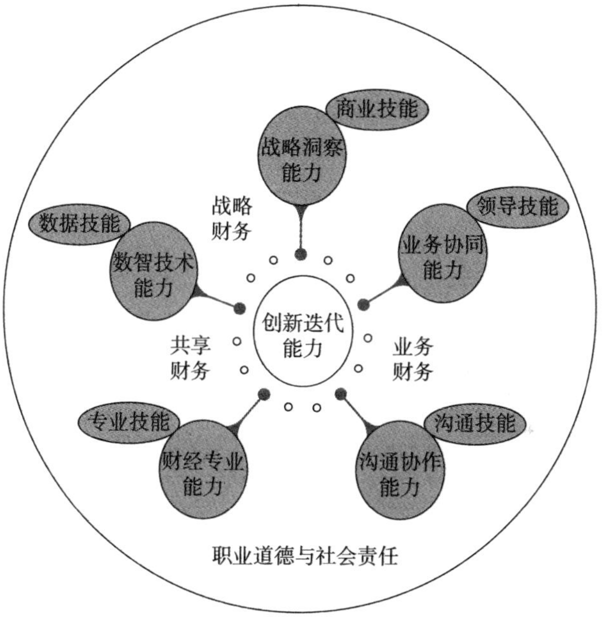


**图1　数智时代智能会计人才能力框架**

## 五、数智时代应用型大学会计教育的变革路径

“大智移云物区”新技术在提升财务工作效率的同时，也给会计教育带来前所未有的挑战，标准化程度高、重复性强的会计核算工作将逐步被RPA替代，数智时代将深刻影响和改变高校会计教育的现有模式。本文从人才培养目标要特色鲜明、课程体系设计要跨界融合、师资队伍建设要跨界合作、教

学实施手段要创新整合等方面探索数智时代应用型大学会计教育变革路径。

### （一）人才培养目标要特色鲜明

数智时代，企业加速向数字化、自动化、智能化为特征的智能财务转型，会计加速向管理和决策智能化转型，会计人才加速向分析预测、决策支持和价值增值转型，这对应用型大学会计人才培养提出了新的更高要求。顺应社会对跨界应用型复合型智能财务人才的需求，依据数智时代智能会计人才能力框架，立足北京“四个中心”功能定位，依托应用型大学新工科建设平台，突出“新工科+智能+会计”的人才培养特色，作为国家一流应用型会计专业，我们精准确立了多层次的智能财务人才培养目标，需要培养具备财经专业能力和数智技术能力的懂业务的智能业财税一体化共享财务人才，需要培养具备业务协同能力和沟通协作能力的能风控的智能管理控制业务财务人才，需要培养具备数智技术能力和战略洞察能力的精技术善分析的智能分析决策战略财务人才。

### （二）课程体系设计要跨界融合

数智时代，工科应用型大学精准确立了“新工科+智能+会计”多层次的跨界应用型复合型智能财务人才培养目标，课程体系是实现人才培养目标的核心载体。课程的定位与建设需对标“大智移云物区”新技术发展趋势、经济社会发展需要、企业发展用人实际需求、学校新工科发展优势和会计专业发展特色，为此，我们打破固有的专业界限，设计了“会计财务+人工智能+大数据分析”深度融合、协同创新的“业务+技术+财务”一体化专业课程体系。其中，财会类核心课程群仍以传统财会专业核心课程为主干，重构传统会计基础知识，培养学生的财经专业能力。人工智能和大数据课程群并不强调编程能力，更注重对技术原理和工具方法的理解及应用，强化信息技术基础知识，培养学生的数智技术能力。深度融合应用实验课程群（智能会计架构模块、智能会计管理模块、智能财务运营模块、智能审计管理模块）突出“业务+技术+财务”一体化的深度融合，培养学生的实战能力。专业课程体系设计如图2 所示。

### （三）师资队伍建设要跨界合作

数智时代，教师是全新育人目标和课程体系的执行者，对其专业胜任能力提出了更高的要求，教师不仅要洞察到“大智移云物区”新技术推动会计行业的演进、会计理论的拓展及会计教育的变革，在教学理念、教学内容、教学方

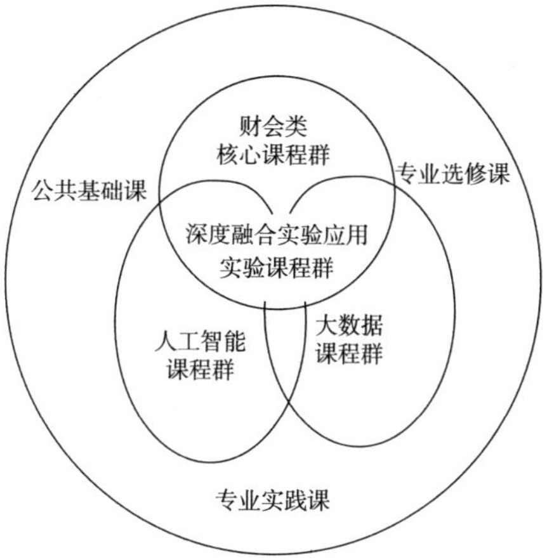


**图 2　数智时代跨界融合的专业课程体系设计**

法上进行改进和创新，也要深入分析与把握新技术对会计行业的冲击、对会计理论的影响及对会计教育的挑战，重构会计专业知识，更要掌握大数据、人工智能、业技财融合实践等专业知识，从财会专业性专才转型为“业务+技术+财务”通用性通才。在专业转型期，智能财务师资队伍建设是重点，也是难点。依托北方工业大学新工科建设平台，借鉴浙江大学智能财务师资队伍建设“坚持自主培养、积极交叉引智、激励共同开发”的经验做法，新技术下师资队伍建设应做好以下五个方面工作：一要引入信息技术类的师资，二要现有年轻教师积极学习信息技术类知识，三要兼聘人工智能、数据科学等师资及实践专家，四要建立跨学科师资团队共同开发融合应用实验类课程，五要加强校企合作，打造“双师双能双元型”师资队伍。

## （四）教学实施手段要创新整合

数智时代，教育内容由传统走向丰富，教育资源由封闭走向网络，教育方式由单一走向多元，学生学习由被动走向主动，教师教学由灌输走向互动，为更好地推进新技术下高校会计教育变革，努力将数智时代会计教育全新构想落到实处，匹配的教学实施手段要跟进、要创新、要整合。主要采取以下四个方面措施：一要校企协同数智教改，信息科技企业提供服务各企事业单位管理创新与数智转型的实践案例，双方共同开发涵盖全新会计教育课程体系的教学设计、案例分析、网络课堂、实训教学资源等课程资料库；二要校企合作，摒弃书斋式教材编写模式，到大型企事业单位进行调研，在现有教材中引入或重新编写一些关于“大智移云物区”新技术与会计、财务、投资、银行的设计、开发、应用的相关内容和案例；三要政校企协同，政府以税收减免政策吸引更多企业参与新会计教育下服务于深度融合应用实验课程群的财务共享实验中心、人工智能分析系统、智能财务虚拟仿真学习中心等实验室建设，实现“应用场景+技术+方法融合”，打造智慧教学环境；四要产教协同，积极推进智能财务育人基地建设。至此，构建了政产学研教联动的以教材支撑讲授教学、以资料库服务案例教学、以应用场景仿真实验教学、以产教基地促进项目研发的教学实施手段。

## 参考文献

[1] 邓传洲，赵春光，郑德渊．职业会计师能力框架研究［J］．会计研究，2004（6）：31-35.

[2] 黄益雄，胡伟．全球特许管理会计师职业能力框架解读及启示［J］．财会通讯，2015（25）：10-12.

[3] 何瑛，宋康宁，张宇扬．数字经济时代会计专业人才能力框架与培养路径［J］．北京邮电大学学报（社会科学版），2019，21（3）：104-112.

[4] 刘国城，董必荣．“互联网+”时代我国高校本科会计教育的困境与变革［J］．南京审计大学学报，2017（1）：102-109.

# “实践+双语”会计人才技能的提升路径探究

田翠香

**摘　要**：国际化应用型人才必须兼具“实践+双语”两项会计人才技能。目前，北方工业大学会计人才培养虽然注重实践技能和英语水平，但实践教学和双语教学呈现“两张皮”的状态，未能相互交融。必须构建国际化会计人才培养课程体系，改革现有会计实践教学课程设置，探索实现实践教学与双语教学相互交融的路径，必要时增加开设会计双语类独立实践课程；创新人才培养模式，改进教学模式和方法。

**关键词**：“实践+双语”；人才技能；教学模式

随着国际经济一体化的持续推进、跨国公司的崛起和国际资本市场的发展，对具备国际视野、兼具会计实践技能和双语业务处理能力的高层次会计人才产生了巨大需求。北方工业大学地处首都，承担着服务北京、为北京城市建设输送大批应用型会计人才的重任。解决首都国际化会计人才匮乏的问题，北京市属高校责无旁贷。在此背景下，北方工业大学会计学专业实践教改团队开始探索会计实践教学的国际化改革与双语教学模式，并逐渐形成了一些阶段性成果。

## 一、提升“实践+双语”会计人才技能的迫切性

我国长期奉行对外开放政策，已稳居全球货物贸易第一大国。随着国家“一带一路”倡议的持续推进，国外企业“走进来”和我国企业“走出去”的趋势不可逆转。在国际化趋势下，跨境业务的稳步增长激发了市场对国际化会计从业者的需求，具备“实践+双语”技能的高层次会计人才成为稀缺。根据《会计行业中长期人才发展规划纲要（2010-2020）》和《注册会计师行业发展规划（2021-2025年)》，培育具有国际业务能力的高级会计人才，是在激烈的

国际竞争中赢得主动的关键。这类会计人才，要具备拥有全球化的视野和理念、通晓国际会计准则，是能够熟练运用中外语言处理会计专业问题和进行跨域工作交流的复合型会计人才。

该类国际化人才的应用领域通常体现在以下三个方面：一是有国际贸易和涉外投融资业务的国内企业，需要国际化会计人才进行跨境结算、进出口纳税和外币报表折算等工作。二是外资企业、在国外资本市场上市的公司及跨国经营企业集团等，则不仅需要开展外币业务核算和外币报表折算工作，还需要编制符合外国或国际会计准则的外语财务报表，采用外语进行日常核算、报告和工作交流，因此对那些能将英语等国际语言作为工作语言，全方位运用英语进行业务处理和人际沟通的会计人才有着持续的需求。三是适应注册会计师国际化的需要，特许公认会计师（ACCA）等资格证书的含金量越来越高，毕马威、普华永道等把拥有美国注册会计师（AICPA）资格认证作为招聘员工的必备条件。目前。我国具备国际注册会计师资格的人数极少，其缺口在 20 万人以上[2]。

培养具备国际视野、熟知国际会计惯例、能熟练处理国际会计业务的复合型人才，是我国高校会计学教育所面临的新挑战。北方工业大学会计学专业是国家一流专业和北京市特色专业建设点，适应用人单位和会计行业发展的需要，提升会计人才培养的层次和质量，是发展的方向之一。目前，会计实践教学与双语教学之间存在着一定的“壁垒”，会计实践教学是本土化的，而双语教学是纯理论化的。其他高校也有类似的反映，虽然从未轻视过英语教学，但许多会计专业的学生仍看不懂英文的专业书籍和资料，很难将他们的专业水平推向国际化[3]。传统的国际化人才教育缺乏教学实践环节，难以提高学生的实践能力和创新能力[4]。改革北方工业大学现有会计实践教学模式，重构以培养国际视野和国际业务能力为导向的会计实践教学体系，具有迫切的现实意义。

## 二、会计实践教学国际化改革调查分析

目前，北方工业大学实践教学体系在国际化方面的表现欠佳，为此，在北方工业大学会计学专业学生范围内开展了一项调查活动，旨在发现问题和做出改进。

## （一）会计实践教学国际化现状

以北方工业大学为例，通过“课程实验+学科竞赛+专业实习+毕业实践”四位一体的会计实践教学体系的设计，强化了学生理论知识和实践技能的相互结合，锻炼了学生分析问题、动手操作、团队协作和沟通交流能力。然而，会计学专业实践教学与双语教学相互脱节的现状不容忽视，具体表现如图 1 所示。

**图 1　会计学专业实践教学与双语教学相互脱节**

从实践教学角度来看，北方工业大学会计实践教学以满足国内企事业单位的会计工作需求为目标，所采用的是中文教材，遵循的规则是国内会计准则和会计惯例，训练的内容模拟的是国内企业所发生的经济业务，使用的模拟手段是国产软件，如用友和金蝶等，既不涉及国际化业务，也缺少外文实验材料。从双语教学来看，会计双语教学以理论知识的传授和专业外语词汇的普及为主，对于培养学生的国际业务实践操作能力并没有发挥实质性作用。会计实践教学与双语教学是相互分离的“两张皮”，不利于培养熟知国内外会计惯例、能同时使用两种语言从事会计工作的高级人才。

为了培育北方工业大学会计实践教学特色，推进“实践+双语”型会计人才培养试点，笔者在北方工业大学会计学专业同学中展开问卷调查，就北方工业大学人才培养成效、存在的不足、实践教学模式的改进等问题，广泛征求了意见。调查采用送发问卷的形式，保证了问卷的回收率。所涉及的问题类型包括背景性问题、现状类问题（国际化人才培养成效、存在的不足等）、态度类问题（双语教学纳入实践教学体系的必要性等）和建议类问题（专业英语类实践课程的教材、软件和师资等）。在北方工业大学范围内，共回收有效问卷 150 余份。

会计专业的学生们对于国际化会计人才的社会需求有着较为一致的看法。96%的受访者将注册会计师（CPA）列入其未来的学习规划之中，22%的受访者打算报考国际注册会计师（ACCA）和其他国际资格证书。80%的受访者同意学生既要学习本国会计准则、又要学习国际会计准则。当问及“我国高校现行双语教学课程设置在培养国际化人才方面的成效如何”时，约 1/3 的受访者认为成效很好或较好，认为培养成效一般及成效不好的比例分别为 56%和 8%。北方工业大学会计学双语教学课程设置在培养国际化人才方面发挥了一定的作用，但效果不是很理想。在所欠缺的能力中，国际会计业务处理能力、使用英语进行工作交流和沟通能力、熟悉国际会计准则和国外会计惯例等，均较为突出。46%的受访者认为，自己在使用英语进行工作交流和沟通能力方面最为欠缺；30%的人则认为，自己在国际会计业务处理能力方面最为欠缺。

根据调查结果，目前北方工业大学现行国际化会计人才培养过程中存在的问题中，最突出的是“缺乏相关的实践”及“缺乏相关的课程及环节”，44%的受访者认为，缺乏专业领域的国际化交流，也是阻碍北方工业大学国际化人才培养的原因之一。

## （二）会计实践教学改革路径

根据调查结果，会计实践教学改革路径如下：

（1）改革传统实践教学体系，在现有实践教学体系中全面渗透双语元素，实现实践教学与双语教学的相互交融。基于上述调查结果，应统筹现有实践课程和双语课程，在实践教学体系中全面渗透双语元素，同时在双语教学课程中设置实践环节，以此实现实践教学与双语教学的相互融合。如图 2 所示。

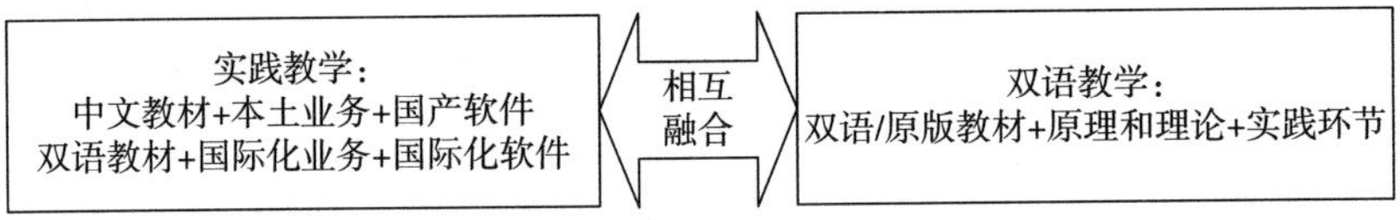


**图 2　会计学专业实践教学与双语教学相互融合**

培养“实践+双语”会计人才技能，必须实现实践教学与双语教学的相互交融，做到“你中有我、我中有你”。对于“如何实现双语教学与实践教学的协调统一”这一问题，受访者的选择如表 1 所示。

**表 1　实现双语教学与实践教学协调统一的措施**

| 选项 | 比例（%） |
|---|---|
| 在现有双语教学中加入实践环节 | 72 |
| 在现有实践课程中加入双语元素 | 68 |
| 增设外国文化介绍课程（以增进学生了解外国民俗、法律等信息的兴趣） | 60 |
| 增设专门的双语类实践课程 | 42 |
| 在主干课中增加英文案例研讨 | 35 |

对于“在现有双语教学中加入实践环节”和“在现有实践课程中加入双语元素”两类不同的措施，支持率均较高，尤其是前者，支持率更高一些；相对于增设专门的双语类实践课程，增设外国文化介绍课程受到更多的认可，这类课程可以拓宽学生的视野，使学生更多地了解国外的文化和法律特征。增设专门的双语类实践课程、在主干课中增加英文案例研讨，得到了少部分学生的认可。

目前北方工业大学会计学专业实践课程的设置，已初步实现多元化和体系化。面向国际化人才培养目标，应在现有实践教学体系中添加和渗透双语元素。一般按照会计学专业的主干课程依次开设。如图3所示。

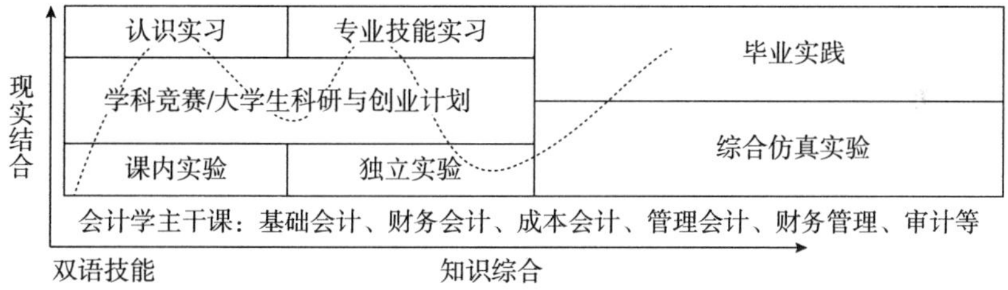


**图3　在会计学专业实践课程体系中渗透双语元素**

在课内实验和独立实验环节，增加外语类实验素材，使学生熟悉国际惯例以及国际会计业务的处理程序和方法；在仿真实验中，把实验主体放置在国际经济交往的大环境之下，增加涉外业务会计处理环节；参加涉外业务学科竞赛和创业计划；增加涉外实习基地，使学生在专业实习和毕业实践等各个环节，均有机会学习国际会计惯例，接触各类专业相关外文资料，从而训练其“实践+双语”的工作技能。

（2）优化现有会计实践课程设置，增设双语类独立实践课程。可以调整现有课程体系，在双语应用的重点领域，增设以双语授课的实训课程。开设专门的双语类实践课程，对现有课程体系的冲击力度较大，对于师资和软件等方面的配套要求较高。必须结合高校会计学办学条件和实际情况，做好教材教辅的选择、师资的配备、软硬件基础设施等方面的工作。对于所选用的教材，55%的受访者建议采用双语教材而不是国外原版教材；对于实践教学使用的软件，59%的受访者倾向于采用国外实践软件。从师资配备来看，应聘用国内外熟悉国际会计业务的师资，或培育通晓国内外会计理论、准则和实务的双语实践型专业师资。对于进行双语教学的教师，56%的受访者认为国内教师优于国外教师。

（3）创新人才培养模式，改进教学模式和方法。注重基础理论与会计操作技能的相互渗透，改变填鸭式教学模式，设置情景问题，引导学生参与讨论；增加对国内外会计知识的对比讲解，增加国外企业的英文经典案例，拓宽学生的国际视野；采用案例教学、研讨教学和模拟教学等多样化教学形式，考虑学生个性特征，在外语应用方面做到循序渐进，以保障课堂的效果；部分课程可采取自由活动程度高的教学模式，在实践教学交流环节增加英文互动的比例，改革考核方法，不以最终考试评价学生能力。

## 三、改革成效与建议

### （一）改革成效

通过互联网调查，了解了用人单位的会计人才需求；通过问卷调查研究和实验研究，摸清了北方工业大学会计专业学生“实践+双语”会计技能现状，探索了北方工业大学会计实践教学改革的方向、路径与实施方案，找到了适合于自身专业的“实践+双语”会计人才技能提升路径。教学改革成果及成效体现在以下三个方面：

（1）通过在现有实践课程中渗透双语元素以及开设双语类实践课程的开放实验等措施，提高了学生的专业外语应用和国际业务处理能力。面向会计学本科生，开设了《财务报告分析（双语）》《成本管理与决策（双语）》等双语类实践课程，以及相应的开放性实验，引入“实践+双语”教学模式。通过传授国际通用的商业语言和实务解决方案，使学生熟悉国际惯例，能够在一定程度上解决国内外专业领域的相关实践问题，并能够使用英语展开会计实务工作和撰写财务分析报告。对双语类独立实验课开展实验研究，将参加双语类实践课程的学生设为实验组，对同年级没有参加该类课程的学生设为控制组，进行为期一个学期的实验。实验结果表明，实验组的表现显著优于控制组，这充分反映了开设双语类实践课程的必要性和有效性。

（2）在国际化层面，强化了校企之间的合作，取得了良好效果。本专业与广州中博教育股份有限公司建立《会计学专业国际化课程体系建设研究》的校企合作，与利安达会计师事务所建立战略合作框架协议，建立政和国际会计师事务所等涉及国际会计业务的实习基地等，以培养学生的国际视野和国际业务胜任能力。这不仅彰显了本校会计学专业“重实践、强英语”的专业特色，而且使学生的综合素质得到显著提升。部分学生有机会进入国际“四大”会计师事务所和跨国公司从事工作，提升了毕业生就业质量，为首都“实践+双语”型复合会计人才的培养做出了贡献。

（3）教改成果丰硕。田翠香主编的教材《财务报告分析实训教程（双语）》于2014年10月入选国家“十二五”规划教材，在同专业教材中脱颖而出。教材用于北方工业大学《财务报告分析》及相关开放性实验课程中，在其他学校也有采用，发挥了一定的引领作用，取得了良好的示范效应。撰写并公开发表相关教改论文6篇，其中，核心期刊论文2篇。以上教改论文是对所取得教学成果的系统梳理和总结，论文发表在《财务与会计》《财会通讯》等国内有影响力的期刊上，实现了与国内高校同行之间的思想交流，相关经验总结和实践做法可有效辐射至其他高校。

## （二）建议

通过以上分析，总结可推广的措施和做法，提出以下三点相关建议：

（1）构建和完善国际化会计人才培养课程体系。“实践+双语”会计人才技能的培养，在浅层次表现为课程内容的国际化，在深层次则要强调对国际思维、国际事务处理等核心能力的培育。“实践+双语”会计人才技能的培养是一个系统工程，应贯穿于大学学习活动的始终，实现从通识能力到专业能力再到职业能力的阶梯型递进。

该课程体系由三个前后衔接的环节构成，分别是通识能力培养、专业能力培养和职业能力培养。国际化会计人才培养课程体系如图4所示。

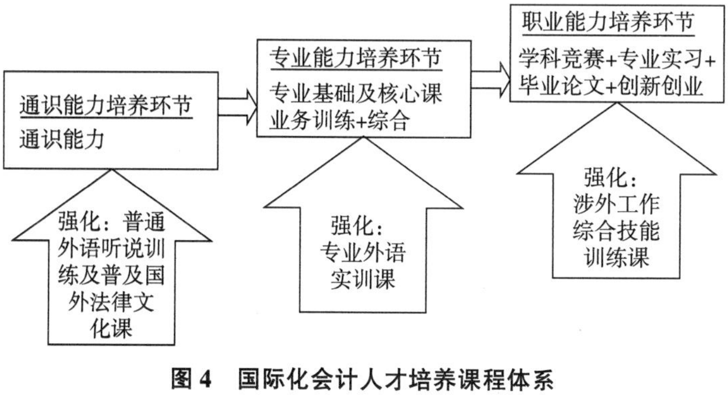


**图4　国际化会计人才培养课程体系**

一是通识能力培养环节，美国会计学会（AAA）曾指出，学校会计教育的目的在于培养他们成为一个专业人员应当具备的素质。合格的会计人才应该是厚基础、宽口径的。在该环节中，应强化普通外语听说训练及普及国外法律、文化的课程。会计专业的学生除了具备会计和审计知识之外，还应该加强沟通能力和通用能力的培养。二是专业能力培养环节。围绕财务会计、成本管理会计、财务管理、税法与审计等基础课与核心课，采用“业务训练+综合实验”的模式，强化专业外语实训课。三是职业能力培养环节。通过学科竞赛、专业实习、毕业论文和创新创业等课程设置，培养学生创新性地解决实际问题的能力，强化涉外工作综合技能训练。可以建立会计双语实验室，模拟跨国公司和涉外企业的会计工作环境，要求学生以外语为主要工作语言，完成涉外经济业务的会计处理工作。

（2）优化会计实践课程体系，必要时可开设双语类实践课程。除了在现有实践课程中渗透双语元素以外，对于中外会计准则和会计惯例有着显著差异的财务会计领域，应设置专门的双语类实践课程，例如，公司会计循环训练（Corporation Accounting Cycle）、财务报告编制与分析（Financial Reporting and Analysis）、成本管理与决策（Cost Management and Decision），该类课程要求完全遵照国外（如美国）的会计准则和惯例，采用外文实验素材，撰写外文实验报告。可以建立会计双语实验室，模拟跨国公司和涉外企业的会计工作环境，设立双语会计工作岗位，以外语为主要工作语言，完成涉外经济业务的会计账务处理、涉外税务处理和涉外企业管理会计工作。在改革初期，可以通过开放实验的课程设置，逐步摸索经验。对于双语类实践课程应特殊对待，定期开展相关研讨活动，不断总结经验，持续推进。

（3）在教学模式方面做出改革和创新。除了在教材、师资和软硬件设施方面做好配套工作以外，在教学模式方面的创新性做法体现在以下两个方面：

第一，改进授课与考核模式。设置情景问题，通过国内外会计知识的对比讲解、国外经典英文案例引入、模拟教学等多样化教学形式，注重实践技能和双语技能的协同训练。注重学生能力培养，尤其是参与企业管理和经营决策的能力，实现从核算型向管理型转变。部分高校开设了 ACCA 教学班，但在引进先进课程的同时，仍然以应试为主，缺乏对学生专业技能方面的训练。

第二，强化国际合作办学，培养学生的国际意识、国际视野和国际思维。随着国际化战略的推进，跨领域、跨学科、跨区域的合作渠道被打开。例如，广东外语外贸大学会计学专业与国外知名大学合作、推行专业技能实习、综合模拟实习、校外实习三层实习计划，着力培养国际化会计人才[8]。国际合作办学的模式不限于高校之间，在与外国企业、会计职业机构和民间组织合作领域，也可开展有益的探索。随着全球经济一体化，上述组织对我国会计教育的影响也愈加明显[9]。高校应充分利用社会资源，通过联合主办学术论坛、邀请国内外企业家和学者进行学术报告和专题讲座等方式实现产学研协同育人。积极拓展校外实习基地，鼓励学生走入跨国及外资企业，进行顶岗实践或开展自主创业活动。只有不断拓展国际教育资源、加强国际教育合作，才能积累经验，使国际化人才培养卓有成效。

综上，具有"实践+双语"技能的应用型会计人才有着广泛的社会需求和良好的发展前景，应重视将实践教学与双语教学有机地融为一体，设置双语类实践课程，重视培育"实践+双语"型师资，培养兼具国际视野和实操能力的复合型高级会计人才。

## 参考文献

[1] 廖子乐．国际化会计人才培养模式研究——基于高校与跨国企业人才需求视角［J］．国际公关，2020（11）：111-112.

[2] 田翠香．国际化背景下的会计实践教学应对策略［J］．财务与会计，2018（4）：79-80.

[3] 叶怡雄．强化会计实践教学　培养国际化人才［J］．会计之友，2011（4）：115-116.

[4] 刘杰．培养复合型国际化会计人才的模式探讨［J］．国际商务财会，2017（4）：69.

[5] 冯德河，刘均国．"外语+专业"教学模式下复合型、国际化人才培养研究［J］．山东教育（高教），2021（Z1）：111-114.

[6] 李伟．国际化卓越会计人才的能力框架与培养改革［J］．商业会计，2016（7）：119.

[7] 何丹，吴芝霖．创新型会计国际化人才实践教学模式研究［J］．财会月刊，2014（14）：113-117.

[8] 何传添．高素质国际化会计专业人才培养体系的构建：理论与实践［J］．会计研究，2014（1）：91.

[9] 张鲜华，李楠．中国会计教育研究综述——基于2015-2019年的文献回顾［J］．郑州师范教育，2020，54（6）：17-24.

# 高等教育教学改革与创新创业教育融合发展研究

蔡　炯

**摘　要**：本文在我国高等教育“十四五”发展背景下，分析了高等教育教学改革中的创新创业教育需求和创新创业教育中的高等教育需求，在此基础上分析了高等教育教学改革与创新创业教育融合的可能性，并提出高等教育教学改革与创新创业教育融合的建议。

**关键词**：高等教育教学改革；创新创业教育；融合发展

## 一、引言

自改革开放以来，我国高等教育发展取得了辉煌成果。尤其是党的十八大以来，以习近平为核心的党中央更是高度重视教育事业在坚持和发展中国特色社会主义战略全局中的地位和作用，把教育摆在优先发展战略位置（陈宝生，2019）。至2019年，我国高等教育毛入学率超过50%，已进入高等教育普及阶段。但需要直面的是，我国高等教育实力和水平与世界一流高等教育相比仍有差距，高等教育存在的问题突出表现在以下四个方面：一是人才培养质量与经济社会发展的要求有差距；二是学科专业结构与区域发展和产业转型升级的要求有差距；三是自主创新能力与国际竞争的要求有差距；四是高校自主办学和自我管理的能力与建设现代大学制度的要求有差距等，成为当代大学生就业形势不乐观的重要原因之一。面对严峻的就业形势，教育部将创新创业教育作为高等院校教育综合改革的支撑点 ，但在实践中，创新创业教育出现了：高校对大学生创业创新的重视度不够、教育方法老套，实训与实践的效果差等不足。综上所述，研究如何实现高等教育教学改革与创新创业教育融合发展具有现实和理论意义。

# 二、高等教育教学改革中的创新创业教育需求

目前，我国已建成世界规模最大的高等教育体系，高等教育事业已成为强国富民的重要引擎：在“十三五”期间，我国高等教育人才培养质量全面升级；高校思政课改革创新发生格局性变化；高等院校承担60%以上的国家基础研究和重大科研任务，产出大批标志性成果；在这期间，高校在人才培养、科学研究、文化引领、社会服务等各方面都取得了巨大成绩[2]（钱一彬，2021）。[3]薛二勇等（2021）《中共中央关于制定国民经济和社会发展第十四个五年规划和二〇三五年远景目标的建议》提出，建设高质量教育体系。继往开来，在“十四五”期间高校将进一步建设高质量教育体系，需要继续优化同新发展格局相适应的教育结构等，努力提升科研创新水平，增强社会服务能力。因而，有学者认为新时代高校应在扎根中国大地办学中面向世界科技前沿；在坚持自身特色中开拓产业方向；在坚持“立德树人”根本任务中培养创新人才；在推动开放办学中提升国际影响——即高等教育改革方向很重要的一步就是走出象牙塔，与祖国的社会生产实践相结合，把论文写在祖国的大地上；而创新创业精神是遇水架桥，逢山开路的一种开拓者精神，一种奋斗的信念。高等教育教学改革离不开创新创业内容，这与高等教育教学一方面重视专业教育内容，另一方面应对受教者进行课程思政，自党的十八大以来，习近平总书记就高等教育和人才培养工作多次发表重要讲话，明确提出“高校立身之本在于立德树人”，高等教育教学不仅授业，还要解惑、传道，通过课程思政，为受教者树立为国、为民的远大理想，树立“淬炼”专业能力的职业理想，树立不怕苦、不怕难努力奋进的奋斗精神；奋斗精神则与创新创业精神有着内在的一致性。因而专业教育，课程思政以及创新创业内容教育等就构成了高等教育教学内容。如图1所示。

**图1　高等教育教学内容**

由图1可见，专业内容是高等教育教学的“传统项目”，是教学内容的基础部分，在新时代需要强调“课程思政”和“创新创业教育”内容。因而，从这个角度推论，新时代高等教育根本任务的实现，高等教育教学改革时融入课程思政的内容和创新创业教育内容，需要改进专业内容，为之铸魂，为之赋神。反过来，由于有了课程思政和创新创业教育内容，专业内容也将更加丰富和生动，并充满生机。

## 三、创新创业教育中的高等教育需求

创新创业教育是国家实施创新驱动发展战略、促进经济提质增效的迫切需要，是推进高等教育综合改革、促进高校毕业生更高质量就业创业的重要举措。教育部把创新创业教育定义为“适应经济社会发展和国家发展战略需要而产生的一种教学理念与模式”。

由《新华字典》可知，“创”为开始，开始做；“业”为事业，事情，所从事的工作，如国民经济中的部门、职业、学业等；“新”与旧相对。在实际中，学者们认为创业创新教育有狭义和广义之分，毕继东等（2019）认为，创业的内涵不仅仅局限于新企业的建立，而是一种思维方式和行动方式教育；创业教育意在通过教育培养创业意识，形成创业能力和技能，最终促成个体的创业行为，为达成教育目的，创业教育要以培养创业精神和创新意识为重点，培养学生的创业意识和实践能力。在《国家中长期教育改革和发展规划纲要（2010-2020年）》中把提高学生的创新精神和实践能力作为战略重点之一。2015年，国务院发布了《关于大力推进大众创业万众创新若干政策措施意见》和《关于深化高等学校创新创业教育改革的实施意见》，为大学生创业创新实践提供了机会。同时自2015年起由教育部联合有关部门每年举行“互联网+”大学生创新创业大赛，鼓励大学生积极投入到创新创业之中。

事实上，我国著名教育家陶行知先生很早就倡导创新教育：处处是创造之地，天天是创造之时，人人是创造之人（毕继东，2019）[4]。另外，创新创业教育在国外也有很多实践，如芬兰，作为一个人口550万、国土面积33万平方公里的北欧小国，近年来在这方面的发展成绩斐然（罗琪，2021）[5]，其创新创业教育层次与我国类似，可分为基础教育、高中及中职教育和高等教育三个层次，高等教育处于创新创业教育的最高级别，如图2所示。

由图2可以看到，创新创业教育是一种长期的养成，本身需要潜移默化，

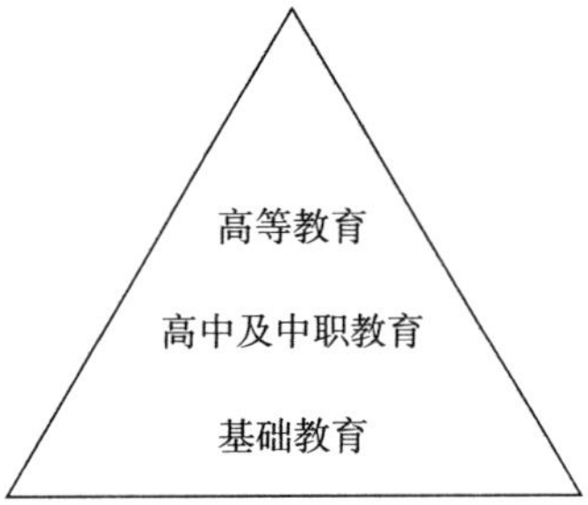


**图 2　创新创业教育层次**

不可能一蹴而就；无论哪一个层次在培养过程中终极目标都是一致的，即“立德树人”，不同层次的创新创业教育应体现这种一致性；在保持创新创业教育不同层次“立德树人”的一致性的过程中，需要有分工：有引导，有追随。显然，与教育在其他领域的作用一致，在创新创业教育的不同层次中，基础教育提供了教育的基础，而高等教育则提供了教育的方向引导，当然，基础教育结果本身也会影响高等教育的实施，从而影响整个创新创业教育，因而，从这个意义上来说，创新创业教育的高等教育部分对于创新创业教育自身目标的实现具有非常重要的作用。

此外，由于创新创业教育的成果等，通常需要长期的养成，例如，芬兰创业教育的教学与实践充分表明创新创业教育的独特性。当然，实践中还有许多创新创业教育的例子，如《小狗钱钱》，所提到的是如何教会青少年创新创业，做好理财，就显示了创新创业教育的早期培养必要性。

## 四、高等教育教学改革与创新创业教育融合的可能性

由于高等教育教学改革与创新创业教育在受众等方面存在一定的共性，显然高等教育教学改革与创新创业教育具有融合的可能性，具体分析如下：

首先，由前所述高等教育教学改革中，纳入创新创业因素，是社会和高等教育发展的必然结果；同时，除考虑实践因素外，通常高等教育在学历教育中处于较高层次，多处于教育、行业前沿，从这个角度可以推断，高等教育教学改革对于创新创业教育具有引导作用，正如高等教育在其他领域发挥引导作用。

其次，在信息技术蓬勃发展的今天，创新创业活动离不开高素质的人才，高等教育是人才培养的一个重要源头，也是创新创业教育非常重要的一个领域。[6]徐飞（2020）认为，在本质上，创新创业教育是向学生传播创新创业精

神，而不是单纯的职业技能培训或创办企业前的辅导；高校创新创业教育最重要之处是激发学生的内在创新创业精神。

再次，实践中已有许多高等教育教学改革与创新创业教育融合成功的事例。较为久远的成功事例是比尔·盖茨建立微软；又如惠普公司的创立离不开斯坦福大学。而我国现实中类似的案例也有很多。[7] 2021年6月17日9时22分，搭载神舟十二号载人飞船的长征二号F遥十二运载火箭在酒泉卫星发射中心准时点火发射，顺利将聂海胜、刘伯明、汤洪波3名航天员送入太空。除了航天部门的人员参与以外，入驻两江协同创新区的北京理工大学、哈尔滨工业大学、西北工业大学等也为飞船的发射和对接提供了坚实技术和人才支撑，体现了高等教育与创新创业教育的极好融合（见表1）。

**表1　参与神舟十二号的发射和对接任务的部分高校及其创新创业成果（部分）**

| 高校名称 | 创新创业成果（航天领域） |
|---|---|
| 北京理工大学 | 交会对接微波雷达信号处理机和微波应答机信号处理机——自2011年起应用于历次空间交会对接中。在神州十二号任务中，持续为神舟十二号载人飞船与空间站“天和”核心舱的空间交会对接任务提供相对定位测量信息 |
| | 高效视频编解码技术——自2005年首次应用于长征火箭后，16年来不断进行技术创新和产品升级，持续为“神舟”系列飞船发射提供技术及服务 |
| 哈尔滨工业大学 | 离子注入与沉积工业化装备，解决了空间对接机构核心零件的表面强化难题，为空间对接机构上50余个核心零件的表面强化提供了设备条件；在天舟系列货运飞船、北斗导航系统、天和核心舱等国家重大工程型号中该研究成果也起到重要的支撑作用 |
| | 空间对接机构地面测试系列装备——在对接机构样机研制、定型考核、发射前校验等过程中发挥了不可替代的作用，圆满完成了在空间对接机构研制各阶段的地面测试 |
| | 神舟系列飞船12号逃逸系统发动机喷管扩散段关键技术——此技术可使复合材料层间剪切强度的离散系数降低，极大地提升了发动机喷管的质量可靠性和安全性，为保证航天员的生命安全奠定了坚实的基础 |
| 西北工业大学 | 空间站核心舱乘员分系统中的多款舱载医学监测设备 |
| | 神舟飞船舱内环境、仪表与照明系统和舱载人机设备的工业设计和工效设计与评价 |

注：航天员刘伯明和神州十二号载人飞船系统总指挥何宇等奋战在幕前幕后的一线英雄都毕业于北京理工大学。

资料来源：笔者根据相关资料整理。

最后，高等教育教学改革与创新创业教育发展两者只能是融合而非替代。

由前所述，高等教育教学所承担的任务，在内涵上存在着对知识的继承与传播和对知识的发展与创新两方面，收成与创新并举，其中，知识继承与传播是知识发展与创新的基础，而人们对于世界探索的现实局限和无限向往和实践，则是知识发展与创新始终存在的必然。由此，高等教育教学改革与创新创业教育融合发展是两者最佳的发展状态。

## 五、高等教育教学改革与创新创业教育融合的建议

由前所述，高等教育教学改革与创新创业教育的融合早已发生，实践已证明了融合成功后带来的收益，在未来，人们应更加强化这种融合。本文认为主要有以下三个方面：

### （一）夯实基础并注重创新创业精神的培养

时移势易，由于实践的不断发展，创新是不可或缺的。古希腊哲学家赫拉克利特说：“人不能两次跨过同一条河流。”说明了环境的变化是常态，同时也说明了创新创业的普遍性。前述提到，高等教育教学内容包括了对知识的继承与传播和对知识的发展与创新，前者是后者的基础，后者是前者的发展。因此夯实基础与创新创业精神的培养不可偏废。另外，结合高等教育的根本目标在于“立德树人”、培养“德智体美劳全面发展的社会主义建设者和接班人”，需要掌握专业知识的基础上培养创新创业精神。

### （二）强化高等教育的产学研平台

由于高等教育在学历教育中处于较高的层次，需要继承与发展专业知识，同时，由于实践是检验真理的唯一标准，高等教育教学内容需要与生产实践相结合，需要与科学研究相结合。此时，产学研平台对于高等教育教学内容等将都会有正向的影响。由前文所述的北京理工大学、哈尔滨工业大学和西北工业大学的事例就说明了高等教育教学与产学研实践结合的重要性。

### （三）提高高等教育教学改革和创新创业教育中的教师参与度

无论是高等教育教学改革还是要开展创新创业教育，都离不开施教者，即教师。教师是教育发展的第一资源（陈宝生，2019）[1]；教师应当首先受教育。在进行教育教学改革以及创新创业教育时，需要老师能够紧密参与到社会生产

实践和创新创业活动中来，这既需要教师态度上的积极参与，也需要高校与社会能够为教师提供可能的平台。

## 六、结语

综上，在“十四五”期间，高校将进一步建设高质量教育体系。在这一过程中，高等教育教学改革应更进一步与创新创业教育相融合。可以预见，在融合中高等教育会更具活力，并且会有更多更好的创新与创业铺展在祖国大地上。

## 参考文献

[1] 陈宝生. 深入学习习近平关于教育的重要论述 [M]. 北京：人民出版社，2019.

[2] 钱一彬. 深化教育改革　提升教学质量 [N]. 人民日报，2021-03-04 (12).

[3] 薛二勇，李健. 新时代教育规划的形势、挑战与任务 [J]. 中国教育学刊，2021 (3)：19-24.

[4] 毕继东，陶虎. 创业设计与仿真实验 [M]. 北京：高等教育出版社，2019.

[5] 罗琪. 芬兰创业教育的教学与实践及启示 [J]. 河北师范大学学报(教育科学版)，2021 (7)：126-132.

[6] 徐飞. 创业风险识别与规避 [M]. 北京：高等教育出版社，2020.

[7] 王予婷. 两江协同创新区多所入驻高校院所　助力神舟十二号发射 [N]. 上游新闻，2021-06-18.

# 会计学一流专业学生创新素质培养模式的探讨

郭兰英

**摘　要**：创新是引领社会进步和经济发展的重要力量，学生创新能力培养不仅是人才培养的重要举措，更是落实国家创新发展战略的根本要求。本文基于会计学专业国家级一流专业建设的目标，秉承“以学生为中心，注重学生全面发展”的理念，在阐释会计学专业学生创新素质内涵、创新素质培养要素的基础上，对会计学专业学生创新素质培养模式进行了探讨，从不同视角提出了会计学一流专业学生创新素质培养的实施路径及其方法，确保人才培养目标的有效实现。

**关键词**：会计学专业；本科生；创新素质；培养模式

创新是引领人类社会进步和经济发展的重要力量，大学生作为未来社会进步和经济发展的主导性力量，需要具备较强的创新能力。根据2020年《中国统计年鉴》发布的统计数据，2019年中国高等学校在校生人数接近4845万人（包括研究生、普通本专科生、成人本专科生和网络本专科生）。在高等教育教学实践中，将学生思想道德教育、专业知识学习、实践能力训练与学生的创新精神、创新思维和创新能力有机结合在一起，强化学生创新素质培养，是落实高校“立德树人”根本任务、提高高等教育质量、培养社会主义事业建设者和接班人的一个重要组成部分。本文基于北方工业大学会计学专业建设国家级一流专业的目标，秉承“以学生为中心，注重学生全面发展”的理念，对会计学专业学生创新素质培养模式进行一些探索与实践。

## 一、会计学专业学生创新素质的内涵

创新素质的核心是创新精神、创新思维与创新能力。创新精神主要是一种积极求新、求变、求好的意志或态度；创新思维主要是一种从大量的知识和经验中为进一步衍生出新的知识和经验所做的推理与判断；创新能力主要是指在认识和实践过程中不断提出新思想和运用新方法从而使认识与实践获得更好发展。会计学专业主要培养在各类工商企业、事业单位、会计师事务所和其他组织从事会计、财务、审计工作的应用型专门人才。学生的知识体系从专业教育层面来看，主要是应掌握管理学、经济学、金融学、法学和会计学等学科的理论知识与国家有关法规、标准、具体制度和政策等；从专业技能方面来看，应具备从事经济活动管理、经营、核算、分析、报告等方面的基本技能；从能力目标方面来看，应具备与职业发展需要和个人全面发展需要相适应的领导力、执行力、决策水平、沟通和合作、信息技术分析与运用、学习与创新能力等。会计学专业学生创新素质的内涵就是要在系统掌握有关知识体系、方法和能力的基础上，在学习与工作实践中能够不断提高和创新自身的知识体系、方法和能力，取得更好的学习与实践的效果。

## 二、会计学专业学生创新素质培养的要素

通常而言，创新素质是由创新精神、创新思维与创新能力等要素组成的一种较高级、复杂和生动的认识与实践的结果呈现。一个人的创新素质与先天条件有一定关系，但更多情况可以借助后天的培养与训练获得。科学技术能够改变世界，创新思维能够改变科学技术。面对我国实行第二个百年奋斗目标的时代感召，实现共产主义远大理想和中国特色社会主义共同理想，科技兴国和教育强国属于国家发展的基本战略。当代大学生应将个人理想与国家和社会的共同理想协调一致，同向同行。大学教育教学则应坚持“以学生为中心”的理念，围绕培养高素质、应用型专门人才目标，将教育教学改革不断推进、深化和提高。在我国当前的教育教学改革中，学生创新素质培养具有重大意义。基于此，大学生创新素质培养的要素分析，将围绕四个方面阐述：一是教师在教学活动中的引领地位和作用；二是教学活动凭借的知识与材料；三是教学方式是教学活动达成教学目标的方法与实践；四是教学评价是对教学效果的检查与反馈。

### （一）教师的创新素质

教师在教学活动中具有引领地位，发挥主导作用。具有创新素质的教师可

以在教学活动中充分阐述创新的意义，分享创新思维的过程，传授创新的知识与方法，在有关知识与方法的历史还原、现实分析与未来展望之间进行穿越，带领学生在广阔的知识海洋进行遨游与探索，充分拓展时间与空间的边界，调动学生求知与创新的兴趣。兴趣是学生最好的老师，学生有了创新的兴趣和老师成功创新的指引，就比较容易形成创新的思维，掌握创新的方法，养成创新的习惯，收获创新的成果。

### （二）专业知识体系

专业知识体系是学生创新素质的基础。专业知识体系包括两个层面：一是指基于人才培养目标所设置的课程结构体系；二是指基于每门课程在专业知识体系中的作用和影响所设置的具体内容。以北方工业大学会计学专业最新修订的人才培养方案为例，其课程结构如表 1 所示。

**表 1　会计学专业课程结构**

| 课程模块 | 学分 | 比例（%） | 课程模块目标简述 |
|---|---|---|---|
| 通识教育课（必修） | 42 | 25.77 | 通过“四史”（中国共产党史、新中国史、改革开放史和社会主义发展史）、人文、科学、信息技术、美学、国学、国家安全等方面知识的学习，培养学生坚定社会主义核心价值观，有高尚道德情操，弘扬中国传统文化，具备现代科学技术知识和能力，激发学习与创新的动力，提高学生的综合素养 |
| 通识教育实践课（必修） | 13 | 7.98 | 通过创新创业实践、第二课堂、公益劳动、社会活动，培养学生联系社会实践进行学习和解决问题的能力 |
| 通识教育课（选修） | 8 | 4.91 | 满足学生专业知识外的个性化学习需要，吸收其他专业理论与方法的精华，拓宽学生视野，掌握多方面学习和实践的能力 |
| 大类专业基础课（必修） | 30 | 18.40 | 通过管理学大类专业基础理论知识与科学方法的学习，为会计学专业的系统学习奠定基础，并培养学生善于运用数学思维描述、分析、预测和决策经济活动的能力 |
| 专业教育课（必修） | 23 | 14.11 | 系统掌握会计学专业理论知识、方法，具备从事会计工作及会计专业相关工作的能力，为会计学专业的研究性学习和相关专业知识的学习奠定基础 |

续表

| 课程模块 | 学分 | 比例（%） | 课程模块目标简述 |
|---|---|---|---|
| 专业教育实践课（必修） | 14 | 8.59 | 通过专业实习和毕业论文撰写，培养学生联系社会实践进行专业知识学习，研究专业学术问题，解决应用问题的能力 |
| 专业教育课（选修） | 23 | 14.11 | 根据研究性学习与就业需要，掌握会计研究方法，不同行业、组织的会计工作内容与方法，会计学相关专业知识。可以拓宽学生就业渠道，具备综合运用经济管理知识的能力 |
| 专业教育实践课（选修） | 10 | 6.13 | 通过对管理实践与会计实践中专项技能和综合技能的应用实训，培养学生在实践中学习和在学习中实践的能力 |
| 合计 | 163 | 100 | |

通识教育课程是以“立德树人”为根本，以学生全面健康发展为核心，以培养社会主义事业合格建设者和可靠接班人为目标。必修课程设置包括马克思主义原理、毛泽东思想和中国特色社会主义理论体系概论、习近平新时代中国特色社会主义思想概论、思想道德修养和法律基础、中国近现代史纲要、大学语文、大学美育、大学英语、大学计算机基础、网络编程语言、数据库应用、文献检索与利用、心理健康与职业发展、军事理论与技能、体育。通识教育实践类课程包括创新实践、社会实践、公益劳动、安全教育、形势与政策、第二课堂。通识教育类课程学分要求占毕业学分总比例的38.65%。

大类专业基础课是指管理类学科应具有的经济管理类基础理论知识与数学方法和数理统计类知识。课程设置包括高等数学、线性代数、概率论与数理统计、管理学、会计学原理与微观经济学。大类专业基础课程学分要求占毕业学分总比例的18.40%。

会计学专业教育课的课程类别分为专业教育课（必修）、专业教育实践课（必修）、专业教育课（选修）和专业教育实践课（选修）。专业教育课（必修）是会计学专业的核心课程，包括中级财务会计、成本会计、财务管理、管理会计、会计信息系统和审计；专业教育实践课（必修）包括会计专业实习和会计毕业论文；专业教育课（选修）主要包括内部控制与风险管理、数据模型与决策、市场营销管理、宏观经济学、金融学、经济法、税法、政府与非营利组织会计、高级财务会计、会计研究方法等；专业教育实践课（选修）包括

Excel 数据分析、ERP 沙盘模拟实训、商业运营综合实训、智慧财务与集团管控、纳税筹划、会计综合实训、管理会计实务、合并报表业务训练等。专业教育类课程学分要求占毕业学分总比例的 42.94%。

从会计学专业的课程体系结构和知识与能力培养目标可以看到，在满足政治思想教育和专业基础理论知识与相关理论知识教育的基础上，重视学生实践能力与创新能力的培养。有关课程学分要求占毕业学分总比例的 22.7%。

## （三）教学方式

教学方式是教学活动达成教学目标的方法与实践。在互联网、信息化、大数据、多媒体时代，课堂教学的组织形式、知识讲解和能力训练的方式应紧跟时代的科学技术水平，充分运用各种资源和条件，为学生提供优质、高效和协同的教学服务与管理。会计学专业具有科学的理论知识与方法体系，在各级各类行政事业单位和各类工商企业的会计具体工作中，应严格遵循《中华人民共和国会计法》《企业财务报告条例》《企业会计准则——基本准则》《政府会计准则——具体准则》《政府会计准则——基本准则》和有关会计制度，以及本单位制定的具体财务会计管理制度。上市公司还应当根据有关法规定期编制并公布公司年度报告和针对重大事件的临时报告。教师如何利用有限的课内教学时间，完成好会计学有关理论解析，会计法规制度讲解，经济事项分析，会计信息的加工、运用及分析，以及对学生学习情况的跟踪了解及评价，需要内容、方式和方法上的精心筹划、战略布局、战术运用。将创新的思想和实践融入课程总体教学及具体到每一个教学环节和每一个教学内容中，在潜移默化中培养学生的创新思维与创新能力，使学生保持积极向上的学习与创新的态度、热情，持之以恒，塑造学生的创新品格。古人云“读万卷书不如行万里路”，今人讲“行万里路不如名师领路，名师领路不如跟随成功人脚步”。教师应当成为具有创新素质的教师，在教师的教学、科研和学生工作等方面，成为学生创新能力的引路人。

## （四）教学评价

教学评价是对教学效果的检查与反馈。在促进学生全面健康发展的教学理念下，教师应将教学目标、教学过程与教学评价有机结合，相互统一，形成目标明确、过程有序、结果满意的教学模式。在教学管理工作方面，教学评价是包括“教与学”两个方面的评价。在对学生素质培养模式的探索与实践中，重点关注的是教师如何设计对学生的检查与评价，实现教学相长。基于培养学生全面健康发展的目标，考虑到学生主体之间既应有一定的共性，也客观存在着差异性，在选择考核内容时，应包括基础的、必答的考试问题，也包括一定的选择回答的问题。这就既可以扩展考核的知识范围，也可以给予学生一定的选择权，使学生考出比较理想的学习成绩，保护学生学习的自信心。在选择考试问题时，不仅应包括检查学生掌握和运用基础理论知识和方法，解决经济活动中的具体问题；也要包括检查学生运用创新思维，开放性地解决经济活动中的具体问题；还可以为了考核学生的创新能力，假设一些未来可能出现的问题。

## 三、会计学专业学生创新素质培养的措施

学生创新素质的培养应根据学校发展定位和学生的具体情况精准施策，实现双赢。现在是科学技术突飞猛进的时代，每年都要产生大量的新知识，淘汰很多不再有用的知识。创新成为各行各业能够与时俱进，保持较好发展的必由之路。创新素质也成为当代大学生能够较好适应社会需求的一个基本品质。国家提出了“大众创业、万众创新”的号召，也表明创新不仅是专业研发人员所属，也应当成为社会大众在认识与实践活动中的一种能力。关于大学教育如何培养学生创新素质，可以采取以下具体措施：

### （一）将创新素质培养的理念进教材

教材是教育教学取得成效的基本要素之一，也是学生系统学习科学知识的重要资源和载体。在教材内容的安排上，融入创新素质培养的理念，可以使学生得到创新思想的滋养，有助于培养学生的创新素质。会计学专业属于应用型学科，教材内容既有系统的科学理论知识与方法体系，也有对经济活动与社会实践的具体反映。现时的理论与方法一般都经历了从诞生到不断完善的过程，这个过程往往包含了多次创新。因此，在教材中不能仅仅包括对理论知识与方法的分析应用，还应当有理论知识与方法体系发展完善的过程，并结合先进的社会生产力、生产关系、科学技术条件、社会生活与经济活动现实，阐述创新的动因、条件与结果，学生可以从中感受到创新的意义。同理，经济活动与社会实践有重复也有创新，在教材中应选取能够反映有创新的经济活动与社会实践的素材。

### （二）将创新素质培养的理念进课堂

课堂是教学活动的主阵地，课堂教学将师生置于同一时空，教学活动直观明了，信息沟通真实高效。教师生动、立体、在一定场景和情境下的课堂教学，可以强化学生的大脑记忆，有良好的教学效果。教师是教学活动的导演、编剧和演员，教师将创新素质培养理念带进课堂，就是要将教师呈现在课堂上的一切都植入创新理念。例如，教师自身应具有创新素质，在教学内容安排、教学方式选择、教学方法运用、教学效果检查、教学氛围营造等方面都要不断创新。创新是为了抛弃陈旧、落后、不适用的认知、事物和实践，产生新的、先进的和更适用的认知、事物与实践。科研人员从事科学技术的创新发明多数不是一蹴而就，教育工作者培养人才应具有的创新素质，也需要遵循人才成长规律与创新素质培养的科学指导和理论指导，不断总结经验，从点滴做起，聚沙成塔、终成目标。

### （三）将创新素质培养成果纳入教学评价

教学评价是实现教学目标的一个重要环节，通过教学评价检查、反馈的职能，一方面可以检查学生学习的结果，对学生学习情况进行评价；另一方面可以检查教师教学的结果，对教师教学情况进行评价。在教学评价中纳入创新素质评价，就对教师培养学生创新素质提出了要求，也使学生明确了自身应加强创新素质训练。只有双方认识一致，才可能形成合力，从而达到培养目标。教学评价可以分为过程性评价与结果性评价，在过程性评价中，一般运用比较灵活的方式，例如，通过与学生的非正式沟通，了解各个学生的性格特征、学习态度与学生成绩，根据班级或学习组织的总体情况，恰当地运用创新素质培养方式，及时观察和评价教学效果，不断调整培养方式，以便在课程结束后的教学评价中取得较好结果。在结果性评价中，一般运用比较正式的、科学的方式，评价结果的作用更大，教师和学生也更加重视。因此，结果性评价应尽量少用或不用机械式的记忆类问题和有唯一正确答案的问题，多选择开放式问题，发挥学生的主观能动性，把日常的教学工作导向重视创新素质培养上。

### （四）通过实践性教学环节提高创新素质培养水平

实践性教学环节是培养学生创新素质的一个重要途径。从本文给出的课程设置体系可知，实践性教学环节包括通识教育实践课和专业教育实践课。

通识教育实践课包括创新实践、社会实践、公益劳动、安全教育、形势与政策、第二课堂，学分要求占到总学分的7.98%。这类课程要求学生调查了解社会经济现实，参与社会经济实践或其他公益活动，进行安全技能训练等。通过这类课程，有助于学生将理论知识与社会实际相结合，在实践中理解理论知识，或创新对理论知识的认识。

专业教育实践课包括利用学校和经管学院实验中心资源，开设的Excel数据分析、ERP沙盘模拟实训、商业运营综合实训、智慧财务与集团管控、纳税筹划、会计综合实训、管理会计实务、合并报表业务训练等，进行管理实践与会计实践中专项技能和综合技能的实训；专业实习要求学生在完成会计学专业主要课程学习之后，选择一家单位进行在岗实习，有条件的情况下，尽量进行轮岗实习，加深对会计学专业知识和技能的理解与运用，并在实习中增长新知识和新技能；毕业论文是学校为学生提供教学活动的最后一个环节，也是教学活动最重要的一个部分。要求学生在了解专业知识学术研究和问题研究现状的基础上，根据自身的研究兴趣和条件，选择一个课题进行专业研究。毕业论文的过程为：研究方向选定—文献综述—开题报告—论文提纲拟定—论文撰写—论文定稿—论文答辩。通过毕业论文学生多方面的能力得到了训练和提高，观察问题的能力、提出问题的能力、分析问题的能力、解决问题的能力、书写报告的能力、沟通能力、逻辑思维能力、信息技术运用能力、科学求证能力等，每一个能力的提高在起点、过程和终点都闪现着创新之光。专业教育实践课学分要求占到总学分的14.72%。

### (五) 充分运用其他渠道和方式提高创新素质培养水平

“三全育人”是教育综合改革工作的总体目标。在教育教学工作中为了提高学生创新素质的总体布局，教师作为教育教学工作的主体，理当发挥最重要的作用。学校在顶层设计、组织保障、经费支持、制度建设等方面应发挥领导作用和保障作用。学校其他业务部门、管理部门、技术部门和服务部门应大力发挥辅助作用。除此之外，利用社会资源和合理的市场化手段，将各级各界各类掌握各种新技术、新知识的专业人员请进课堂，向学生传授来自实际工作的真技术、真经验，分享他们在实际工作中求变、发展和创新的历程及取得的成绩，可以增进学生对社会实践的了解；有条件的情况下，也可以组织学生实地走访企业，组织实地参观教学，将会取得更好的教学效果。值得提及的是，在现代科学技术飞速发展的时代背景下，互联网、自媒体、智能化、云计算等信息技术资源极其丰富，资源利用的成本较低，具有相当的便捷性和很高的效率，在会计学专业学生创新能力培养的实践中，应很好地运用这些资源，专业教师更应为这些资源的建设做出贡献，师生互相促进，共同成长。

总之，会计学专业学生创新能力的培养不仅是人才培养的重要举措，更是落实国家创新发展战略的根本要求。当代大学生在实现全面建设小康社会目标的基础上，是实现第二个百年奋斗目标的重要力量，应当很好地肩负起新时代赋予的时代使命，不断地在专业学习中自觉地树立创新意识和思维，注重个人综合能力和素质的全面发展与提升，努力成为适应中国特色社会主义现代化建设的创新型人才。教育教学工作者更应根据时代发展的要求和人才成长的规律，对会计学专业学生创新能力的培养进行科学的顶层设计，努力拓展思维，从不同视角系统研究专业知识与实践有机结合的实施路径及其方法，确保人才培养目标的有效实现。

## 参考文献

[1] 饶玲．课程与教学论 [M]．北京：中国时代经济出版社，2004.

[2] 王竹立．你没听过的创新思维课（第 2 版）[M]．北京：电子工业出版社，2018.

[3] 陆康其．促成学生高阶思维能力发展的课堂教学改革 [J]．人民教育，2021（8）：67-68.

[4] 姚梦懿．“双一流”建设视角下高校经管类创新性实验教学体系研究 [J]．科教导刊，2019（12）：32-33.

[5] 王晓敏，邱筱敏，高源等．本科一流专业创新人才培养模式研究——以太原理工大学材料科学与工程专业为例 [J]．创新人才教育，2021(6)：78-81.

# 新工科背景下会计学一流专业建设的实践资源整合与利用

王丽新

**摘　要**：在“双一流”建设成为国家战略的背景下，一流专业建设的“双万计划”为高校会计学专业高质量建设与发展提供了契机。2017年启动的“新工科”发展研究，具有新理念、新知识、新模式、新机会等特点，已成为人才培养的主旋律。“一流”专业建设的目的就是用一流教育资源培养出一流人才。作为实践性极强的会计学专业，如何挖掘、整合、利用好实践资源，在新工科背景下一流专业建设中的作用尤为重要。

**关键词**：新工科；会计学；一流专业建设；实践资源

## 一、引言

新工科要求培养跨学科、跨专业的创新型、复合型人才，对几乎所有专业学生的创新意识和持续学习能力都提出了新要求。尤其是实践教学作为人才培养关键环节的专业，必须采用有别于传统的教学理念，运用新的教学思路，才能满足新工科对人才培养的需求。而“一流”专业建设的目的就是要用一流教育资源培养出一流人才。

会计学专业是国民经济建设不可或缺的专业之一。该专业培养熟悉国家法规和财经政策，具备管理、经济、法律和会计等方面的理论基础和实务操作能力，能在财政、金融、税务和审计等政府机关以及企事业单位从事会计核算和财务管理工作的应用型高级管理人才。作为实践性极强的会计学专业，如何在新工科背景下实现“一流”专业建设目标，挖掘、整合、利用好实践资源尤为重要。以下内容将以北方工业大学会计学国家“一流”专业建设为例展开相关分析和研究。

## 二、新工科及“一流”建设对会计学专业培养目标的影响

在新工科背景下，会计学“一流”专业建设目标被赋予了新的内容，即以“立德树人”为根本，结合北京“四个中心”功能定位，依托学校新工科建设平台，突出“新工科+会计”办学特色，加强工程素质和现代信息技术应用能力培养，坚持以学生为中心，深化教育教学改革，围绕培养高素质、应用型专门人才目标，进一步推进专业自身建设。在这样的总体目标引领下，还应考虑新工科和国家级一流专业建设带来的相关影响。

坚持“立德树人”，将会计学专业建设成“一流”示范专业，培养精理论、通实践、善创新、勇担当的社会主义建设者为根本任务，为湖北省及华中地区输送应用型、复合型会计人才。

### （一）新工科对会计学专业建设的影响

工程科技改变世界，工程教育领跑创新。自 2017 年开始，教育部积极推进实施新工科建设，以“新的工科专业、工科的新要求”为建设内涵，探索应对未来科技革命和产业变革下的新型工程人才培养模式。建设发展新工科，深化高等教育改革，培养更多新型高素质人才，是深入贯彻习近平新时代中国特色社会主义思想和党的十九大精神，加快建设高等教育强国，助力实现中华民族伟大复兴“中国梦”的战略性举措，是新时代高等教育改革发展的重要任务。培养具有工程素质的复合型会计人才是“新工科”赋予会计学专业建设目标的新内容，需探索多层次、多维度业财融合型人才培养模式，搭建跨学科、校内外的实践平台，融入互联网、区块链等资源，进而全面构建会计学专业交叉融合的实践教学体系，促进人才培养目标的实现。

### （二）“一流”专业建设的新要求

“一流”专业建设标准可归纳为：一流教育理念、一流办学定位、一流建设积累、一流教学条件、一流师资队伍、一流课程教学、一流教学管理、一流质量保障和一流人才培养成效 9 个“一流”。对于会计学专业而言要达到这九个“一流”的要求，都离不开理念先进、定位合理、积累丰富、条件良好、师资充沛、课程互补、管理科学的“一流”实践教学体系的构建与落实。这也是会计学“一流”专业建设应实现的目标。

## 三、新工科背景下会计学专业实践资源及利用现状分析

### （一）会计学“一流”专业建设的新工科实践资源现状分析

北方工业大学是一所以工为主，理、工、文、经、管、法、艺七大学科门类协调发展，工科优势突出、特色鲜明的高等院校。在70多年的办学历程中，学校坚守“工业报国、工业兴国、工业强国”的情怀，投身于新中国从传统工业到现代工业的发展历程，已成为地方经济和社会发展提供高级创新人才和先进技术研发的中坚力量。步入新时代，学校建立了从本科生到硕士生、博士生，从全日制到成人高等教育、留学生教育的多层次、广覆盖的教育体系。建有1个“服务国家特殊需求博士人才培养项目”，17个硕士学位一级学科，10个硕士专业学位类别，36个本科招生专业，5个国家级一流本科专业建设点，3个国家特色专业建设点，5个北京市特色专业，3个北京市级一流本科专业建设点和1个北京市重点建设一流专业。现正致力于建设高水平特色工业大学，为北京实现高质量发展、建设国际一流和谐宜居之都和具有全球影响力的科技创新中心提供人才保证和智力支撑。

这样的办学背景，具备了天然的新工科教育体系和多学科资源优势，为会计学专业学生拓宽视野、构建丰富的知识学科体系、实现校内资源的充分利用都提供了资源支持。但是，如何将这些资源进行系统地整合，打造资源共享、课程互补、管理科学的实践教学平台，从而实现培养“一流”会计专业人才的目标，还有待进一步落实。

### （二）会计学专业校外实践资源利用现状分析

“百闻不如一见，百见不如一练，百练不如一战”是我们经常对会计专业学生强调的一句话，体现了到实际单位进行专业实习的重要性。作为实践教学体系中至关重要的校外实习，不论在实习资源整合利用方面，还是在师资指导效果、组织管理水平等方面，都体现了这一环节的整体状况。现结合疫情前我校会计学专业校外实习相关资料进行分析。

1. 我校会计学专业实习校外实践资源利用现状分析

专业实习在大二结束时进行，共五周，分为校内校外两部分，其中，校外实习三周。该实习是在管理学、基础会计、会计基础实训、中级财务会计、税

法、会计综合业务实训、财务管理、成本会计等课程学习的基础上，为了强化学生对会计学专业的认识，进一步训练和提高学生的会计操作技能，更好地理解会计和财务管理理论知识而开设的。通过本实习，可以进一步增强学生对企业及其资金运动流程的认识，掌握成本管理与核算的主要内容和一般流程，了解税种及报税流程，培养学生的实际操作、分析和解决实际问题的能力，为学习高级财务会计、管理会计和审计等会计学专业的后续课程奠定实践基础。实习内容包括五个方面：了解实习单位概况、生产经营及管理活动；了解实习单位会计工作组织和财务软件应用情况；熟悉实习单位会计核算程序、相关会计制度和会计档案管理等；熟悉实习单位筹资、投资、营运资金管理、利润分配等环节的实际操作；了解实习单位的税种及报税流程。

此次实际到实习单位参加专业实习的学生共计157人，其中，在机械、服装、食品、化工等产品制造企业实习的学生为32人，占实习总人数的20.38%；在会计师事务所、管理咨询公司、评估公司等财务中介企业实习的学生为26人，占实习总人数的16.56%；在商场、超市等商贸企业实习的学生为19人，占实习总人数的12.10%；在通信、技术研发等科技信息企业实习的学生为18人，占实习总人数的11.46%；在建筑及房地产企业实习的学生为16人，占实习总人数的10.19%；在银行、证券、保险等金融企业实习的学生为10人，占实习总人数的6.37%；在快递、仓储、交通运输等物流企业实习的学生为10人，占实习总人数的6.37%；在私立学校、培训机构等教育培训企业实习的学生为7人，占实习总人数的4.46%；在文化传媒企业实习的学生为6人，占实习总人数的3.82%；在酒店、私立医院、社保所等其他企业实习的学生13人，占实习总人数的8.28%。

2. 我校会计学毕业实习校外实践资源利用现状分析

毕业实习在大三结束时进行，共计五周，均在校外实习。该实习是在专业实习（会计）、会计信息系统、高级财务会计、管理会计和审计等课程的基础上，为了进一步训练和提高学生参与审计或会计业务处理的能力，更好地理解和运用相关课程的理论知识而开设的。学生通过在会计师事务所或企业进行实习，理解审计和会计在经济管理中的重要地位和作用，运用所学的理论知识发现、分析和解决实际工作中的问题，并通过亲自参与审计、会计核算或咨询工作，提高专业综合能力，为毕业论文工作奠定实践基础。该实习的主要内容包括四个方面：了解实习单位概况、生产经营及管理活动；在会计师事务所实习的学生，应了解审计测试流程、各类交易和账户余额的审计方法、审计报告的编制方法等；在会计师事务所实习的学生，应熟悉并参与事务所审计或咨询业务；在企业实习的学生，应了解实习单位内部控制制度建设及执行情况、管理会计相关工作，熟悉实习单位的主要会计政策和会计核算流程，参与实习单位会计核算业务。

实际到实习单位参加毕业实习的学生共计 161 人，其中，在机械、服装、食品、化工等产品制造企业实习的学生为 26 人，占实习总人数的 16.15%；在会计师事务所（实习基地）、管理咨询公司、评估公司等中介企业实习的学生为 39 人，占实习总人数的 24.22%；在商场及专业商贸企业实习的学生为 17 人，占实习总人数的 10.56%；在通信、技术研发等科技信息企业实习的学生为 20 人，占实习总人数的 12.42%；在建筑及房地产企业实习的学生为 13 人，占实习总人数的 8.07%；在银行、证券、保险等金融企业实习的学生为 14 人，占实习总人数的 8.70%；在快递、交通运输等物流企业实习的学生为 4 人，占实习总人数的 2.48%；在私立学校、培训机构等教育培训企业实习的学生为 6 人，占实习总人数的 3.73%；在文化传媒企业实习的学生为 7 人，占实习总人数的 4.35%；在石景山国税局（实习基地）、社保所、卫计委、物业、酒店等其他单位实习的学生 15 人，占实习总人数的 9.32%。

从学生校外实习单位情况来看，毕业实习时在会计师事务所、管理咨询公司、评估公司等中介企业进行实习的学生占比增长幅度较大。从实习内容来看，专业程度更高、难度更大，学生们的收获与能力提升也更显著。同时各类校外实习基地反馈的满意度也更高，无论对学生们的工作态度、专业素质和动手能力，都给予了充分的肯定。但校外实习基地资源总量和师资相对有限，因此在指导学生实习内容、保证实习质量等方面，均还有很大提升空间。

## 四、新工科背景下会计学一流专业建设实践资源整合与利用建议

### （一）以“一流”为导向，改进当前会计教学格局，增加校外实践比重

学校应当增加会计实践课程所占的比例，尤其是校外实践。学校应从低年级开始指导或安排会计系学生参与校外实践，让学生接触真正的企业以及会计业务，明确自己今后将要达到的职业能力标准和要求，逐步树立正确的职业观，

找到发展方向。

学校可在寒暑假均安排学生参与校外实践，进行系统性的培训和学习，保证各学期校外实践相贯连，形成完备的实践教学基地建设体系。同时，可以增加相应的学分，激发学生的主观能动性，使学生真正投入到校外实践中。

## （二）形成分段控制的实践教学基地建设体系

由于学校无法为全部学生提供校外实践机会，分散的校外实践的效果难以保证，因此，为了使实践课程发挥其最大效用，学校应该制定严格而规范的校外实践指导体系，对各个阶段的会计实践进行监控。创建分阶段控制的实践教学基地建设体系，具体有以下三个方面：

1. 制订校外实践学习计划

学校应当做好充分的事前准备工作，制定实践计划，为学生后期的学习重点指明方向，做到有的放矢。事前准备主要包括以下两个方面：一是制定完善的校外实践计划，明确不同年级学生各自实践学习目标，并对学生的重点实践内容进行指导；二是学校采取积极措施动员学生积极性，防止学生产生懈怠消极的态度和敷衍应付的投机心理。可以邀请高年级学长学姐来进行指导，或是企业相关会计从业人员，动员学生重视校外实践机会，认真完成校外实践。

2. 加强校外实践的过程控制

实践过程是计划的落实，学校在这一阶段应起到引导和监督的作用，主要任务有以下三点：一是安排学校专业指导老师对学生统一答疑，对学生实践中遇到的问题进行指导，积极引导学生对有意义的问题进行深层次的思考和分析。二是同时从学生、企业、教师三方面进行管理：要求学生写实习日志，定期向导师汇报，加强自我约束；学校可以要求企业方面协助管理学生，并对学生的表现进行监督和考核；组织导师去学生实习单位现场，了解实际情况。三是组织学生之间进行中期经验交流，鼓励学生结合实际分享经验，并通过交流发现自己的不足，及时改进。

3. 完善校外实践考核制度

考核阶段是实践教学基地建设的最后一个环节，也是保证实践教学最终能够实现其最大价值的关键一环。考核阶段由以下三个环节组成：一是学生提交实习报告、实习单位评定书、实习日志等相关材料；二是以班级为单位，组织校外实践交流答辩会，由指导老师具体负责对每个学生的校外实践提出问题，通过对学生的综合表现进行考核；三是教师结合书面材料、答辩情况对学生的成绩进行评定，做出总结，为以后的实践教学基地建设积累经验。

### (三) 优化师资、促进双师型教学队伍建设

为使教师教学能力和实践能力共同提高，学校应积极创造条件，对教师进行深入再培训，让教师在实践中提高自身能力，从而更好地适应会计实践教学基地建设工作的需要。另外，学校可以联系经验丰富的一线会计人才参与实践教学，结合实际企业业务向学生传授最新行业动态和政策变动，给学生指导建议。教师与一线会计人才指导相结合，从理论和实际两个层面全面解答学生在实践中遇到的困惑。

### (四) 挖掘校内外资源，加强基地建设，实现校企“合作双赢”

学校可以采取挖掘校内各学院资源，发挥北方工业大学特有的新工科优势，由教务处搭建网上平台，实现各学院校内实验室开放、校外实践资源的共享与利用，并最大限度地坚持“合作双赢”原则，结合各专业学分设置、企业与学校等实际情况，制订切实可行的校内实践课程共享、校外实践基地共建计划，逐渐建立健全校内各专业合作、校外校企合作实践基地规章制度。

1. 企业配合实践教学基地建设

企业应提供实践场地及各种资源，并为在本单位实习的学生配置专门的会计从业人员或相关职员，对其进行指导，帮助学生熟悉企业环境和会计制度，达到对相关业务及处理的了解、掌握，从而最终使会计校外实践基地实现效用最大化。

2. 企业参与高校会计学生培养计划的制定

在企业的参与下，学校能够更准确地把握最新的会计行业制度或政策的变化情况，紧随时代对会计人才的需求变动，制定符合实际的会计教学目标，培养出能够高标准契合行业、企业需求的会计人才。合作企业可以与高校制定“订单式”人才招聘协议，高校按照协议定质定量为企业培养对口人才，在帮助学生解决就业问题的同时，也帮助企业招聘到满足本企业要求的高校毕业生。

3. 政府部门完善保障性政策法规

校企合作的成功进行不能靠各方的单方面努力，所以还需要各级政府或相关部门在政策和制度方面加以引导。政府应制定合理的校企合作规范和相应的实施细则，保障合作双方利益，从而保证合作的顺利进行。

会计实践教学基地建设是会计实践教学中不可或缺的重要环节，各高校应

结合当前会计专业实际状况，建设有效的实践教学基地建设体系，分阶段对会计实践教学基地建设过程进行管控，设置合理的考核机制，培养学生的会计实践能力以适应会计工作岗位的需要，真正使学生学以致用，顺利走上工作岗位。

## 五、结语

新工科、“一流”专业建设既是契机，也具压力。只有不断推进专业建设，实现专业内涵发展；落实新理念，提升人才培养质量；不断挖掘、整合和利用各种平台，提升实践教学环境，才能适应时代需求，实现“一流”人才培养的目标。

## 参考文献

［1］刘莹，阎绍泽，殷皓．基于新工科的校内外协同育人模式探索与实践［J］．中国大学教学，2021（4）：13-16.

［2］张雪，陈三波．新工科建设背景下工程管理专业本科毕业设计改革对策［J］．建筑经济，2020（12）：343-347.

［3］裴钰鑫，汪惠芬，李强．新工科背景下跨学科人才培养的探索与实践［J］．高等工程教育研究，2021（2）：62-68.

［4］聂晶．会计学专业人才业财融合实践能力培养研究［J］．中国管理信息化，2021（1）：237-238.

［5］史静寰．“双一流”建设和评价指标体系建设的若干思考［EB/OL］．http：//mp. weixin. qq. com/s/zZQyZJVzsZFZZme2xWxtag，2021-1-13.

# 会计学专业产学合作协同育人模式研究

黄凌灵

**摘　要**：产学合作协同育人作为创新型人才培养模式改革的重要举措，在增强高校人才培养与社会需求对接、增加企业高素质创新型人才供给、提高高等教育资源优化配置效率等方面发挥着重要作用。本文以会计学专业为例，对产学合作协同育人的重要作用展开分析，对产学合作协同育人模式构建过程中政府、高校会计学专业团队和企业财务部门的功能进行阐述，并提出相关建议。

**关键词**：产学合作；协同育人；人才培养模式

2020年1月14日，教育部办公厅印发《教育部产学合作协同育人项目管理办法》中指出，产学合作协同育人旨在通过政府搭台、企业支持、高校对接、共建共享，深化产教融合，促进教育链、人才链与产业链、创新链有机衔接，以产业和技术发展的最新需求推动高校人才培养改革。由此可见，产学合作协同育人是我国高等教育的一次重大改革，对我国高等院校人才培养质量提升具有重要意义。本文首先探讨产学合作协同育人的重要作用，其次对产学合作协同育人模式展开分析，并在此基础上提出相应保障条件。

## 一、产学合作协同育人的作用

随着社会经济以及科学技术的飞速发展，我国社会主义现代化建设已步入高质量发展阶段，高素质创新型人才作为发展中的核心关键要素受到社会各界普遍关注，产学合作协同育人作为创新型人才培养模式改革的重要举措，在增强高校人才培养与社会需求对接、增加企业高素质创新型人才供给、提高高等教育资源优化配置效率等方面发挥重要作用（见图1）。

第一，产学合作协同育人可以促进高等院校人才培养与社会需求紧密对接，减少人才培养环节供需错配现象。

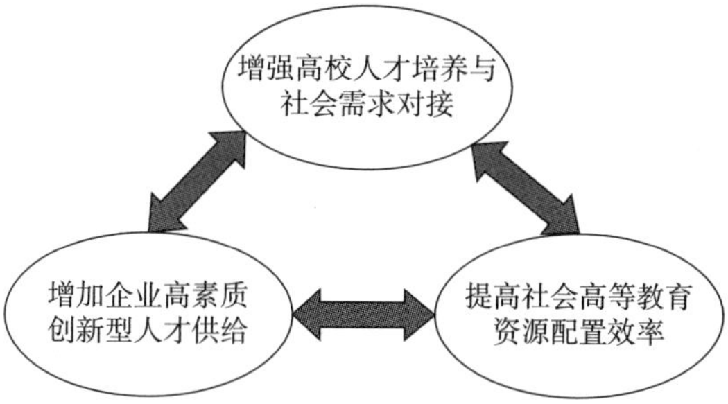


**图 1　产学合作协同育人的作用**

长期以来，我国高等院校在人才培养方面存在比较明显的与社会需求脱节现象。一方面，由于功能定位、体制机制与企业不同，高等院校与市场经济之间的联系并不紧密，高校专业定位、课程设置、课程知识体系和内容开发虽然来自社会实践，但经过实践总结、提炼、课程开发成为授课内容往往耗时过长，经常滞后于市场环境变化，并出现授课内容与企业当前实际情况不符等现象；另一方面，高校教师研究领域习惯于盯住学科前沿，对于市场应用场景分析缺少途径和通道，从而经常出现纸上谈兵、闭门造车等问题。产学合作协同育人通过政府搭桥加强高校与企业在人才培养环节的合作，将企业人才需求信息及时传递给高校，促进高校培养目标、培养方案、课程体系以及授课内容围绕市场需求深度变革，从而减少高等教育人才培养环节的供需错配现象。

第二，产学合作协同育人通过人才培养模式变革增加高素质创新型人才供给，为企业发展提供匹配度更高的人力资源。

在高等院校独立培养、企业选拔招聘传统模式下，由于高等院校对企业实际应用情景缺乏了解，导致培养环节与企业实际需求之间存在一定差异，企业选拔人才的难度增加，并且需要对招聘毕业生进行较长时间的培训和考察，从而大幅增加人力资源成本。产学合作协同育人模式将高等院校与企业有机联结起来，企业可以在高等院校培养阶段（如专业课程讲授、实习、毕业设计等）提前介入，寻找选拔适合的学生并加强培养，一方面，可以将企业需要解决的实际问题与学生学业联系起来（如安排学生到企业实习、将企业需要解决的实际问题作为学生毕业设计内容等），观察培养学生发现问题、分析问题和解决问题的能力，为企业发现、选拔人才提供更加宽广的平台；另一方面，可以让学生提前了解企业实际情况，将所学专业理论知识与实际联系起来，在实践中锻炼提升，提高高等院校人才培养质量的同时，为企业发展提供匹配度更高的人力资源。

第三，产学合作协同育人将企业作为人才培养的重要资源和途径，弥补我国高素质创新型人才培养资源不足的同时，进一步提高社会高等教育资源配置效率。

我国高等教育资源（尤其是实践环节）供给不足一直是制约高等院校发展的瓶颈和难题，《教育部产学合作协同育人项目管理办法》提出，鼓励相关企业不以直接商业利益作为目标，深化与高校产学合作，促进培养目标、师资队伍、资源配置、管理服务多方协同，培养支撑引领社会经济发展需要的高素质专门人才。由此可见，产学合作协同育人将企业作为高素质专门人才培养的重要社会资源之一，为弥补高等院校实践资源不足提供有效解决方案，在提升师资队伍水平、夯实高校人才培养质量的同时，进一步提高社会高等教育资源优化配置效率。

## 二、会计学专业产学合作协同育人的模式分析

产学合作协同育人以高素质创新型人才培养为目标，通过高等教育资源整合和优化配置，引领高校人才培养模式深度变革。由于不同学科、不同专业的人才培养目标、学科及专业特色、课程设置、实践培养环节和社会需求定位各不相同，其产学合作协同育人模式搭建也存在一定差异，以下以会计学本科专业为例进行探讨和分析。

### （一）会计学专业产学合作协同育人目标分析

会计学作为一门应用型专业，旨在培养具有良好的经济学、管理学知识背景和较高会计职业道德，具备较强的会计业务实务操作能力，务实敬业、综合素质高、适应社会经济发展需要，能在各类企业、事业单位、政府部门和会计师事务所从事财务、会计、审计工作的应用型专门人才。由于会计学专业实践性比较强、应用面比较广，产学合作育人具有比较好的推广基础。其产学合作协同育人目标需要紧贴市场环境、会计行业技术环境变化和社会经济发展需要，主要体现在“培养熟悉企业实际业务的复合型会计人才”和“培养具有创新精神的高素质会计人才”两方面（见图2）。

第一，产学合作协同育人目标在于培养熟悉企业实际业务的复合型会计专门人才。一方面，在高校培养阶段提前让学生接触会计实务操作，增强学生对会计理论基础的理解能力，通过理论联系实际提高学生会计职业素养；另一方

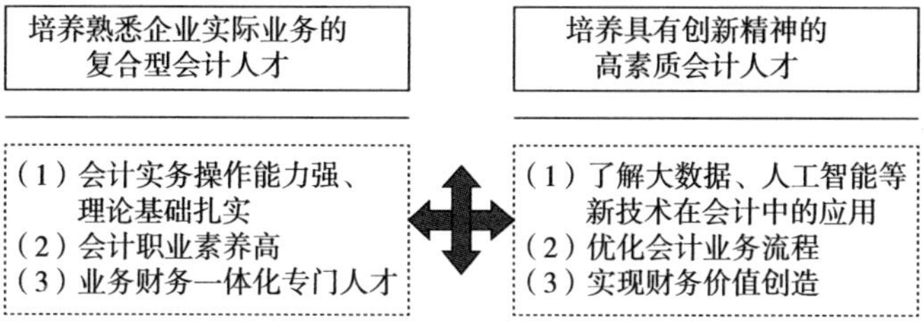


**图 2　会计学专业产学合作协同育人目标**

面，通过加强高等院校与企业在人才培养环节的合作，为学生了解接触企业实际业务提供机会和途径，为培养懂业务的高层次复合型财务人才奠定基础。

第二，产学合作协同育人目标在于培养具有创新精神的高素质会计人才。随着大数据、物联网和5G等新兴技术在会计领域的应用和快速推广，会计业务处理方法、功能提升和价值创造发生较大变化，企业对会计专业人才专业能力、适应能力和复杂问题处理能力要求不断提升。产学合作协同育人充分结合高等院校和企业优势，在人才培养环节有机协调、良性互动、优势互补，为学生提供相对宽松、容错率较高的创新环境，为培养学生创新精神提供引导和支持。

## （二）会计学专业产学合作协同育人模式构建分析

产学合作协同育人模式构建离不开政府、高等院校和企业三方的通力协作和有机衔接，在协同育人模式构建过程中，各方需要充分发挥各自优势、各尽所能，以高素质创新型人才培养为目标，为人才培养提供良好的育人环境。以下将结合会计学专业特征，对会计学本科专业产学合作协同育人模式展开探讨和分析（见图3）。

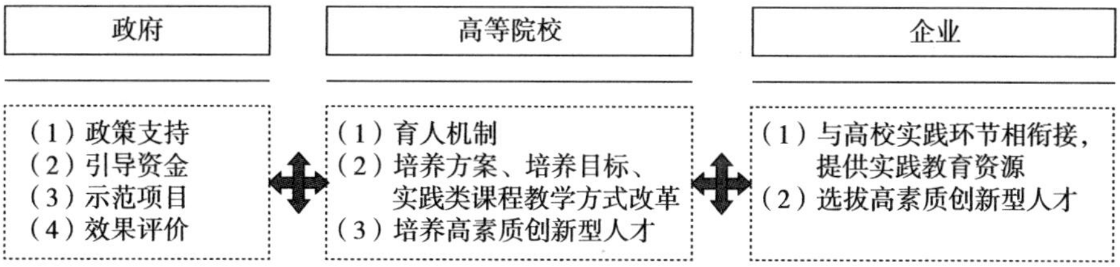


**图 3　会计学专业产学合作协同育人模式**

第一，政府相关部门通过政策支持、资金扶持、示范项目等方式为高等院校与企业牵线搭桥，并对示范项目进行效果评价，引导产学合作协同育人模式有效实施。

产学合作协同育人对于高校人才培养质量提升、企业高素质人才选拔、社会人力资源升级具有重要促进作用，但协同育人模式搭建过程中，需要政府相关部门牵线搭桥，引导高等院校与企业通力合作、有机衔接，以实现资源有效配置，各方合作共赢局面。政府相关部门已经出台了一系列政策文件，例如《国务院办公厅关于深化产教融合的若干意见》（国办发〔2017〕95号）、《关于加快建设发展新工科实施卓越工程师教育培养计划2.0的意见》（教高厅〔2018〕3号）、《教育部产学合作协同育人项目管理办法》（教高厅〔2020〕1号），旨在通过政策扶持牵线搭桥，引导高校与企业深度合作。

会计学专业应用性较强，各层次人才需求量较大，会计相关内容（如会计准则、税法、会计信息化、会计人工智能等）不断推陈出新，由此，其产学合作协同育人的需求和动力也比较大。建议政府相关部门（如教育部门、产业部门等）以及会计行业协会可以针对会计行业人才需求变化设立专项课题、引导资金和专项对接会，鼓励支持高等院校会计专业教学团队、会计师事务所、大中型企业会计部门联合申请。一方面，为高校会计专业教学团队与企业会计部门建立联系、了解彼此需求和关切提供机会；另一方面，集思广益，群策群力为协同合作育人提供思路和建议，以确保协同合作育人模式构建能够有的放矢、有效实施。另外，在产学合作协同育人项目申请成功后，建议政府部门聘请独立第三方机构对项目实施进行事中和事后效果进行评价，效果评价着重考虑人才培养质量相关指标，在督促项目认真执行的同时总结经验，为后期项目运作提供有效支持。

第二，高等院校以产学合作协同育人模式构建为切入点，着手进行育人机制、培养方案、培养目标以及课程教学方式改革，为培养高素质创新型人才提供体制机制基础。

高等院校是我国高素质创新型专业人才培养的主阵地，会计学专业以产学合作协同育人模式构建为契机，推动育人机制改革，对于提高会计专业人才培养质量具有重要意义。首先，为高校会计专业教学团队与企业会计部门建立起沟通交流机制，一方面，帮助高校会计专业教学团队深入了解企业会计业务运营实际、会计行业发展趋势以及会计人才需求特点，从而对现有教学中的短板和问题进行反思；另一方面，帮助企业利用会计教学团队专业能力和理论功底提升企业会计业务水平，通过提供实习机会、毕业设计选题等在大学培养阶段接触更多学生，为人才选拔、培养提供有效途径。其次，会计专业产学合作协同育人模式构建是会计培养方案、培养目标、课程设置、实践教学方式的一次深度变革。例如，在会计专业培养方案中，需要围绕高素质创新型人才培养目标对课程设置、学分设置、实践类课程教学方式、评分机制等进行重新设置，并需要对教学评价机制进行重新调整。

第三，企业可结合自身情况，为产学合作协同育人模式构建提供实践教学资源，并为高素质创新型人才选拔提供支撑。

会计学专业产学研合作协同育人模式的最终落脚点主要在各企事业单位财务部门、会计师事务所等。企业可以根据自身教育资源情况（如校外导师、实践类课题等）为产学协同育人提供有效支撑，一方面，为会计学专业学生提供专题讲座、校外实习、校外导师指导、实践类课题参与等机会，从而缓解高校实践教学资源不足等问题；另一方面，企业可以利用这些机会对高校学生进行专业宣讲，增强学生对企业的了解，为企业培养选拔合适人才提供更多机会。

## 三、结语

本文以会计学专业为例，对产学合作协同育人模式展开研究，得出以下结论：

第一，产学合作协同育人对于我国创新型人才培养具有重要作用。一方面，可以促进高等院校人才培养与社会需求紧密对接，减少人才培养环节供需错配现象；另一方面，通过人才培养模式变革增加高素质创新型人才供给，为企业发展提供匹配度更高的人力资源。另外，将企业作为人才培养的重要资源和途径，弥补我国高素质创新型人才培养资源不足的同时，进一步提高社会高等教育资源配置效率。

第二，会计学专业产学合作协同育人目标主要体现在培养熟悉企业实际业务、能够处理实际复杂问题的高层次复合型会计专门人才和培养具备较强创新意识和创新精神的高素质会计人才两个方面。

第三，会计学专业产学合作协同育人模式构建在于政府相关部门、高校会计专业教学团队、企业财务及人力资源部门有机协作。政府相关部门通过政策支持、资金扶持、示范项目等方式为高等院校与企业牵线搭桥，并对示范项目进行效果评价，引导产学合作协同育人模式有效实施；高等院校以产学合作协同育人模式构建为切入点，着手进行育人机制、培养方案、培养目标以及课程教学方式改革，为培养高素质创新型人才提供体制机制基础；企业可以结合自身情况，为产学合作协同育人模式构建提供实践教学资源，并为高素质创新型人才选拔提供支撑。

## 参考文献

[1] 宋志君．基于产学合作协同育人背景下校企合作实践基地建设的探索与实践 [J]．中小企业管理与科技，2021（6）：106-107.

[2] 裴志松．基于产学合作协同育人的人才培养模式研究 [J]．科技视界，2021（16）：191-192.

[3] 何勇．基于科教协同与产教融合的应用型物流人才培养体系探索与研究 [J]．教育观察，2021（5）：83-85.

[4] 温修春．工程管理本科教育人才培养模式探析 [J]．当代教育实践与教学研究，2017（7）：45-46.

[5] 刘真，李清勇，张平，李琳．科教协同创新的拔尖人才培养模式探索与实践 [J]．计算机教育，2021（2）：126-130.

[6] 赵秀堃．科教协同创新模式下供应链管理实践课程设计探讨 [J]．科学咨询，2019（42）：30-31.

[7] 黎桦．"三全育人"背景下科研与教学协同育人机制融合研究 [J]．湖北第二师范学院学报，2021（1）：92-96.

[8] 蒋文娟，张淑林，刘天卓．科教结合协同育人运行机制与模式 [J]．中国高校科技，2017（3）：7-11.

# 以服务绿色北京为特色的会计学专业“四个一”实践教学模式探索

徐　岩

**摘　要**：国家生态文明建设总体布局和绿色北京发展战略对会计学专业发展提出了要求，培养环境会计和环境绩效评价方面的会计人才是高校面临的重要任务，也是会计专业特色发展的路径之一。北方工业大学会计系落实“立德树人”根本任务，积极响应国家生态文明发展战略，在一流专业建设中，实践教学注重培养环境会计和环境绩效评价方面的会计人才，形成了“四个一”实践教学模式，使实践教学与课堂教学有机融合，培养了具有一定创新能力、适应生态文明建设需要的新型会计人才。

**关键词**：绿色北京发展战略；实践教学；校企合作

## 一、引言

随着大数据、智能化、移动互联网和云计算的快速发展和应用，会计环境生态发生巨变，会计学专业发展受到人工智能的挑战。在这种情况下，各个高校会计学专业纷纷寻求突破之路，如何应对智能化挑战，使会计学专业发展更具特色，是专业建设面临的主要问题。另外，从国家发展角度来说，习近平总书记高度重视生态文明建设，将生态文明建设纳入中国特色社会主义“五位一体”总体布局。党的十九届五中全会提出了“加快推动绿色低碳发展，持续改善环境质量，提升生态系统质量和稳定性，全面提高资源利用效率”的发展战略。北京作为首善之区，绿色发展至关重要，保护生态环境需要评估资源消耗、环境损害、生态效益等绩效评价指标体系，对环境会计、环境绩效评价方面的专业技能需求日趋增长，而这些工作是人工智能所不能胜任的。培养环境会计和环境绩效评价方面的会计人才是高校面临的重要任务，也是会计学一流专业建设中特色发展的路径之一。

## 二、绿色北京战略定位对会计学实践教学的影响

绿色北京发展战略对高校会计学专业的人才培养提出了挑战，也是突破人工智能对会计专业发展限制的机遇，作为具有鲜明应用型特点的会计学专业，绿色北京发展战略对会计学实践教学具有多方面的影响。

### （一）绿色北京战略定位是会计专业发展的机遇与挑战

近年来，北京在环境治理上取得了显著成绩，“十四五”规划中明确提出，要大力推动绿色发展，进一步提升生态环境质量。北京市定位为“全国政治中心、文化中心、国际交往中心、科技创新中心”，成为和谐宜居之都。打造宜居之都要以良好的生态环境为前提，对生态环境进行恰当的会计核算和绩效分析是满足绿色北京绿色战略发展的必要条件之一，而目前众多高校的会计学专业，很少有专门针对环境绩效管理与评价方面的人才培养计划，这是新时代会计学专业人才培养特色发展的机遇，是建设一流专业的路径之一；同时，由于没有可借鉴的相关专业建设基础，相关的专业实训平台也基本是空白，这又是高校会计学专业相关人才培养面临的挑战。

### （二）绿色北京战略定位对会计专业实践教学提出的要求

专业建设要结合国家宏观战略和市场发展对会计人才的需求，突出自身专业建设与发展的特点，国家的生态文明发展战略对北方工业大学会计学专业实践教学建设提出了以下两个方面的要求：

（1）实践教学课程体系需要改革。目前北方工业大学会计学专业的实践教学课程多以会计基础实训、会计综合业务实训等为主，体现绿色会计、环境评估方面的课程基本是空白。为实现北方工业大学会计学专业建设服务绿色北京的特色定位，需改革北方工业大学现有课程体系，引入“环境绩效评估”方面的开放课堂或选修课程，在毕业实践和论文指导环节，有意识地引导学生向服务绿色北京的选题倾斜；同时，为应对“大智移云”对会计工作方式的挑战，教学内容方面应积极融入新信息技术的相关内容。

（2）实践教学平台需要改革。高校会计学专业实践教学平台主要分为校内实践教学平台和校企合作实训平台两类。校内实践教学平台是指学生通过校内实验室的实践类教学软件和手工实训资料，完成相关实训课程；校企合作实训

平台是指学生在校外实习基地完成相关实践课程。校内实训平台管理较为规范，培养计划可以完整执行，但很多实训软件的内容与实际有脱节现象，表现为：软件更新速度跟不上会计准则、税法等相关法律法规的调整节奏，软件实训内容与企业实际需求相脱节等。校外实训平台的实训内容与企业实际需求密切相关，但管理规范程度上有所欠缺，有些校外实习实训学生并未真正参与进来，学生的实习报告流于形式，并未真正完成培养计划的内容。目前来看，与多数高校类似，北方工业大学的会计实训类课程多以校内实训为主，校外实习基地的利用效果并不理想，因此需要深化产教融合，搭建“真题真做”模式的实践教学平台，充分利用产学研合作企业的资源。

## 三、会计学专业实践教学改革的探索

北方工业大学会计学专业在实践教学改革方面不断探索，重视教师思想教育和教学过程，进行教学课程改革，完善教学平台建设，教学模式建设取得了一定的成效。

### （一）加强师资队伍思想建设

（1）落实“立德树人”根本任务，不断提高专业教师“立德树人”意识。“立德树人”是高等教育人才培养的根本任务，应贯穿于课程教学的全过程和各方面。在此过程中，如果不善加引导，无形之中就有可能让使脱离中国实际的价值观趁虚而入，影响学生树立正确的三观。因此，作为实践课教师，更要深刻理会课程思政的重要性，有意识地在课程教学中有机融入课程思政的内容，保证实践课程的正确方向和育人目标。

（2）围绕育人目标，不断增强实践课教师课程思政能力。在课程思政意识不断提高的基础上，要想达到实践课的育人目标，教师要结合课程教学，有意识地提升自身课程思政的能力。每门课程与社会发展和学科专业进步紧密相关，任课教师只有在此基础上，才能有效地在传授专业知识的同时，融入课程思政要素，否则，既不能达到专业能力培养的目的，也不能实现课程思政的目标。融入社会主义核心价值观，有意识地联系当下中国的生态文明发展实际，讲好中国故事，解决现实问题。

## (二) 完善实践教学课程体系建设

为贯彻习近平总书记生态文明思想，将生态优先、绿色发展理念融入人才培养体系，为绿色北京生态文明建设搭建人才培养的平台，实现北方工业大学会计学专业建设服务绿色北京的特色定位。实践教学课程改革主要做了以下两点：一是开设“环境绩效评估”“污水、污泥处理绩效评估”等开放课程或以环境绩效评估为主要方向引导学生参加大学生创新创业项目，在毕业实践和论文指导环节，有意识地向服务绿色北京的选题倾斜；二是为应对“大智移云”对会计人才培养的挑战，课程体系中积极融入“智慧财务与集团管控”等新信息技术的相关内容。

## (三) 完善校企合作实践教学平台建设

充分利用校企合作平台，在与校企合作单位签署的“环境评估教学与科研”合作协议的基础上，以实践教学为抓手，注重培养学生生态文明意识，提升科研能力和服务社会的能力，同时促进会计系教师“环境绩效”教学和科研团队的发展。包括三个方面：一是充分利用开设开放实验，选课学生通过调研与参观取得环境评估一手资料，完成实验要求，提升学生环境保护意识，认识到环境评估的重要性。二是将环境绩效评估融入大创项目，参与学生通过资料收集，参观环评公司，将所学知识运用于环境绩效评估实践。三是选拔部分学生深入环境评估实践教学基地，参与相应环境评估项目，将相关成果转化为科研论文公开发表，并在此基础上完成学位论文，实现“真题真做”。

## (四) 实践教学过程“三协同”，保障实践教学质量

经过探索实践，在会计一流专业建设中，实践教学过程形成了“三协同”方法，解决实践教学问题，提升学生运用专业知识解决实际问题的能力，保证教学质量。主要为：

(1) 专业建设与校企合作公司协同。共同搭建校企合作平台，发挥会计专业人才智力优势，选拔学生进入企业，企业提供实际环境评估项目，配备指导教师，学生在真刀真枪的实干中培养了利用专业知识解决环境评价实际问题的能力。

(2) 知识传授与实践调研协同。根据会计行业特点，将专业实习由第六学

期调整到第七学期，使学生真正参加企业的各类环境评估、会计审计项目中，不仅积累行业经验、增加就业机会，还提升了研究兴趣和能力，将新鲜的实践成果转化为研究题目，在教师的悉心指导下，经过学生努力，形成高质量的毕业论文。

（3）基层党建与人才培养协同。会计系教师党支部党建围绕人才培养的中心任务，开展多种活动，与合作企业召开专题研讨会，提升教师、学生对国家生态文明发展战略的认识，有力地推动了在服务绿色北京和环境会计人才培养方面达成共识。

## 四、北方工业大学会计学专业实践教学的特点、成效与创新

在一流专业建设中，会计系坚持“立德树人”育人导向，契合“立足京西，服务北京”的发展定位，紧扣环境治理对会计人才的新需求，通过对实践教学课程体系、教学平台和教学过程的改革与完善，探索形成了服务绿色北京为目标的会计实践教学培养模式，逐步形成了具有鲜明特色的“四个一”实践教学模式，为服务绿色北京提供了具有环境会计、环境绩效评价及管理方面知识技能的专门人才，形成了具有鲜明特色的实践教学模式，取得了一定的成效，同时，“四个一”实践教学模式也实现了一定的创新。

### （一）实践教学模式的“四个一”特点

通过探索实践，北方工业大学会计学专业实践教学模式形成了以服务绿色北京发展为目标的，具有较为鲜明特点的“四个一”实践教学模式，体现在以下四个方面：

（1）瞄准一个方向，围绕国家和北京市绿色战略发展的方向，一方面满足生态文明建设对绿色会计专业人才的需求，另一方面也突出专业发展的特色。

（2）搭建一个平台，与相关环保企业合作建设学生实践教学基地，选拔专业学生深入实践基地实际参与环境评估项目资料的收集、整理与分析。

（3）形成一批成果，鼓励学生以绿色发展为主要研究方向，撰写学位论文，并公开发表相关科研论文。

（4）实现一个目标，培养一批具有良好环境会计专业技能和创新意识的高级应用型人才。

## （二）实践教学模式的成效

“四个一”的实践教学模式取得了一定的成效。体现在以下五个方面：

（1）实践教学成果服务北京冬奥。会计系多名学生在校企双方教师的指导下，将所学专业知识运用于实践研究，通过实地参与相关污水处理环评项目，构建的环境绩效评价指标被校企合作企业中科鼎图环境技术公司所采用，直接应用在监督管理北京冬奥场馆周边排水设施运行与维护、污水与污泥处理达标排放等领域的绩效评价方面，为“绿色办奥”发挥了良好作用。

（2）“四个一”实践教学模式培养了一批绿色会计人才。近几年共安排了30余名学生参加各类环评实地调研和环评项目考核，参加开放课堂和大创项目等，为人才培养提供了最新的实务材料与实践平台，通过实习实践，开阔了学生论文写作视野和选题方向，部分学生实现真题真做的学位论文写作。拓宽了就业渠道，更好地对接绿色发展前沿要求，满足社会、企业对绿色会计专业人才的需求。

（3）“四个一”实践教学模式实现了校企合作双方的共赢。就学校专业发展而言，突出了会计学专业服务绿色北京的人才培养特色，丰富了教师的科研成果，有效激发了学生的学习自主性和创新性，极大地提高了应用专业知识解决实际环保问题的能力，学生展现出的专业能力、协作配合、吃苦耐劳的精神均获得了合作企业的好评。就企业而言，校企合作解决了企业项目人手短缺的问题，合作的成果帮助合作企业更好地服务政府、社会对环境绩效评估的需求，提升了企业在业内的声誉和承接更多项目的能力，真正实现“校企双赢”，使合作项目可持续发展。

（4）主要解决了目前会计人才培养中存在的四个问题：一是引导学生拓宽视野，解决学生重视课堂知识，对与专业密切相关的绿色发展关注不够的问题；二是学生重专业理论，对专业实际的前沿问题不了解，该模式解决了理论与实践一定程度上脱节的问题；三是推动校企合作落地落实，取得实实在在的人才培养成果，实现校企共赢，解决实践教学容易路径狭窄，后续乏力的问题；四是依托前期实践成果，做到真题真做，解决学生毕业论文缺乏实践基础，泛泛而论的问题。

（5）教师的科研与教学得到了提升。通过“四个一”实践教学模式的探索与实施，会计系教师多次与校企合作单位就环境管理与评价方向，在环境评估的科研项目、学生培养等方面深度研讨，并亲自带领学生深入实地，对污泥、污水处理等项目的环境影响收集数据，实地评估，提升了对环境管理与评估的认识，积累了实践教学经验和环境评估方面的科研素材，教学与科研能力均得到了提升。

### （三）“四个一”模式实现了一定的创新

会计学专业实践教学“四个一”模式主要从思路和方向上实现了一定的创新。

（1）思路创新。与课堂教学一样，“四个一”的实践教学模式以“立德树人”为根本目标，贯彻习近平总书记生态文明思想，有机地将“生态优先、绿色发展”理念融入人才培养体系，在服务绿色北京发展中，润物细无声，培养学生生态文明意识，养成环保的现代文明生活方式，实现“如盐化水”式的课程思政目标。

（2）方向创新。“四个一”的实践教学模式结合国家生态文明发展战略，以服务绿色北京为主要方向，使校企合作的路径更为深化，从一般的专业实习发展为专题调研，各类环评项目实地调研和环评项目考核对学生的能力素质提出了更大的挑战，校企合作更加紧密。前期，课堂教学必须结合实际讲清讲透；在进入企业后，专业教师和企业指导教师密切配合，指导学生收集材料，构建模型，分析数据，获得结论。后期，企业将成果转化为服务绿色北京发展的实际应用，教师将成果转化为教学科研的重要资料，学生将成果转化为具体的研究课题。

## 五、结语

建设人与自然和谐共生的美丽中国，是习近平新时代生态文明思想的重要组成部分，生态文明建设是国家“五位一体”的发展战略之一，也是绿色北京发展战略的要求。绿色北京发展战略对市属高校会计学专业的人才培养提出了挑战，也是突破人工智能对会计专业发展限制的机遇。北方工业大学会计系在一流专业建设中坚持“立德树人”育人导向，契合“立足京西，服务北京”的发展定位，紧扣环境治理对会计人才的新需求。经过探索实践，“四个一”的实践教学模式加强教师思想建设，在实践教学过程形成了“三协同”方法，不断进行教学课程改革，完善教学平台建设，解决实践教学中存在的问题，提升学生运用专业知识解决实际问题的能力，实践教学模式建设取得了一定的成效，进一步凸显了会计学专业的实践教学特色。同时，“四个一”实践教学模式在思路和方法上也实现了一定的创新。

## 参考文献

[1] 中央宣传部（国务院新闻办公室），中央党史和文献研究院，中国外文局．习近平谈治国理政（第三卷）[M]．北京：外文出版社，2020.

[2] 王夏晖，张箫．我国新时期生态保护修复总体战略与重大任务 [J]．中国环境管理，2020，12（6）：82-87.

[3] 龙月娥．我国高校会计本科人才培养的实现路径 [J]．财务与会计，2017（14）：59-60.

[4] 宋晓欣．基于专业使命教育的新时代高校思想政治工作探索与实践 [J]．思想教育研究，2018（6）：134-137.

[5] 孙杰，常静．高校加强“课程思政”建设现实路径选择 [J]．中国高等教育，2018（23）：15-17.

[6] 邵帅，张可，豆建民．经济集聚的节能减排效应：理论与中国经验 [J]．管理世界，2019（1）：36-60，226.

# 基于学科竞赛的会计学专业学生综合能力培养研究

和冀源　王丽新　宁美军

**摘　要**：随着智能时代和大数据时代的到来，它们不仅影响着我们的日常生活，也影响着各行各业的生存和发展。对于会计行业而言，传统会计教育培养的会计人员难以适应社会和企业的高速发展。新的环境对于会计人员提出了更高的要求，那么会计教育也要跟上时代的步伐。因此，在学校层面，建设会计学国家级一流本科专业显得尤为重要。可以通过加强现代信息技术应用能力培养，坚持以学生为中心，深化教育教学改革，围绕培养高素质、应用型专门人才目标，进一步推进专业自身建设。本文主要以学科竞赛和会计教育为视角，探究以学科竞赛为教育培训手段是否能够有效提高当代大学生综合能力和帮助其适应现代化的工作，助力会计学国家级一流本科专业的建设。

**关键词**：学科竞赛；会计教育；人才培养；综合能力

## 一、引言

目前社会的发展和会计行业的变化日新月异，会计行业貌似迎来了寒冬。很多人认为，就普通会计而言，这个行业的前景不是很好，人工智能（AI）甚至可以取代会计。不仅如此，2020年8月12日清华大学招生办宣布会计专业停止本科招生。这看似大学和社会逐渐不再重视会计专业，然而清华大学会计系主任提出会计暂时不会被淘汰，后各财经院校也纷纷力挺会计。表明会计学不会减弱，只会加强。就目前社会而言，普通会计的供给远大于需求，而高级的财会人员需求很大，甚至出现很大的缺口。由于这个时代对会计的要求越来越高，导致当前会计的任务、方法和组织发生了很大的变化。对于会计数据处理的工作量成倍增加，对于数据核算的准确性和数据提供的及时性有了更高的要求。不仅如此，还要求对现有数据进行分析和从复杂繁多的数据中提取有效的数据提供给决策者并帮助其进行决策。但还有很多会计人员的思想还停留在传统的简单记账和核算金额上，甚至不会使用计算机，仍旧采用手工记账。造成工作效率低下，无法使用方便快捷的方法进行记账。大数据时代，利用提前编写好的程序，软件便可以自动地完成一些重复性的工作，相较于人工填写核查，大大提高了工作效率。只会简单记账会计人员已经不被这个时代所需求，相反擅长于数据分析具有数据挖掘能力的人得到了社会的青睐。时代在变，适者生存。为了适应现代社会对于会计人员新的要求，会计人员必须掌握先进的思想和拥有应对现代财会工作挑战的能力，学校培养掌握高级会计技能的大学生是大势所趋。以学生参加各类学科竞赛为例，介绍学科竞赛在教学上的意义以及作为辅助教育方法如何帮助学生提高其综合能力。

## 二、学科竞赛作为辅助教学方法的意义

在传统的会计学专业本科教育阶段，老师在传授会计学知识体系的同时搭配实践环节和课程实验，使学生能够系统地掌握会计专业的知识，从而达到人才培养的目标。但传统的实践环节和课程实验与当前现实企业会计工作内容的关联度较低，相对于现实工作内容较为枯燥，缺少吸引力。导致学生无法综合运用所学知识，极大地限制了学生创新思维和实践能力的发展。而培养拥有扎实知识基础、高素质、应用型人才一直是高校人才培养方向上的目标。通过各类学科竞赛将专业知识教学和实践应用紧密连接起来，激发学生对知识的热情，提升学生独立人格和行为能力，培养学生团队合作和沟通能力。可以发现学科竞赛作为辅助教学方法对于当下人才培养和供给有着重要的意义。

## 三、学科竞赛相较于传统课内实验的优势

### （一）贴近实际，灵活性强

以企业价值创造（EVC）挑战赛为例，该比赛实战部分，参赛同学以四人为一组经营一家生产科技产品的股份公司，通过系统给予的融资系统进行股票的增发来获取初始资金，再参考系统提供的有关市场容量、银行利率、消费者习性、产品原材料价格、国内生产总值（GDP）、居民消费价格指数（CPI）增长幅度、采购经理人指数、不动产、动产和人力资源的信息构建自己的经营战

略。从固定资产置办、材料采购、生产、销售这四大方面进行协调决策实现自己的经营目标。逼真还原现实企业经营实战，带给参赛者不一样的刺激和紧张感。赛场上的形式根据参赛者的每一期的决策变幻莫测，每期结束后的队伍排名名次点燃了参赛者内心渴望胜利的火焰。每期有限的决策时间要求参赛者必须全神贯注地投入比赛，同时要求参赛者在短时间内运用财务、管理等多方面的知识来进行决策。

### （二）开放度大，评分客观准确

以国际企业管理挑战赛（GMC）为例，其比赛数据和结果与学校传统的具有现成的甚至是唯一性答案的考试大不相同，正如现实生活中实际进行商业贸易一样，通过建立模型对产品市场进行分析，根据系统所给信息进行原材料和零配件的采购及生产人员和经销商的配置，最终结合报表分析自身经营问题。同学们在比赛时可以充分调动开放性思维，考察在操作不同情况下得到的结果。在模拟企业实际经营情况下，使同学们对于成本控制、发展能力、盈利能力、运营能力、风险管理能力、现金流量管理在实际贸易中有一个更加清晰的认知。根据竞赛平台的后台提前设置的参数，对不同的比赛数据给予不同的客观准确的评分。

### （三）加强师生之间的沟通和完成老师的考核

根据“坚持以学生为中心”这一基本思路，在训练过程中，以学生自己动手为主，老师教学为辅的方式，以提高学生学习的主动性和积极性。在模拟比赛期间，指导老师会对关于比赛知识有疑问的学生进行单独的强化指导，解决学生遇到的实际问题。使学生对于所学到的知识有更加深刻的理解，同时也让老师对于学生存在知识薄弱的地方有了一定的了解，有利于老师在以后的教学上进行更加有针对性的指导。学科竞赛不仅是辅助教学的一部分，也是检验教师教学成果的一种方法。教师通过辅导学生比赛，完成了自身教学任务，也检测了自身教学教育水平。

## 四、学科竞赛在人才培养方面的积极影响

### （一）培养创新创业意识和提升综合能力

不同类型、不同等级的学科比赛可以开拓参赛学生的眼界，在比赛的同时学习新的知识，达到真正的“知行合一”。学科比赛平台给了参赛学生一次感受商业氛围、提升个人能力和培养独立思考的机会。在整个比赛过程中培养了学生创新创业意识，帮助学生树立正确科学的创业观和掌握创业管理方法。在系统给予的一个公平竞争的环境中，参赛学生可以充分发挥自己的创造力和拥有独立深入思考的机会，同时提高了学生综合实践能力。

### （二）团队合作和沟通能力的培养

学科竞赛通过生动有趣的仿真案例，激发学生竞赛精神。大多数学科竞赛都是需要学生自行组队进行参赛。在寻找合作伙伴和比赛训练过程中，参赛学生从不同的个体逐渐形成“团队意识”，在比赛的过程中一步一步地意识到团队的荣誉感。团队下确立的领导者需要展现个人的“亲和力”，在不同的比赛情势下征询其他队友的建议，同时锻炼了领导者的个人表达能力。在“尊重、倾听和高效”兼备的情况下探讨出最佳的执行方案，保证团队决策的大方向上不出现错误，通过和队友的共同努力完成任务，进一步塑造了团队的凝聚力。

### （三）数据分析能力的提升和基础知识的完善与巩固

以学科竞赛为导向，进行会计专业知识的学习，是一种“向下扎根”的学习方式。通过竞赛的驱动，结合比赛案例对学生进行综合考察。大部分比赛中，参赛学生根据任务要求选择或填写有关战略方法、编制预算、财务管理、成本管理和绩效评价的题目。通过分析比较的方法从繁杂的数据中获取有利于自身决策的数据，进一步对数据进行整理和分析，通过发现问题、解决问题和调整比赛策略，进一步促进了参赛学生的收集数据、分析数据、商业判断的能力。比赛的过程往往让参赛学生感受到了自身理论学习的欠缺从而产生对于专业知识学习的渴望。参赛前参赛选手自学有关专业知识的掌握情况也在比赛中得到了检验，让其深刻意识到理论和实践的差距，促进学生更新和完善专业知识结构，提高学生解决实际问题的动手能力。

### （四）企业数据分析和文字表达能力的提升

一些学科竞赛要求学生以论文的形式阐述上市公司的经营和价值创造过程。以北京市财务大数据分析大赛为例，参赛选手自己选取现有的沪深上市公司，通过查询相关论文、财务报表、公司商业模式、经营模式和盈利模式等资料，同时结合平台提供的大数据分析工具，分析该公司的企业价值和未来发展状况。此项要求不是基础会计知识的简单运用，而是从多种学科、不同角度去了解分析一个企业的生产、运营和财务情况。参赛学生运用自己有限的知识航行在现实世界的“海面”上，所遇到的“暗礁”和“大风大浪”都需要参赛学生在短暂的时间内学习新的商业知识，掌握优秀的“航行”技巧，避免危险的发生。由于传统的教学不会涉及太多有关企业数据分析的内容，因此学科竞赛对论文的要求也直接提升了参赛学生的写作和文字表达能力。

## 五、学科竞赛值得作为辅助教学工具

传统的会计教育往往是老师在课堂上讲解知识，学生坐在教室内听讲。老师总是单方面地输出，学生总是被动地接收知识，毕竟能够从始至终全神贯注听讲的学生占少数。如果将学科竞赛作为教学的辅助工具，通过学科竞赛检验学生课堂上所学习到的知识，在竞赛过程中，当学生充分意识到自身专业知识不足时，会主动向老师请教相关知识，化被动为主动。每一个人都可以参与进来，将自己变成学习的主人，老师和学生之间产生互动性，学习效率和效果都将大大提升。学校同时可以开设类似学科竞赛的实践课，实践课不同于传统教学课程，可以将不同行业的真实数据利用在实践课中，通过现实的数据来解决实际问题。同时会计行业在现代的人才培养中，不能仅限于会计专业知识，还需要了解金融、管理和国际贸易等方面的知识。在进行实践课时可以请不同学科的老师对学生在实践过程中遇到的有关其他学科不懂的知识进行答疑，真正做到为国家培养具有全方面综合能力的人才。

## 六、结语

为了适应当下的社会对于会计人员新的要求和挑战，大学建设会计学国家级一流本科专业是必经之路，根据建设会计学国家级一流本科专业的基本思路，我们通过多形式、多渠道培养学生创新创业能力和专业综合素质。在校期间，学科竞赛作为实践教育的典型是对学生独立辩证思维的锻炼和“知行合一”理念的支持，同时学科竞赛作为一种可靠的辅助教学方法可以有效地提升学生的综合能力，为祖国输出高质量的人才。

## 参考文献

［1］张娆，齐珊．大数据时代的会计教育革新［J］．辽宁经济，2019（2）：90-91.

［2］田胡婷，刘耀斌，何萍，苗蕤，厚汝姝．竞赛平台的人才输出对国家产教融合战略的影响［J］．河北企业，2019（1）：99-100.

［3］杨景宜．浅析高中生商业模拟比赛的现状与发展［J］．科技经济导刊，2018，26（3）：118-119，122.

［4］卢雪燕，李国伟．依托商业竞赛打造精英式计算机专业人才［J］．中国电力教育，2011（26）：149-150.

［5］薛芳．浅谈会计知识及技能竞赛在高职会计学生综合能力培养中的应用［J］．商业文化，2011（5）：219.

［6］赵森鑫．新形势下会计工作现状及对策［J］．现代商业，2008（12）：226-227.

［7］郭晶，刘瑞霞，王婕．基于竞赛驱动的经管类创新创业人才培养模式研究［J］．内江科技，2021，42（6）：22-23，43.

# 课程思政篇

“课程思政篇”坚持会计学专业教育教学改革以“立德树人”为根本任务，把教育教学的“育人”功能作为核心任务，强化专业课程的思想政治教育功能。系统梳理专业课程的思政元素，推动课程思政与专业知识的深度有机融合。突出“五育并举、德育为先”的教育理念，牢牢把握高校意识形态工作的重要责任，积极传播习近平新时代中国特色社会主义思想，弘扬社会主义核心价值观。组织专业教师开展课程思政专题讨论会，学习、贯彻落实全国思政工作会议精神，统一思想，强化“四个意识”，坚定“四个自信”，做好“两个维护”，在培养学生自身知识和技能水平提高的同时，把培养学生高尚的道德情操放在第一位，教育引导学生正确认识新时代的建设责任和历史使命，发展成为新时代中国特色社会主义建设的合格人才。课程建设努力将思想政治工作贯彻到教育教学全过程，在会计专业所有课程融入社会主义核心价值观为主的思想政治知识与理论，将家国情怀、民族自豪感、法制意识、社会责任、文化自信、人文精神等思想政治教育要素融入会计学科的所有专业课程教学。构建高校全员全程全方位育人格局，强化专业课程“立德树人”功能，全力推进本科专业课程思政育人体系建设，全面提升会计学专业人才培养质量。

# 《会计学原理》课程思政优质专业课建设方案

宁美军

**摘　要**：本文按照《高等学校课程思政建设指导纲要》（教高〔2020〕3号）的精神，结合会计学原理的教育特点，围绕《会计学原理》课程各章教学基本内容及基本要求，提炼课程各章思政要点，从价值塑造、知识传授和能力培养三个维度着手，探索并开发《会计学原理》课程思政优质专业课建设方案，将“立德树人”落实到应用型大学会计学一流专业课程建设探索与实践中。

**关键词**：会计学原理；课程思政；专业课建设

## 一、引言

2020年5月28日，教育部印发《高等学校课程思政建设指导纲要》（教高〔2020〕3号），明确“守好一段渠、种好责任田，使各类课程与思政课程同向同行，将显性教育和隐性教育相统一，形成协同效应，构建全员全程全方位育人大格局”。在此顶层设计下，北方工业大学制定《北方工业大学深化课程思政建设实施方案》（党发〔2021〕21号），积极推进不同学科专业、不同类型课程的课程思政建设，以发挥好每门课程的育人作用，提高高校人才培养质量。

会计是有效的、低成本的信任工具，是人类文明产生和发展的基础（刘峰，2015）[1]；会计具有经济效应，会计的产生和发展会促进经济高质量发展（谢志华，2014）[2]。《会计学原理》是经济管理类专业的核心课程之一，属专业基础必修课程，是会计学专业的入门课程，内容设置主要是会计基础知识、基本原理、基本方法以及基本的实务操作训练，并培养学生的专业品格，强化专业意识。该课程可为后续课程和从事会计实务工作奠定坚实的基础。鉴于《会计学原理》课程思政建设的重要性，课程思政融入《会计学原理》教育的研究与实践将具有重要的理论价值和实践价值。基于此，本文按照《高等学校课程思政建设指导纲要》（教高〔2020〕3号）的精神，结合《会计学原理》课程的教育特点，从价值塑造、知识传授和能力培养三个维度着手，探索并开发《会计学原理》课程思政优质专业课建设方案。

## 二、《会计学原理》课程各章思政建设方案

本文围绕刘永祥和刘桂春（2020）[3]教材各章教学基本内容以及课程教学大纲基本要求，借鉴朱小平等（2021）[4]和戴德明等（2021）[5]提炼课程各章思政要点，从价值塑造、知识传授和能力培养三个维度着手，将“立德树人”落实到《会计学原理》课程思政优质专业课建设方案中。

### （一）“第一章　总论”思政建设方案

1. 价值塑造

（1）明确唯有诚信、客观、公正、科学、专业才是会计学科不断发展壮大的不竭源泉。

（2）增强受托责任意识，培育经世济民、报效祖国的情怀。

（3）树立正确的唯物主义历史观，敬畏会计在人类历史长河中参与安邦治国和理财制用的历史贡献。

2. 知识传授

（1）掌握会计的职能，会计核算的基本前提、会计信息质量要求，会计核算的专门方法。掌握会计的职能，强调会计人员应不忘“核算”初心，牢记“监督”使命。掌握会计核算的基本前提，让学生区分公与私的界限，培养恪守诚信的道德品质。通过会计信息质量要求强调做好会计工作必须先做诚实守信的人，遵守会计职业道德规范。

（2）理解会计的含义及其特点，会计目标，会计基本规范，会计核算各种专门方法之间的联系。让学生理解每一种会计方法的产生都有其深刻的社会背景，让学生理解经理在会计目标中负有使股东资产保值增值的受托责任。

（3）了解会计发展的历史及其环境。以史为鉴可以知兴替，引导学生学习会计发展史，让学生理解会计产生与发展的历史背景，提升学生的民族自豪感和文化自信度。

3. 能力培养

（1）引导学生阅读文章“会计学：数字的背后是星辰大海”①、《会计·信任·文明》（刘峰，2015）[1]和《论会计的经济效应》（谢志华，2014）[2]，观看“《互联网时代》第6集迁徙”②和“《潜流》教育的核心宗旨”③，培养学生开阔的视野以及透过现象看本质的能力。

（2）培养学生的文化自信和文化认同，树立传承会计文化的信心和决心。中国特色社会主义制度的优越性，有助于我国会计准则制定机构从社会公共利益的视角出发，协调处理会计规则与其他规则之间的关系，总结和提炼出一套真正具有全球普适性的会计规则。

（3）基于受托责任视角，培养学生有担当并勇于承担责任的优良品质，具备高度的受托责任感和有效解决代理问题的能力。

## （二）“第二章　会计要素与会计等式”思政建设方案

1. 价值塑造

（1）培养学生欣赏会计的平衡之美，资产永远等于权益。

（2）树立债权人优于所有者权益的观念；明白权利可放弃，但债务必偿还的道理。

（3）引导学生将人生财富放入会计等式以衡量对社会的净贡献。

2. 知识传授

（1）掌握会计要素。资产、负债和所有者权益是构成会计等式的要素，缺一不可。不管发生什么经济业务，都不会破坏会计等式的平衡关系。引导学生拓展阅读世界各国对会计报表要素的确定，理解所有者权益是剩余权益，股东是公司最终风险的承担者。

（2）掌握会计等式。会计恒等式“资产=负债+所有者权益”所要表达的含义，就是由多少资产就对应多少权益，权益要求权的货币表现等于资产的价值。从资金运动角度，会计等式反映的信息就是企业的资金从哪里来，用到哪里去，揭示的逻辑是“资金占用=资金来源”。

3. 能力培养

（1）通过会计要素和会计等式的学习，培养学生将经济业务转化为会计概

---

① 资料来源：https：//mp. weixin. qq. com/s/6JqZ0XhL95KseH62aLhKXQ。

② 资料来源：https：//www. iqiyi. com/v_19rrmlx2qo. html。

③ 资料来源：https：//www. iqiyi. com/v_19rqtwhc60. html？vfm=f_191_360y。

念的能力，以及用会计语言正确描述经济业务的能力。

（2）培养学生将会计平衡思想运用到日常生活和工作之中的能力，不必纠结于一时得失，从长远来看，得与失是平衡的，从而增强获得内心平衡和幸福的能力。

（3）培养学生欣赏会计的平衡之美，进而发现和欣赏身边一切美好事物的能力，进而达到身心愉悦和心理健康的目的。

（4）会计恒等式还带给学生很多人生哲学思考。会计恒等式可以从两方面对学生的财富进行衡量：一方面用于衡量物质财富，资产减去负债，剩余的属于学生自己的权益，代表着学生将多少社会财富据为己有；另一方面用于衡量精神财富，资产是学生给予他人多少帮助，付出了多少情义；负债是学生获得了多少帮助；资产减去负债是对社会的净贡献。引导学生增加人生资产，减少人生负债，留下更多的权益，为社会做出贡献。同时，在会计等式学习中融入会计学“工匠精神”和风险管理意识。

### （三）“第三章　账户与复式记账”思政建设方案

1. 价值塑造

（1）树立学生“有来路才有归途”的哲学思维，引导学生讲清楚每一笔钱来自何处、又用到何处是会计的基本素养。

（2）复式记账取代单式记账，是商业文明的进步。

（3）建立学生饮水思源的基本良知，在内心设置一个人生的账户。

2. 知识传授

（1）掌握账户的基本结构，会计科目的分类，复式记账的概念、特点和优缺点，借贷记账法的内容，会计分录的编制方法，平行登记的要点。通过复式记账产生的渊源追溯，了解人类文明从大陆文明转向海洋文明的历史背景。

（2）理解账户与会计科目的区别和联系，账户对应关系和对应账户的意义，会计分录的意义。正确界定会计科目，约定好账户登记增减的方向，运用复式记账原理记录企业每一笔经济业务的来龙去脉，是保证会计信息质量的前提。

（3）了解会计科目与账户的概念，会计科目的编号，记账方法的演进。合伙制要求将资本与收益进行切分，以便进行分配。合伙人对利益的诉求，促进了会计从单式记账向复试记账的转变，为正确核算每笔业务所获得的收益奠定了基础。

3. 能力培养

（1）培养学生的反思能力。结合案例“这家公司的账户体系该如何设置”，引导学生将“坚持准则，不做假账”的理念融入账户的设置与登记要求。

（2）培养学生遵守能量守恒定律。有借必有贷，借贷必相等的记账规则可让学生联想到学习也是守恒的，即付出等于收获。每个学生应该更努力学习，以获得更多收获，引导学生做事情要有始有终。

（3）运用案例教学法（案例名称为有种“利润”叫诚信——中国人民大学诚信小摊①），引导学生理论联系实际，应用试算平衡发现问题、分析问题、解决问题，引导学生体会诚信公正、守信立法等现代会计文化思想在立志、守身、处事、待人方面的重要性，引导学生积极实践立信。

## （四）“第四章　会计凭证”思政建设方案

1. 价值塑造

（1）培养学生以事实为依据，用证据说话的思维方式。

（2）树立钤下印章、便是立下言信的思想，培养学生勇于承担责任的高贵品质。

（3）引导学生遵守盖章有效和严格稽核的规则。

2. 知识传授

（1）掌握会计凭证的分类，原始凭证和记账凭证填制的基本要求和方法。原始凭证的正确填制，直接关系会计账簿记录和财务报告质量。

（2）理解原始凭证和记账凭证审核的基本内容和方法，会计凭证的保管。通过展示习近平总书记晚餐账单，让学生了解这些珍贵的原始凭证不仅记录了总书记的花费，更记录了总书记朴素、务实、律己、爱民的作风和情怀，展现了共产党人的卓越品质，培养学生牢记中国共产党一心为民的优良传统。

（3）了解原始凭证和记账凭证的基本要素及其一般格式。将中国印章文化引入课堂，使学生了解盖章就要承担责任的道理。

3. 能力培养

（1）培养学生说话做事要有根有据的优良品德、缜密的思维逻辑、严谨的做事态度，引导学生将“空口无凭立字为证”的传统文化融入会计凭证的审核与保管要求。

① 资料来源：http：//tv.cntv.cn/video/C10598/04abe3c0d4374f1d9501b8e1fdc8ebd1。

（2）培养学生承担责任的能力。建立会计计量无小事的思想，一分一毫都要做到有据可查、有证可依，引导学生将客观公正的职业道德融入凭证的填制要求。

（3）引导学生阅读“伪造、变造会计凭证应当承担什么法律责任”，培养学生认真细致的工作作风，保证每一笔会计分录都必须与原始凭证内容相符，并进行认真复核。

（4）培养学生的审美能力。利用中国印章的精美图片和会计印章展示，让学生在获得知识的同时，获得美的享受。

### （五）“第五章至第七章　企业基本经济业务的核算”思政建设方案

1. 价值塑造

（1）树立学生对合同的敬畏思想，严格履行合同义务。

（2）建立学生的合规思维和流程思维，切实做到有请求必申请，有申请必审批，有审批必签字，有交易必合同，无票据不支付，无签章不会计。

（3）培养学生工匠精神，注重信息生成环节，做到严谨、细致、专业、精益求精。

（4）树立学生纳税光荣的思想和正确的金钱观。

（5）培养学生患难与共的气度与胸襟，培养诚信表达企业经济业务的职业素养。

2. 知识传授

（1）掌握企业资金筹集、材料采购、产品生产、商品销售、利润形成和分配的核算方法。运用案例研究，完整呈现会计主体从资金筹集、供产销、利润形成与分配的完整经济业务，确实做到业财融合。

（2）理解企业经济业务与会计账务处理之间的逻辑关系。

（3）了解企业业务背后资金的循环与周转。企业任何经济业务都是公司战略和经营目标落地效果的数据表达，全面完整、系统、准确地记录经济业务是每个会计学生的基本素养。

3. 能力培养

（1）培养学生与时俱进、跟上时代发展步伐的能力。任何经济业务都是时代发展的产物，企业家生产什么、生产多少，都是时代赋予企业家的责任，也是企业家实业报国、满足社会需要、服务人民的生动体现。

（2）企业完成一次资金到资金的循环，需要一点一滴的辛勤投入、坚持不懈的努力，才能取得预期结果。要想获得好的结果，必须注重过程积累，持续努力。引导学生将“守法经营，依法理财”的观念融入企业筹集资金业务的核算。

（3）培养学生辩证思考纳税义务的能力，培养学生“依法纳税光荣”的理念，激发学生的家国情怀和担当意识，做一个自觉纳税的好公民。

（4）培养学生用会计数据对企业基本经济业务进行分析的能力。会计数据之间具有很强的逻辑性，任何虚构的数据都会原形毕露。教育学生以实事求是的态度监督每笔金钱业务的合法性、真实性和合理性，形成科学、健康的金钱观。

（5）通过向武汉捐款的案例，培养学生的公益精神和助人为乐的品德。

（6）通过收入、费用、利润的核算以及三者之间的关系分析，引导学生树立勤俭节约的价值观，强化企业开源节流的经营理念。

## （六）“第八章　会计账簿”思政建设方案

1. 价值塑造

（1）引导学生树立统驭与被统驭、补充与被补充、零星分散与系统综合的辩证统一思想。

（2）引导学生理解浓缩后的信息价值一般要高于非浓缩信息的价值。

（3）引导学生理解会计账簿是纳税的基础设施。

2. 知识传授

（1）掌握日记账的设置和登记方法，总分类账和明细分类账的设置，更正错账的规则和方法，结账的目的和方法，对账的目的和内容。根据会计账簿的使用目的和重要程度不同，将会计账簿分为日记账、总分类账、明细分类账和备查账簿等。其中，总分类账统驭明细分类账，明细分类账是对总分类账的补充。

（2）理解账簿的一般格式及其登写规则。会计账簿的启用程序、登记方法、对账、结账以及错账更正都有严格规定，需要遵照执行。

（3）了解账簿的意义。会计账簿位于会计核算三大环节的中心位置，是连接会计凭证与财务会计报告的桥梁。对会计凭证的信息进行汇总、浓缩，为编制财务会计报告做准备。设置会计账簿不仅是企业内部管理的需要，更是缴纳税收的依据。根据相关法律法规，营业执照批准下来，首月建完账后，在取得税务登记证的次月起进行纳税申报。无论是否盈利，每月都要根据经营情况做账，然后根据账本向税务局做税务申报。不记账、不报税，不仅面临税务稽查、补税、罚款，还影响法人征信，公司和法人都会受到各种限制。

3. 能力培养

（1）培养学生对违法行为的辨识能力。可以设问“企业在法定账簿之外是否可以再设置一套账簿？”通过分析讨论让学生充分认识伪造、变造会计凭证、会计账簿，编制虚假财务会计报告，隐匿或故意销毁应当保存的会计凭证、会计账簿、财务会计报告，是法律所不允许的；引导学生树立“诚实为本、操守为重、坚持准则、不做假账”的价值观。

（2）培养学生有错必改的能力。通过会计错账更正，强化会计执行规范的重要性，告诉学生在日常学习生活中也可能会犯错，但一定要用正确的方法及时更正错误，这样才能真正达到预期目标。

## （七）“第九章　会计账务处理程序及档案管理”思政建设方案

1. 价值塑造

（1）引导学生树立程序即秩序的理念。良好的程序是完成任务的根本保障。

（2）引导学生建立殊途同归的思维方式。不同账务处理程序，其目的都是高效准确地编制财务报表。

（3）理解分工合作、协调配合是提高工作效率的内在机制。

（4）引导学生养成重要文件归档管理的习惯，有案可循是一个国家文明的底色，尤其是重大经济档案的保管具有震慑作用。

2. 知识传授

（1）掌握会计循环的含义，账项调整的种类与会计处理方法，科目汇总表和汇总记账凭证的编制方法。账务处理程序一旦确定，就要严格执行，科学合理进行人员分工，使工作有条不紊地进行。

（2）理解账务处理程序的概念和意义，各种账务处理程序的特点、内容、优缺点及其适用性。账务处理程序是将会计凭证、会计账簿组织起来，将不同工作岗位的人员组织起来，以顺利编出财务报表的方法。各种账务处理程序各有优缺点和适用场景。

（3）了解会计档案及档案管理机构、会计档案管理的基本要求。会计凭证、会计账簿、财务报表都是重要的文件，需要归档保存。

3. 能力培养

（1）培养学生流程思维的能力，培养学生精益求精的工匠精神和严肃认真的科学态度。

（2）培养学生将零散信息加以整合的能力。会计信息加工过程就是信息不断整合的过程。

（3）培养学生自觉抵制做假账的能力，培养凭证整理、装订成册、归档管理的能力，培养学生“参与管理、强化服务”的职业道德。

## （八）“第十章　财务会计报告”思政建设方案

1. 价值塑造

（1）树立学生财务会计报告具有社会属性和经济后果的责任意识。

（2）树立学生只有充分、如实披露信息才能降低信息不对称，优化社会资源配置的理念，树立高质量的信息才是有价值的信息思想。

（3）培养学生万事万物之间都是相关、相连的，财务报表数据之间也是如此的思维方式。

（4）激发学生支持企业研发，树立科技兴国的爱国思想。“中国梦”的实现需要一代又一代人的持续努力。

2. 知识传授

（1）掌握财务报告的组成，财务报告的编制要求，资产负债表的概念、意义、结构及其编制方法，利润表的概念、意义、结构及其编制方法。财务报告属于公共产品，任何人都可以方便获取。财务报表之间不是孤立的，而是彼此相连的，可以相互印证。报表与报表之间、报表内部各项目之间具有勾稽关系。

（2）理解财务报告的分类和编制前的准备工作，主要财务评价指标的含义及其计算。四表一注构成企业财务报告的主体内容。读懂附注，才能深刻理解财务报表上每一项目的内涵和每一个数据的计算方法。

（3）了解现金流量表的意义，现金流量的分类，现金流量表的结构，财务报告分析的意义和基本方法。财务报表是会计工作的最终产品，具有影响投资和资源重新分配的作用。财务报表信息含量高，具有决策价值。

3. 能力培养

（1）培养学生编制财务报表的能力。财务报表编制除掌握基本方法，还要具备细心和耐心的品质。通过会计报表编制要求，引导学生不忘会计工作的初心，牢记客观公正、真实披露的使命。

（2）培养解读财务报表的能力。编表是一种提供信息能力的体现，解读报表则是综合运用这些信息能力的体现，结合解读财务报表内容的学习，牢固树立学生“参与管理、强化服务”的职业道德。

（3）培养学生科技强国的自豪感。通过利润表中的研究费用、资产负债表中的开发支出、无形资产项目的讲解，让学生明白主动关心企业的科技投入和发展成果对推动社会进步的巨大作用。

（4）培养学生对虚假信息说“不”的能力和勇气。通过披露会计信息虚假事件的案例，说明企业应诚实履行信息披露义务，教育学生要自觉维护国家利益、社会利益、集体利益，提供的财务报表要真实准确，体现客观公正的原则。

## 三、结语

本文按照《高等学校课程思政建设指导纲要》（教高〔2020〕3号）的精神，结合会计学原理的教育特点，围绕《会计学原理》课程各章教学基本内容及基本要求，提炼课程各章思政要点，从价值塑造、知识传授和能力培养三个维度着手，探索并开发《会计学原理》课程思政优质专业课建设方案，将“立德树人”落实到应用型大学会计学一流专业课程建设探索与实践中。

该方案致力于落实的“立德树人”思想可概括为以下三个方面：一是诚信为本、合规如矩、以数为镜，弘扬忠诚老实、实事求是等价值观，夯实诚实守信、廉洁自律、客观公正、坚持准则的会计职业道德建设；二是洁身自好、左借右贷、如实反映，推进诚信建设制度化，强化社会责任意识、规则意识，加强思想道德建设；三是专业匠心、业财融合、精益管理，弘扬“爱国、敬业、诚信”的社会主义核心价值观，练好过硬的专业能力、练成执着的职业精神，进而服务好社会。

## 参考文献

［1］刘峰．会计·信任·文明［J］．会计研究，2015（11）：3-10，96.

［2］谢志华．论会计的经济效应［J］．会计研究，2014（6）：8-16，96.

［3］刘永祥，刘桂春．基础会计（第二版）［M］．上海：立信会计出版社，2020.

[4] 朱小平，秦玉熙，袁蓉丽．基础会计（原初级会计学）（第 11 版·立体化数字教材版）[M]．北京：中国人民大学出版社，2021.

[5] 戴德明，林钢，赵西卜．财务会计学（第 13 版·立体化数字教材版）[M]．北京：中国人民大学出版社，2021.

# 《中级财务会计》课程思政优质专业课建设方案

宁美军

**摘　要**：本文按照《关于加快构建高校思想政治工作体系的意见》（教思政〔2020〕1号）和《高等学校课程思政建设指导纲要》（教高〔2020〕3号）的精神，结合中级财务会计的教育特点，围绕《中级财务会计》课程各章教学基本内容及教学大纲基本要求，提炼课程各章思政要点，从知识传授和课程思政两个维度着手，研究并开发《中级财务会计》课程思政优质专业课建设方案，以推动"课程思政"更好地融入新商科下会计学一流专业教育教学改革研究与实践中。

**关键词**：中级财务会计；课程思政；专业课建设

## 一、引言

在《关于加快构建高校思想政治工作体系的意见》（教思政〔2020〕1号）和《高等学校课程思政建设指导纲要》（教高〔2020〕3号）等顶层设计和制度背景下，"把思想政治教育贯穿人才培养体系，全面推进高校课程思政建设，发挥每门课程的育人作用，提高高校人才培养质量"的现实需求，持续推动着课程思政融入会计专业教育的研究与实践。北方工业大学制定《北方工业大学深化课程思政建设实施方案》（党发〔2021〕21号），积极推进不同学科专业、不同类型课程的课程思政建设，以发挥好每门课程的育人作用、提高高校人才培养质量。

会计是有效、低成本的信任工具，是人类文明产生和发展的基础（刘峰，2015）[1]；会计具有经济效应，会计的产生和发展会促进经济高质量发展（谢志华，2014）[2]。《中级财务会计》属会计专业必修课程，该课程是在《会计学原理》课程的基础上，阐明会计学的基本理论，包括会计基本假设、会计核算基本原则、会计要素以及会计程序和方法等在企业中的运用。通过学习，要求学生能够根据会计的基本理论，采用会计的基本方法，对企业的一般经济活动所产生的经济数据进行确认、计量和报告，并能够按照会计理论所赋予的意义对会计信息进行解释。鉴于《中级财务会计》课程思政建设的重要性，本文研究并开发《中级财务会计》课程思政优质专业课建设方案，以推动课程思政更好地融入中级财务会计专业教育的实践中。

## 二、《中级财务会计》课程各章思政建设方案

本文围绕黄晓蓓等（2021）[3]教材各章教学基本内容以及课程教学大纲基本要求，借鉴戴德明等（2021）[4]、朱小平等（2021）[5]和许文静等（2021）[6]提炼课程各章思政要点，从知识传授和课程思政两个维度着手，将“课程思政”融入并落实到《中级财务会计》优质专业课建设方案中。

### （一）“第一章　总论”思政建设方案

1. 知识传授

（1）掌握财务会计的概念与特征，会计基本假设与会计基础，会计要素的计量属性及其应用原则，会计信息质量要求，会计要素及其确认。

（2）理解财务报告的目标。

（3）了解财务报告的概念、构成，企业会计规范。

2. 课程思政

（1）引导学生敬畏会计在人类历史长河中参与安邦治国和理财制用的历史贡献。运用教学案例“万福生科造假与投资者保护”，让学生思考“虚假财务信息如何损害投资者利益”等问题，进而使学生体会到：财务会计信息是信息使用者决策的重要依据，影响着社会资源的合理配置；坚守准则，提供可靠、相关的会计信息是会计人员应有的职业操守。

（2）培养学生将经济业务转化为会计概念的能力，以及用会计语言正确描述经济业务的能力。

（3）提升学生解决会计职业道德问题的能力，培养学生敬畏法律和规则的意识，明确唯有诚信、客观、公正、科学、专业才是会计学科持续发展壮大的不竭源泉。

（4）增强学生受托责任意识，培养学生有担当并勇于承担责任的优良品

质，具备高度的受托责任感和有效解决代理问题的能力，培育经世济民、报效祖国的情怀。

### （二）“第二章　金融资产（1）”思政建设方案

1. 知识传授

（1）掌握库存现金和银行存款的核算与核对方法，掌握各种银行转账结算方式适用范围及有关主要规定以及其他货币资金的核算，掌握银行存款余额调节表的编制；掌握应收票据的分类、计价以及账务处理，应收账款的账务处理方法，坏账损失的核算，预付账款与其他应收款的账务处理方法。

（2）理解货币资金的内部控制；理解应收票据贴现的会计处理原理，坏账损失核算原理以及各账户之间的关系。

（3）了解货币资金的性质与范围，现金管理的主要内容与银行结算制度、银行存款转账结算的种类；了解应收款项的产生原因及其对企业经营的影响。

2. 课程思政

（1）货币资金、实物资产和应收款项涉及面广、业务量大，最易被侵吞，应进行全面清查，帮助学生树立据实记录是美德的价值观。

（2）培养学生明辨是非的能力，使学生践行诚实守信的职业品格和职业信念。如果发现白条抵库、小金库等问题，应坚持原则，恪守诚实守信和廉洁自律的职业道德规范。

（3）结合案例“容百科技：冰山一角的坏账”，引导学生思考“容百科技在2019年半年报与第三季度季报中对比克动力应收账款计提坏账的会计处理是否恰当”，树立学生无规矩不成方圆的信念，培养学生遵纪守法、坚守准则，保持应有的职业谨慎的良好素质。

### （三）“第三章　存货”思政建设方案

1. 知识传授

（1）掌握存货初始成本的确定和存货购入的会计处理，存货发出的计价方法，存货跌价准备计提和转回的会计处理方法，原材料的实际成本和计划成本核算的账务处理，存货盘盈与盘亏的会计处理方法。

（2）熟悉存货的概念、类别和范围，实地盘存制和永续盘存制，周转材料的会计处理方法，委托加工物资的核算方法，存货跌价的判断标准与可变现净值的确定方法。

（3）了解存货估计售价的确定方法。

2. 课程思政

（1）引导学生结合案例"'逃跑'的存货"，思考"獐子岛如何通过'逃跑'的扇贝调节利润"，引导学生精通专业、坚守准则、不做假账，提供可靠、相关的会计信息，维护市场公平竞争，保护投资者合法权益，履行会计人员应有的职责；培养学生将遵纪守法内化于心，外化为能够做出合乎逻辑、有道德的存货商业决策的能力。

（2）引导学生结合案例"四川长虹年度报告中的存货"，思考"2014 年内，哪类存货发生了大额的跌价损失，原因可能是什么"，引导学生认识到：应严格按照内部控制流程，采用科学合理的盘点方法；合理、客观的估计与判断往往比不估计、不判断更有价值。

## （四）"第四章　固定资产及投资性房地产"思政建设方案

1. 知识传授

（1）掌握固定资产的概念、特征、标准、分类，外购、自行建造固定资产的初始计量及账务处理方法，固定资产折旧的计算方法及账务处理方法，固定资产更新改造和修理核算方法，固定资产的处置及清查的账务处理方法；掌握投资性房地产初始计量的会计处理方法，投资性房地产后续支出的会计处理方法，投资性房地产后续计量的会计处理方法，投资性房地产转换和处置的会计处理方法。

（2）理解固定资产的计价基础、账务处理要求，固定资产折旧的概念、范围；理解投资性房地产的定义、特征与范围，投资性房地产的确认。

（3）了解制造业固定资产主要内容，主要取得及退出途径。

2. 课程思政

（1）结合案例"上市公司固定资产预计净残值、预计使用年限的变更"，引导学生分析"固定资产的预计净残值、预计使用年限的变化对企业财务状况和经营成果产生的影响"，培养学生多视角认识同一问题的能力，培养学生触类旁通的应用能力。

（2）培养学生负责的精神和能力。财产清查是摸清企业家底的重要举措。财产清查能够反映企业内部控制制度的有效性、财会人员及相关工作人员的职业道德水平和工作作风问题，对学生的思想政治教育影响较大。引导学生要本着对投资者等利益相关者负责的态度切实履行职责，认真清查财产（对固定资产及投资性房地产应尽可能实地盘点)，如实反映。提供决策有用信息，优化社会资源配置，维护市场公平和公正，保障投资者权益是会计信息传递的重要使命，也是会计人员应承担的社会责任。

(3) 引导学生讨论“固定资产后续支出与折旧政策变更”，培养学生坚守准则、如实反映、合理估计和适度谨慎的道德规范。

(4) 通过案例“投资性房地产的转换对损益的影响”和“投资性房地产计量模式的影响”，引导学生认识到：对历史成本和公允价值计量属性的合理选择和专业判断，是会计人员提高执业能力的重要方面。同时，引导学生思考“采用何种计量属性更能反映投资性房地产的特点和持有目的，更有助于促进信息使用者的合理决策”。

### (五)“第五章　无形资产”思政建设方案

1. 知识传授

(1) 掌握无形资产的概念、内容、分类，无形资产的确认条件，无形资产初始计量及账务处理方法，内部研究开发费用的确认与计量，无形资产的后续计量及账务处理方法。

(2) 理解无形资产的特点，内部研究与开发的区别，使用寿命有限与使用寿命不确定无形资产后续计量的区别。

(3) 了解无形资产与商誉的关系。

2. 课程思政

(1) 培养学生科技强国的自豪感和责任感。通过讲解利润表中的研究费用、资产负债表中的开发支出、无形资产项目，引导学生查询并比较华为技术有限公司、欧珀移动通信有限公司（OPPO)、格力电器这三家企业在内部研发无形资产过程中涉及的经济内容和研发支出金额，思考并分析如何对研发支出进行确认和计量，让学生明白主动关心企业的科技投入和发展成果对推动社会进步的巨大作用，激发学生支持企业研发，培养学生科技强国的自豪感和责任感。

(2) 结合中美贸易战背景，引导学生思考并阐述财政部、国家知识产权局印发《知识产权相关会计信息披露规定》的通知（财会〔2018〕30号）的经济意义和理论价值，树立学生科技兴国的爱国思想。

(3) 引导学生学习《企业会计准则第6号——无形资产》(2006年2月15日财政部发布，自2007年1月1日起施行)，培养学生树立价值观——无形资产会计准则的制定和实施，会鼓励企业科技创新行为，加大对研发企业的支持力度，提高企业创新能力，极大地促进创新型国家的建设。结合案例“ABC 公司的无形资产会计处理”和“激进的海正药业仿制药研发指出资本化之路”，培养学生精通专业、坚守准则、不做假账的职业道德规范。

### (六)“第六章　金融资产（2）”思政建设方案

1. 知识传授

(1) 掌握投资性金融资产的概念、内容、分类；摊余成本与实际利率会计核算原理；金融资产的分类判断，以及以摊余成本计量的金融资产、以公允价值计量且其变动计入当期损益的金融资产、以公允价值计量且其变动计入其他综合收益的金融资产三大类金融资产的计量与账务处理方法；金融资产减值的计量与账务处理方法。

(2) 理解金融资产的账务处理原则。

(3) 了解企业投资活动分类，股票、债券的相关知识。

2. 课程思政

(1) 引导学生思考“2017 年《新金融工具准则》在金融资产分类等方面发生的变化”，培养学生分类即管理的科学思维方式，树立学生总与分的辩证统一思想。

(2) 培养学生辨别事物同一性、相似性与差异性的能力，提高学生作为会计人员的专业水平和执业能力。引导学生在寻找经济业务相似性与差异性的过程中，逐渐了解投资性金融资产经济活动的本质，引起资金变化的原因以及资金流转于各个账户之间仍然保持平衡的精妙设计。

(3) 结合案例“赣锋锂业‘诡异’的公允价值变动损失”，引导学生认识到——会计是讲规则、讲原则的，投资性金融资产的会计处理必须按照财经法律法规和国家统一会计制度的要求，确保会计信息真实、准确、完整，维护国家利益、社会公众利益和正常的经济秩序。

### (七)“第七章　长期股权投资”思政建设方案

1. 知识传授

(1) 掌握长期股权投资的概念和类别，长期股权投资不同取得方式下的初始投资成本的确定，成本法和权益法的适用范围、基本原理和有关账务处理方法。

（2）熟悉同一控制下和非同一控制下的企业合并形成的长期股权投资在会计处理方面的差异，长期股权投资减值的核算，成本法和权益法的转换。

（3）了解同一控制下的企业合并与非同一控制下企业合并的区别。

2. 课程思政

（1）培养学生患难与共的气度与胸襟，培养学生诚信表达企业经济业务的职业素养。

（2）树立学生权利与义务是对等的理念，坚信有付出才有回报，凡有因必有果。长期股权投资通过对被投资单位实施控制、共同控制或重大影响，强化了和被投资单位之间的商业纽带，在带来很高收益的同时，也伴随着可能投资失败导致的巨大风险。通过案例“天威硅业破产导致投资方遭受巨额长期股权投资损失”，引导学生树立掌握并评价长期股权投资的初始计量和后续计量方法，是会计人员执业能力和专业水平的价值观。

## （八）“第八章　负债”思政建设方案

1. 知识传授

（1）掌握负债的概念、特点、分类，应付职工薪酬、应交税费等流动负债的概念及账务处理方法，长期借款、应付债券等长期负债的概念及账务处理方法。

（2）理解负债的确认与计量原则。

（3）了解一般公司债券的发行。

2. 课程思政

（1）结合案例“分析上市公司税收：这些知识不可少”，培养学生辩证思考纳税义务的能力，树立纳税光荣的思想和正确的金钱观，使学生今后乐于成为纳税主体，依法纳税。

（2）运用教学案例引导学生查阅康得新公司 2017~2019 年的年报及相关资料，分析康得新债务违约的原因；结合案例“海天药业‘存贷双高’遭问询”，引导学生明白权利可以放弃，但债务必须要偿还的道理；树立学生债权人优于所有者权益的观念。

（3）以人为本，建立合理薪酬体系，积极承担社会责任是企业扎实立足与长远发展的基石。

## （九）“第九章 所有者权益”思政建设方案

1. 知识传授

（1）掌握所有者权益的概念、内容，实收资本、资本公积、留存收益的账务处理方法。

（2）理解所有者权益的特点以及所有者权益与债权人权益的主要区别。

（3）了解企业组织形式。

2. 课程思政

（1）引导学生将人生财富放入会计等式以衡量对社会的净贡献。引导学生增加人生资产，减少人生负债，留下更多的权益，为社会做出贡献。

（2）结合案例“其他综合收益与盈余管理”，塑造学生爱岗敬业、廉洁自律、诚实守信、品行端正以及具有高度社会责任感的价值观。

（3）引导学生树立维护投资者利益，真实反映与传递所有者的投入资本、应享有的权益及投入资本的保值增值信息，是会计人员重要职责的价值观。

## （十）“第十章　收入、费用和利润”思政建设方案

1. 知识传授

（1）掌握收入的确认与计量，各种类型收入的会计处理，主营业务成本、其他业务成本的确认、计量及会计处理，利润形成和分配的会计处理。

（2）理解收入确认的五步法模型。

（3）了解收入的特征和分类，费用的分类和内容，利润的构成及计算方法，利润分配的程序。

2. 课程思政

（1）培养学生用会计数据进行思维的能力，培养学生自觉抵制做假账的能力，帮助学生拓宽视野。

（2）树立学生对合同的敬畏思想，严格履行合同义务。

（3）培养学生战略思维，节约成本即创造社会价值，产品设计应体现企业家的家国情怀。

（4）培养学生选择符合企业特点的会计处理方法的能力，了解不同会计处理方法会带来不同收入、费用和利润，不同利润会带来不同税负。

（5）不做假账，正确进行收入的确认与计量是会计人员的重要职业道德和专业胜任能力，通过引导学生分析案例“国嘉实业因软件开发收入确认问题受

到证监会处罚”和“瑞幸咖啡收入造假案”，培养学生专业判断能力和职业道德坚守能力。由权责发生制衍生的配比原则，需要根据收入与费用的因果关系和专业性的知识来进行判断，需要较高的判断能力，判断会涉及职业道德问题。

### （十一）“第十一章　财务报告”思政建设方案

1. 知识传授

（1）掌握财务报告的概念、内容，资产负债表、利润表、现金流量表以及所有者权益变动表的概念及编制方法。

（2）理解财务会计报表的编报目的以及编报要求，财务报表之间的勾稽关系。

（3）了解附注的主要内容。

2. 课程思政

（1）培养学生编制财务报表的能力，培养学生解读财务报表的能力。

（2）树立学生财务报告具有社会属性和经济后果的责任意识；树立只有充分、如实披露信息才能降低信息不对称，优化社会资源配置的理念；树立学生高质量的信息才是有价值的信息思想。

（3）培养学生对虚假信息说“不”的能力和勇气。通过披露会计信息虚假事件的案例“‘绿大地’财务报告造假”，说明企业应诚实履行信息披露义务，教育学生要自觉维护国家利益、社会利益、集体利益，提供的财务报表要真实准确，体现客观公正的原则。

## 三、结语

本文按照《关于加快构建高校思想政治工作体系的意见》（教思政〔2020〕1号）和《高等学校课程思政建设指导纲要》（教高〔2020〕3号）的精神，结合中级财务会计的教育特点，围绕《中级财务会计》课程各章教学基本内容及教学大纲基本要求，提炼课程各章思政要点，从知识传授和课程思政两个维度着手，研究并开发《中级财务会计》课程思政优质专业课建设方案，以推动“课程思政”更好地融入新商科下会计学一流专业教育教学改革研究与实践中。

该方案致力于落实的“课程思政”思想可概括为以下三个方面：一是不忘初心，夯实核算基础，提升财务报告质量，增强职业责任感，培养学生遵纪守法、爱岗敬业、诚实守信、公道办事、开拓创新的职业品格和行为习惯；二是牢记使命，服务内部管理，提高决策质量，激发学生科技报国的家国情怀和使命担当；三是引导学生深入社会实践、关注现实问题，培育学生经世济民、诚信服务、德法兼修的职业素养，提高会计信息质量和企业管理水平，助力经济高质量发展。

## 参考文献

[1] 刘峰. 会计·信任·文明 [J]. 会计研究，2015 (11)：3-10，96.

[2] 谢志华. 论会计的经济效应 [J]. 会计研究，2014 (6)：8-16，96.

[3] 黄晓蓓，宁美军，王放. 中级财务会计 [M]. 北京：经济科学出版社，2021.

[4] 戴德明，林钢，赵西卜. 财务会计学（第13版·立体化数字教材版）[M]. 北京：中国人民大学出版社，2021.

[5] 朱小平，秦玉熙，袁蓉丽. 基础会计（原初级会计学）（第11版·立体化数字教材版）[M]. 北京：中国人民大学出版社，2021.

[6] 许文静，马春爱，杨棉之. 中级财务会计 [M]. 北京：高等教育出版社，2021.

# 《高级财务会计》课程思政优质专业课建设方案

李　宜

**摘　要**：本文首先简要分析了《高级财务会计》课程的特点，然后解析了这门课程思政教学的设计思路，包括将辩证唯物主义和历史唯物主义融入教学内容、在职业道德教育中培育社会主义核心价值观、不断丰富专业课程思政教学模式等，最后详细阐述了这门课程具体思政教学实施方法，如将这门课程思政隐含整个教学过程、通过案例教学完美融合课程思政与专业知识、打造课内课外一体、线上线下协同的育人途径等，力图将这门课程建设为思政优质专业课。

**关键词**：会计专业课；课程思政；建设方案

高校是培养德智体美劳全面发展的社会主义建设者和接班人的重要阵地，2019 年 3 月 27 日，习总书记在学校思想政治理论课教师座谈会上再次强调“要坚持显性教育和隐性教育相统一，挖掘其他课程和教学方式中蕴含的思想政治教育资源，实现全员全程全方位育人”。因此，高等教育与思想政治工作应紧密结合，专业课程学习与思政教育应同向并行。《高级财务会计》课程历经多年教学，目前相关教学大纲较完善，教学内容较稳定，比较而言思政教育却显得有些滞后。有鉴于此，如何实现专业教学与思政教育有机融合，是我们每一位专业课教师应该认真思考并解决的重要问题。

## 一、《高级财务会计》课程特点

中国作为世界第二大经济体和最大的新兴经济国家，已成为推动全球企业并购市场发展的重要动力之一，企业并购重组、所得税核算等特殊业务和特殊处理日益频繁。随着我国社会主义市场经济体制的逐步发展和完善，尤其是会计制度的不断完善，《高级财务会计》课程内容与会计实务的联系日益密切，其重要性与日俱增。自20世纪90年代以来，《高级财务会计》已成为会计学科一门主干专业课程，所涉及的内容已经成为我国注册会计师、高级财会人员必备的专业知识。

《高级财务会计》课程内容属于财务会计范畴，仍然遵循财务会计的基本理论和固有的方法，依旧是对企业的资本增值进行核算与反映。但《高级财务会计》课程研究的是企业特殊的财务会计问题，包括对外提供特殊的财务报表（如控股公司的合并财务报表、外币财务报表折算等）、特殊会计事项的处理方法（如外币交易会计、所得税会计等）以及特定业务的会计处理问题（如企业合并和重组等）。学习这门课程要求学生在掌握企业会计基本原理和方法的基础上，深入探讨会计学领域中一些专门问题的相关理论和会计处理方法。研究内容专题性强，理论理解难度较大，账务处理具有一定复杂性，加之高级财务会计缺乏配套财务教学软件，导致理论与实践不能有机结合。近年来，前沿知识变化快，会计准则时有更新，导致教学内容经常调整。这些特点共同导致了高级财务会计的教学难度和课程思政教学设计的特殊要求。

## 二、《高级财务会计》课程思政教学设计思路

《高级财务会计》课程专业性很强，而且对学生的会计基础，尤其中级财务会计内容的掌握有一定要求。如果教师仍然按照传统的理论灌输式教学模式，教学方法不够灵活和多样，那么就容易让学生因为学习难度较大，课堂氛围枯燥而逐渐失去学习的兴趣和动力。这门课程的教学方法应合理运用各类案例及现代化教学手段，实践证明这样才能取得较为理想的成效。

《高级财务会计》课程的思政教学也是如此，我们认为课程思政教学设计的基本思路主要包括以下三个方面：

### （一）将辩证唯物主义和历史唯物主义融入教学内容

课程思政不是要将会计专业课上成政治课，而是要进行恰当的课堂教学设计，适时、适地、适量地将思政内容融入专业课程目标、教学内容、教学实施中，灵活运用教学案例、教学资源，潜移默化地对学生进行价值观引领，“润物细无声”式达到预期的育人目的。在日常教学实践中，我们应努力挖掘会计专业课程思政的教育元素，尝试将马克思主义辩证唯物论和历史唯物论巧妙、自

然地融入《高级财务会计》课程教学中。例如，合并财务报表中母子公司财务报表的合并处理体现了“透过现象看本质”的辩证唯物主义认识论的观点，所得税会计反映了“要联系、发展、全面地看问题”的辩证唯物主义观点，或有事项中预计负债的确认也暗含“实事求是”的态度，与辩证唯物主义在本质上是一致的。

## （二）在职业道德教育中培育社会主义核心价值观

会计职业道德教育是专业课程思政教育的重要抓手，社会主义核心价值观为会计职业道德教育指引了正确的政治方向。我们在日常专业课程的教学中往往有意无意渗透了会计职业道德规范的教育，在教学过程中不仅向学生传授高级财务会计专业知识，使其掌握并运用知识进行账务处理，更能够“无声的”让学生感受什么是会计职业道德。从专业课程思政视角思考，我们可以升华会计职业道德教育的境界，深化会计职业道德教育的理念，这不仅是让学生养成良好的会计职业素养、具备会计职业道德，更能在课堂理论教学中，让学生形成健康的世界观、人生观、价值观、法治观和道德观。在专业知识学习、职业道德培育的同时培养学生正确的价值取向，使学生不仅知道怎么做、为什么这么做，还要意识到他是在为谁服务的问题，这将帮助学生在今后的学习工作中能更好地秉承爱岗敬业、客观公正、诚实守信等会计职业道德规范。

## （三）不断丰富专业课程思政教学模式

《高级财务会计》课程教学面对的已经是“00”后大学生，这些学生成长于社会信息技术高速发展的时代，学生的信息接收来源更加多元化，习惯于随时随地接受碎片化的信息，而且眼界开阔、思维活跃，热衷于表达自己的观点。如果我们课程思政教学依然依赖于传统以教师为中心的“静态”“单向”式知识传授方式，肯定无法满足“00”后学生的学习需求和专业教育发展的要求。因此，我们需要丰富专业课程思政教学模式，综合运用企业微信、大学慕课、云班课、微课等多种新技术手段，线下线上教学相结合、课内课外学习相结合，使专业课“动起来”“活起来”，采用课内线下面对面、课外线上点对点多种方式与学生互动交流沟通，满足不同层次学生的需求。最终让学生成为课程学习、思政教育的主人，从而打造出具有生命活力、能够实现思维碰撞的高级财务会计教学课堂。

# 三、《高级财务会计》课程思政的教学实施

按照《高级财务会计》课程思政的教学设计思路，我们课程思政教学具体采取了以下三点实施措施：一是在整个教学过程中结合具体会计事项、经济业务，适时融入课程思政内容；二是在专业知识传授中通过巧妙选用教学案例、教学资源，将思政点与知识点完美衔接；三是运用网络平台与现代化的教学手段打造课内课外一体、线上线下协同的思政育人途径等。

## （一）课程思政隐含整个教学过程

"'隐'在本质上不是不见，而是存而另显""在教育内容上不是强行插播，而是……隐寓地植入思想政治教育的精髓与灵魂"（巩茹敏、林铁松，2019）。如何巧妙地将辩证唯物主义和历史唯物主义融入专业教学内容，在课堂教学中"无声"渗透社会主义核心价值观是专业课程思政成功的关键所在。

首先，教学过程要转变观念，课程思政和专业知识不是"两张皮"，课程思政也是一种思维方式，我们在专业知识教学过程中有意识地对学生融入思想政治教育，在教学设计上就把对学生的思想政治培养作为课程教学的目标放在首位，并与专业内容相结合。例如，《或有事项》中教师讲到或有事项相关的权利、义务处理不对等，或有事项确认负债、资产条件的差异时，教师在课堂上不仅只是揭示会计谨慎性原则体现、会计职业道德规范里执业谨慎的反映，更要求学生运用辩证唯物主义"透过现象看本质"的观点，清楚或有事项确认负债、资产的经济后果，从而理解或有事项确认负债、资产条件差异的原因，明确"诚信"做账的意义。

其次，如《所得税》中教师讲到资产负债表债务法，不只是告诉学生这一方法是企业所得税会计处理方法历经应付税款法、递延法、利润表债务法等多种处理方法，最终历史演进的结果，它体现了权责发生制原则，即交易或事项在某一会计期间确认，与其相关的所得税影响也应在该期间内确认。还要进一步明确这也是辩证唯物主义"原因与结果"观点的反映，会计职业道德规范里"实事求是"要求的体现，从而帮助学生充分理解资产负债表债务法能成为所得税会计处理国际惯例主导方法的根本原因。

### （二）通过案例教学将课程思政与专业知识融合

案例教学可以将《高级财务会计》课程思政与专业知识完美融合。教师在案例素材选择上、教学互动活动安排中融入思政内容，将专业知识与思政教育合二为一的案例研讨分析贯穿于课堂的整个过程中。例如，在讲解《会计政策、会计估计变更和差错更正》这一章时，教师用上市公司四个实例向学生揭示专业知识在实务工作中的运用，并在专业知识的研讨中渗透课程思政的元素。如某药业前期差错更正的案例，教师会通过设计问答环节引导学生思考经济现象背后的专业理论知识。要求学生“根据 2019 年 4 月 29 日某药业会计差错更正公告，分析其近 300 亿元的货币资金不翼而飞的原因是什么？该前期会计差错被定性为财务造假，分析其造假的动机是什么？简要阐述应如何防范”。

通过带领学生深入分析这些违法、违规、失信等专业案例，不仅培养了学生发现问题的观察力和判断力，同时也提升了学生的探索精神和批判性思维能力，而且还培育了学生严守职业操守、恪守财经法律的意识，提升了专业素养及社会责任感，树立了“公正法治”的社会主义核心价值观。通过对特殊事项及特种业务会计处理方法及实际案例的分析，培养学生知识应用能力、理论联系实践能力和自学能力，提升解决问题的信心，进而培养学生“爱岗敬业”的精神。通过对国内上市公司案例及国内国际企业会计准则的比较分析，开阔学生的视野和认识，增强了民族经济的自信，从而能激发学生的“爱国”情怀。

将专业知识学习和思政教育有效结合，更能提升学生认知能力，认识到职业所承担的社会责任，确立符合职业道德规范的三观，树立正确的核心价值观，达到社会主义建设者和接班人的人才培养目标。

### （三）打造课内课外一体、线上线下协同的育人途径

随着信息时代网络技术的飞速发展，专业课程教学已经越来越广泛应用线上、线下立体化混合式教学模式。运用新技术、新平台可以使《高级财务会计》课程思政建设更加生动灵活，更具亲和力和说服力，更容易被今天的大学生所接受。在这门课程的教学中，教师采用丰富的线上教学手段，依托企业微信、云班课、中国大学慕课、校内多模式教学信息网等多种网络教学平台，打造出课内课外一体、线上线下协同的教学模式。2018～2019 第二学期 16 级、2019～2020 第二学期 17 级、2020～2021 第二学期 18 级《高级财务会计》共十七个班通过云班课平台发布课堂活动，主要包括签到、课堂抢答、课堂知识小

测、课堂学习情况问卷反馈等活动。通过企业微信发布课堂活动、与班级同学进行沟通交流，主要包括向学生发布预习思维导图、课件、作业测试、教辅资料等，规定学生课前、课中和课后的学习任务。

以课程第六章合并财务报表为例，教师在讲授合并财务报表编制原则及程序这一小节时，课前，借助企业微信、校内多模式教学信息网等线上教学平台先将这节相关知识点和学习目标以思维导图或图表等直观形象方式呈现给学生，学生在课余时间完成课前预习。课中，线下课内时间可以更好地将教学重点从知识灌输转为理解与运用，合并财务报表编制原则及程序小节的课堂重点在于知识点的掌握情况，而不是侧重于相关内容的介绍。课后，通过企业微信、云班课发送作业、测试习题与相关课件等资料，课后任务以作业、实验报告、章节小测为主，答疑可以通过企业微信群、校内企业微信进行。课外，借助中国大学慕课等线上教学平台整合课内教学资源，向学生发布知识点学习视频，加深学生对合并财务报表编制原则及程序的理解。这样做可以拓展教学的空间和时间，弥补因课时不足造成的教学效果不理想的问题，同时更能帮助学生理解专业理论知识及隐含的课程思政元素。这章节的具体教学实施如表1 所示。

**表 1　《高级财务会计》课内课外一体、线上线下协同的教学实施**

| 章 | | 课前 | 课中 | 课后 |
|---|---|---|---|---|
| 第六章合并财务报表 | 任课老师 | 准备合并财务报表的模板、分类图示，本节课学习目标及知识点“合并财务报表编制原则”“合并财务报表编制程序”企业微信发给学生预习 | 针对课前预习的知识点启发式教学，引导学生自述合并财务报表编制原则，绘制合并财务报表基本程序示意图，教师点评知识点掌握情况 | 课后面对面答疑、线上解惑 |
| | 学生 | 看图示、表格、了解学习目标及知识点，完成预习 | 带着问题听讲，积极参与课堂活动，完成各种互动 | 完成章节作业、实验报告 |

综上所述，通过将《高级财务会计》课程思政元素贯穿整个教学过程，借助实际案例融合课程思政与专业知识、打造课内课外一体、线上线下协同的教学模式等，我们力图将这门课程建设为思政优质专业课。

# 参考文献

[1] 巩茹敏，林铁松．课程思政：隐性思想政治教育的新形态［J］．教学与研究，2019（6）：45-51.

[2] 孙卓．基于社会主义核心价值观的中级财务会计课程思政教学实践研究［J］．商业会计，2020（11）：110-112.

[3] 邵俊波．SPOC 模式在“高级财务会计”教学中的应用［J］．财会月刊，2017（15）：88-90.

[4] 仓萍萍，王奇杰．高级财务会计教学方法改革与创新［J］．财会通讯，2014（22）：43-44.

[5] 侯昊林，刘洋洋，上官立波．高级财务会计立体化混合教学模式改革研究［J］．科技经济导刊，2020，28（33）：142-143.

# 《成本会计》课程思政优质专业课建设方案

王　放

**摘　要**：当前我国成本会计课程体系是基于20世纪20年代已经形成的工业企业成本核算体系设立的，存在与现阶段优化中的产业布局相脱节的问题。此外，成本会计课程体系的绝大部分内容均涉及繁复的计算过程，且前后紧密衔接、环环相扣，不易引起学生的兴趣和关注。本文拟基于教育目标分类理论对《成本会计》课程思政教学目标进行细化，深入挖掘《成本会计》课程思政融入点，并以作业成本法为例，探讨课程思政的实施过程，为实现专业知识和思政理论的深度融合、建设会计学一流专业课程提供思路和方案。

**关键词**：成本会计；课程思政；教学改革；专业课建设

## 一、引言

在党的十九大报告中，习近平总书记明确指出，“要全面贯彻党的教育方针，落实‘立德树人’根本任务”，进一步明确和发展了“立德树人”的目标、任务与使命，强调“要以培养担当民族复兴大任的时代新人为着眼点”，要“加强马克思主义理论教育”“广泛开展理想信念教育，深化中国特色社会主义和中国梦宣传教育，弘扬民族精神和时代精神”“培育和践行社会主义核心价值观”，引导青年“有理想、有本领、有担当”，更好地“构筑中国精神、中国价值和中国力量”。可见，理想信念教育已经成为高等教育的“灵魂”和首要任务，是“立德树人”的关键环节。

2020年5月28日，教育部印发了《高等学校课程思政建设指导纲要》，其中明确指出：“培养什么人、怎样培养人、为谁培养人是教育的根本问题，‘立德树人’成效是检验高校一切工作的根本标准。落实‘立德树人’根本任务，必须将价值塑造、知识传授和能力培养三者融为一体、不可割裂。全面推进课程思政建设，就是要寓价值观引导于知识传授和能力培养之中，帮助学生塑造正确的世界观、人生观、价值观，这是人才培养的应有之义，更是必备内容。”对于管理学类专业课程，“要在课程教学中坚持以马克思主义为指导，加快构建中国特色哲学社会科学学科体系、学术体系、话语体系。要帮助学生了解相关专业和行业领域的国家战略、法律法规和相关政策，引导学生深入社会实践、关注现实问题，培育学生经世济民、诚信服务、德法兼修的职业素养。”这为管理类课程思政建设指明了方向。

《教育法》第五条和第六条分别指出：“教育必须为社会主义现代化建设服务、为人民服务，必须与生产劳动和社会实践相结合，培养德、智、体、美等方面全面发展的社会主义建设者和接班人”；“教育应当坚持‘立德树人’，对受教育者加强社会主义核心价值观教育，增强受教育者的社会责任感、创新精神和实践能力。国家在受教育者中进行爱国主义、集体主义、中国特色社会主义的教育，进行理想、道德、纪律、法治、国防和民族团结的教育”。可见，《教育法》也为我国高等教育的发展以及课程思政建设提供了根本遵循。

《成本会计》课程开设的目的，是使学生在学习《基础会计》《中级财务会计》等课程的基础上，掌握企业成本核算与成本管理的理论和方法，为学习会计学专业后续课程（如管理会计）和从事实际业务工作奠定基础。当前我国成本会计课程体系是围绕传统的工业企业成本核算设立的，该体系建立于 20 世纪 20 年代，有关内容已经非常成熟完备，但也存在与现阶段优化中的产业布局相脱节的问题。此外，成本会计课程体系的绝大部分内容均涉及繁复的计算过程，且前后紧密衔接、环环相扣，不易引起学生的兴趣和关注。本文拟基于教育目标分类理论对《成本会计》课程思政教学目标进行细化，并深入挖掘《成本会计》课程思政融入点，最后以作业成本法为例，探讨课程思政的实施过程，为实现专业知识和思政理论的深度融合、建设会计学一流专业课程提供思路和方案。

## 二、《成本会计》课程思政建设的教学目标

教学设计的首要环节是确定教育目标。首先，本文参照布卢姆的教育目标分类理论，对《成本会计》课程的教学目标细分为认知领域、情感领域和动作领域目标；其次，具体阐释各目标中专业知识和思政理论的具体内容。

### （一）认知领域目标

《成本会计》课程认知领域目标包括理解企业成本核算的要求一般程序，掌握企业要素费用的核算、辅助生产费用的核算、制造费用的核算、生产损失的核算、生产费用在完工产品与在产品之间分配的核算，掌握品种法、分批法、分步法、分类法、标准成本法、定额法的适用范围、特点和计算程序。思政理论教育要求培养学生了解国情，因此成本会计课程思政建设在认知领域应构建“国家宏中微观政策+社会热点研讨+专业知识”的模式，在“以专业知识为纲”的基础上，基于政策导向和公众关注热点组织教学内容，从而使学生能够关注经济现实，评价和认知我国国情[1]。

### （二）情感领域目标

《成本会计》课程情感领域目标包括树立正确的世界观、人生观和价值观，恪守职业道德和职业底线，严格遵循会计准则对成本会计核算的要求，对是否属于成本费用范畴、成本和费用的划分、成本费用在不同期间的区分进行严格界定，能够在不同的生产特点和管理要求下对产品成本计算方法进行正确选择和应用。思政理论教育要求培养学生的家国情怀、社会责任、人文精神、法治意识和仁爱之心，因此成本会计课程思政建设在情感领域应构建“情感注入+辩证分析+专业知识”的模式，激发学生在学习过程中产生爱国报国、坚持原则、甘于奉献、勇于创新等“正能量”。

### （三）动作领域目标

《成本会计》课程动作领域目标包括掌握各种费用的横向和纵向分配方法，具有应对新的外部环境和组织形式进行成本核算和管理的能力，能够在新的企业组织形式中设计和实施成本计算程序，具备实现价值创造的创新能力。思政理论教育要求培养学生的实践能力、创新能力，引导学生树立为国家、社会奉献青春和创造力的宏伟理想。

## 三、《成本会计》课程思政融入点分析

课程思政改革的重点和难点是，通过历史典故、国家大事、社会热点、经济现实深挖课程中蕴含的思政元素，并将其与专业知识点有机融合在一起，形

成“思政融入点”，在润物无声中达到“立德树人”的教育目标[2]。为了使课程思政教育理念落地，本文重新进行了《成本会计》课程思政教学设计，基于传统的成本会计四大教学模块，梳理了课程思政融入点，并将其对标至认知领域、情感领域和动作领域的教学目标，如表1所示。

**表1 《成本会计》课程思政融入点与教学目标**

| 教学模块 | 专业知识点 | 思政融入点 | 示例 | 思政教学目标 |
|---|---|---|---|---|
| 成本会计基本理论 | 成本的内涵和作用 | (1) 马克思主义政治经济学中理论成本内涵；<br>(2) 收入能否补偿成本取决于商品的价值 | 国剧中的“小成本”（《驴得水》）与“大制作”（《爵迹》） | (1) 认知领域：成本与价值的政治经济学内涵；<br>(2) 情感领域：文化产品需要承载何种人文精神 |
| | 成本会计的演进发展和学科定位 | 由实践需求推动理论发展的学科演进历程 | (1) 为什么工业革命后形成了真正意义上的成本会计？<br>(2) 科学管理与标准成本法 | 认知领域：会计方法“因时”产生的必然性 |
| | 成本会计的职能和任务 | 成本会计的任务 | (1) 通用汽车、通用电气的国际竞争优势来源于成本会计；<br>(2) 环境成本核算的意义和思路 | 认知领域：成本会计对于提高企业竞争力、促进企业可持续发展的意义 |
| | 成本会计的对象 | 成本会计的核算范围 | 费用和成本舞弊占上市公司财务舞弊的37.16%[3] | (1) 认知领域：成本会计核算是舞弊“爆雷区”；<br>(2) 情感领域：法治意识、红线意识 |
| | 成本会计工作的组织 | 成本会计人员的职业道德 | 某公司成本会计伪造产品收发记录、隐瞒费用支出以配合财务总监虚增利润 | 情感领域：职业道德、法治意识 |

续表

| 教学模块 | 专业知识点 | 思政融入点 | 示例 | 思政教学目标 |
|---|---|---|---|---|
| 工业企业成本核算 | 工业企业成本核算要求 | 正确划分各种费用界限 | 人为调整当期应结转的营业成本占成本舞弊的88.89%[3] | (1) 认知领域：成本会计核算是舞弊“爆雷区”；<br>(2) 情感领域：法治意识、红线意识； |
| | 费用的分类 | 成本项目和费用项目 | (1) 社会热点讨论：网约车平台的成本费用；<br>(2) 高校学生的教育成本 | (1) 认知领域：成本会计在“身边”；<br>(2) 动作领域：深入周边企业、单位调研 |
| | 费用的横向分配和纵向分配 | 单独核算废品损失的会计处理 | 讨论：废品处置是否存在环境污染（外部性），如何改进 | (1) 认知领域：建设资源节约型社会需要成本会计作出哪些努力；<br>(2) 情感领域：勤俭节约、环境保护 |
| | 成本计算的基本方法 | 分批法 | 淘宝服装店的制衣单 | (1) 认知领域：成本会计在“身边”；<br>(2) 动作领域：深入周边企业、单位调研 |
| | 成本计算的辅助方法 | 定额法、标准成本法 | 《觉醒年代》置景预算超标 | (1) 认知领域：成本会计在“身边”；<br>(2) 情感领域：文化产品创作的“精益求精” |
| 其他行业成本核算 | 事业单位 | 事业单位成本核算 | 事业单位成本核算的意义和现状 | 认知领域：关注政策、关注现实 |
| | 非营利组织 | 非营利组织成本核算 | 非营利组织的现状和价值（以暑期托管班为例） | (1) 认知领域：关注政策、关注现实；<br>(2) 情感领域：公益意识、社会责任 |

续表

| 教学模块 | 专业知识点 | 思政融入点 | 示例 | 思政教学目标 |
| --- | --- | --- | --- | --- |
| 成本会计前沿 | 作业成本法 | (1)“全成本”核算理念；<br>(2)作业成本法的设计和实施要点 | (1)中美贸易摩擦升级，我国制造业企业需要从成本核算的角度积极应对；<br>(2)鼓励学生开展调查研究，切实提高学生解决实际问题的能力 | (1)情感领域：爱国、诚信、敬业；<br>(2)动作领域：深入周边企业、单位调研 |
| | 环境成本 | 环境成本核算 | 火电企业环境成本核算[4] | (1)认知领域：建设环境友好型社会需要成本会计作出哪些努力；<br>(2)情感领域：环境保护、社会责任 |

# 四、《成本会计》课程思政的实施——以作业成本法为例

## (一) 教学目标

1. 认知领域目标

根据学生的认知规律，通过讲解、案例讨论等方式帮助学生熟练掌握作业成本的概念、成本动因（包括资源动因和作业动因）的概念、成本按性态不同进行的分类、作业的种类与作业划分、作业成本法的基本原理（资源→作业→成本计算对象）和作业成本法下成本核算的具体计算过程。

培养学生掌握作业成本法的基本思路，并将该方法的应用背景由传统制造业向不同行业进行拓展，帮助学生构建使用“作业”和“作业成本”的概念，细化间接计入费用（制造费用）分配的理念，切实提升学生在不同内外部环境中对成本范围的界定和核算能力，以及对间接计入费用精细化处理的能力，从而提高成本信息服务企业决策的有用性水平。

2. 情感领域目标

培养学生树立社会主义核心价值观：

（1）爱国。介绍美国如何通过对中国强加反倾销成本调查挑起贸易战争端，并提出初步应对思路，激发学生的爱国主义情怀和学习热情。

（2）诚信。从我国企业自身的角度出发分析反倾销案件败诉原因，败诉很大程度上在于不能提供真实可信的成本利润资料，引导学生增强会计诚信意识。

（3）敬业。介绍作业成本法在轮胎制造业企业具体应用过程时，强调会计人员应在深入了解生产经营的实际情况后进行流程分析和成本核算体系设计，更新知识储备，刻苦钻研业务。

（4）友善。介绍“成本动因”概念时以合租条件下的水电费分摊问题举例说明，引导学生处理生活问题时秉承“互助友爱”的价值观。

3. 动作技能领域目标

培养学生树立马克思主义实践观。理论联系实际、在实践中检验真理和发展真理，在总结与作业部分，鼓励学生深入实践，脚踏实地、实事求是开展调查研究，基于调查结果为调查对象设计作业成本核算体系，切实提高学生解决实际问题的能力。

## （二）教学内容和难点

1. 教学内容

按照课程大纲的要求，本节的主要教学内容分为四个部分：

（1）作业成本法的产生背景。作业成本法的基本思想是由美国会计学家科勒提出的，对它的全面研究始于20世纪80年代，在实际中的应用则始于20世纪80年代末，通过介绍库珀和卡普兰撰写的相关经典文献，阐述作业成本法的理论基础。

（2）作业成本法的基本含义。介绍作业、作业链、价值链、资源动因、作业动因等概念。

（3）作业成本法核算的程序。①对企业生产经营过程进行详细的作业及其资源耗费分析，确认作业、主要作业和作业中心，以及成本动因，并在此基础上建立作业成本库；②将各类资源价值耗费按资源动因分配到各作业成本库；③将各作业成本库归集的成本按作业动因分配计入最终产品或劳务；④计算各种产品成本。

（4）作业成本法的优缺点和应用时应注意的问题。

2. 教学难点

（1）如何让学生理解全成本核算的概念？结合美国强加的反倾销成本调

查，说明过分强调产品成本和期间费用的界限虽然满足了企业会计准则的要求，但难以提供对决策更加有用的成本信息，因而本部分需要对“全成本”的概念重新界定，帮助学生树立全成本核算理念。

（2）资源动因和作业动因有何区别、如何区分？①说明资源动因和作业动因的含义；②以理发店提供的理发、染发服务为例进行说明。

（3）如何恰当确定作业库？通过行动学习方法突出学生在教学中的主体性，鼓励学生深入实践，脚踏实地、实事求是地开展调查研究，梳理企业生产流程和作业链，识别资源动因、作业动因，来合理确定作业库，切实提高学生解决实际问题的能力。

### （三）教学手段和方法

1. 知识讲解

针对学生群体比较活跃的特点，改变单纯的灌输式教学，更多地采用启发式和互动式教学，具体来说：①运用多媒体演示和板书相结合的方式展开教学，通过制作表格和图片的方式让学生的兴趣始终集中在课堂上；②通过启发式提问、小组讨论等互动方式，帮助学生复习已经学过的知识，并产生对新知识点的兴趣，鼓励学生自己课下思考和总结，通过课后阅读材料、找相关案例，复习和体会课堂上讲授过的内容。

2. 案例研讨

为增强学生的学习积极性和培养学生理论联系实践的思维模式，课堂上对实际案例的启发式教学贯穿始终，这些案例来自于工作、生活实践，存在社会关注热度，也容易引起学生共鸣和兴趣。

3. 行动学习

行动学习不是普通的课堂讨论，而是指“一个团队就真实组织面临的挑战、机遇进行研究并同时采取行动又从中学习的过程”，通过行动学习的方法来突出学生在教学中的主体性，而老师只是充当“催化师”的作用。具体来说，在讲解完作业成本法下的成本核算流程后，引导学生深入实地调研身边的企业，考察企业提供的产品（或服务）有哪些、相应的直接成本和间接成本分别有哪些、间接成本与其成本对象之间的逻辑关系是否明确等问题，在此基础上对企业实施作业成本法核算的条件进行研判，并应用作业成本法进行成本核算。行动学习教学方法既锻炼了学生独立处理具体业务问题的能力，也提高了学生的团队合作和沟通交流的能力。

## (四) 教学过程

本部分课程的教学设计内容主要分为以下五部分(见表2):

第一，复习总结间接费用的分配方法，引导学生意识到单一分配基础可能存在的问题，并在当前美国贸易保护主义抬头的背景下，介绍美国反倾销成本调查的关注点，提出实施作业成本法进行全成本核算应对调查的初步思路，促使学生充分认识到成本会计在经济全球化、会计国际化背景下对社会主义市场经济建设的重要作用。

第二，讲授作业成本法的基本理论和核心概念，以合租条件下的水电费分摊问题进行生活化的举例说明，引导学生处理生活问题时秉承“互助友爱”的价值观。

第三，以被贸易战严重波及的轮胎制造业企业为例，详细梳理企业业务流程，说明作业成本法核算体系如何设计和应用，强调会计人员应在深入了解生产经营的实际情况后进行流程分析和成本核算体系设计，更新知识储备，刻苦钻研业务。

第四，知识拓展，引导学生思考作业成本法在特定行业实施的设计要点。

第五，总结本节课内容，并布置案例作业，鼓励学生深入实践，脚踏实地、实事求是地开展调查研究，切实提高学生解决实际问题的能力。

**表2 作业成本法教学过程实施流程**

| 教学目的 | 教学内容 | 教学形式和手段 | 思政融入点 |
| --- | --- | --- | --- |
| (一)明确本次课程主题 | 课程导入:<br>为什么需要实施作业成本法?<br>(1)内因:改善单一分配基础导致的成本分配的扭曲现象，从而提高成本信息的决策有用性;<br>(2)外因:应用全成本核算体系，应对美国强加的反倾销成本调查 | (1)复习制造费用分配常用的单一分配基础;<br>(2)板书举例(理发店);<br>(3)说明美国反倾销调查机构对成本调查的要求，分析应对的必要性和初步思路 | (1)WTO“公平竞争”基本原则;<br>(2)完善产权制度和要素市场化配置，全面实施市场准入负面清单制度;<br>(3)激发学生的进取心和爱国主义情怀 |

续表

| 教学目的 | 教学内容 | 教学形式和手段 | 思政融入点 |
|---|---|---|---|
| （二）理解作业成本法的概念 | 什么是作业成本法？<br>（1）作业成本法是把企业消耗的资源按资源动因分配到作业，并把作业收集的成本按作业动因分配到成本对象的成本核算与管理方法；<br>（2）作业成本的实质就是在资源耗费和产品耗费之间借助作业来分离、归纳、组合 | 举例讲解 | |
| （三）掌握作业成本法的实施程序和相关核心概念 | 作业成本法的实施程序和核心概念：<br>（1）视频微课：作业成本法；<br>（2）核心概念讲解：成本动因；<br>（3）合租条件下的水电费分摊问题 | 通过视频演示让学生直观地了解作业成本法的实施程序和相关核心概念 | 生活化举例说明合租条件下的水电费分摊时，引导学生处理生活问题时秉承“诚信友善”的价值观 |
| （四）掌握作业成本法下的成本核算过程 | 作业成本法下的成本核算：应用举例<br>（1）被贸易战严重波及的轮胎制造业业务流程；<br>（2）资源耗费→作业成本库：人工费（专属费用）、办公费（人数比例）、动力费（功率和时间）、检验费（专属费用）、折旧费（设备原价比例）、机物料消耗（设备原价比例）、运输费（运输距离）、维修费（维修工时）；<br>（3）作业成本库→产品：生产准备（人工工时）、加工和成型（机器小时）、检验（检验次数）、轮胎测试（次数）、运输入库（运输距离）、机器运转及维护（机器工时） | 举例讲解+板书（对比合租水电费分摊） | （1）通过说明当前轮胎制造企业面对反倾销“不敢应诉”源于“经不起查”的尴尬处境，引导学生增强会计诚信意识；<br>（2）引导学生在深入剖析企业生产业务流程的基础上开展成本核算工作，“算管结合，算为管用”，真正做到管理工作服务现实需求 |
| 小结 | （1）作业成本法的基本原理；<br>（2）作业成本法的核心概念 | 提炼关键词，鼓励学生一边回忆一边用自己的话表达，梳理相关知识 | |

| 教学目的 | 教学内容 | 教学形式和手段 | 思政融入点 |
| --- | --- | --- | --- |
| （五）理解梳理作业流程和确定恰当作业动因对作业成本法的重要意义 | 以理发店为例说明作业成本法的实施难点：<br>（1）梳理作业流程；<br>（2）确定资源耗费和资源动因；<br>（3）确定作业成本库和作业动因 | 引导式讲解，以日常生活中的例子引发学生发散思考 | |
| 总结与作业 | 小结：<br>强调恰当地确定作业成本库和作业动因对作业成本法实施的重要意义；<br>作业：<br>深入实地调研身边的企业，考虑并回答如下问题：<br>（1）该企业提供的产品（或服务）有哪些，相应的直接成本和间接成本分别有哪些，间接成本与其成本对象之间的逻辑关系是否明确；<br>（2）确定该企业的作业和执行每项作业耗用的资源成本，并依据资源成本动因分配资源成本至各项作业；<br>（3）将作业成本分配到成本对象，根据上述作业成本计算过程和其他你认为相关的信息（如同行业价格水平等），对你所了解的该企业产品（或服务）定价进行修正，指出修正后的价格可能会给企业带来何种影响 | 引发学生的好奇心和联想，鼓励学生积极参与实践调研 | 鼓励学生基于兴趣开展调查研究，切实提高解决实际问题的能力 |

# 五、结语

在成本会计课程思政建设过程中，要结合传统的工业企业成本核算教学内容的特点，将历史典故、国家大事、政策导向、社会热点、经济现实等融入专业知识教学中，真正拉近课堂与学生生活的距离，开阔学生的视野，提高课堂的活跃度，使学生了解中国的过去和现在，激发学生在学习过程中产生爱国报国、坚持原则、甘于奉献、勇于创新等“正能量”，让“正能量”进一步激发学生对知识技能的渴求，为建设社会主义现代化强国贡献力量。本文提出了《成本会计》课程思政的融入点，并以作业成本法教学单元为例，对课程思政实施方案进行了探索，旨在为构建有高度、有深度、有温度的“金课”提供初步思路。

当然，在实现《成本会计》课程思政整体体系建设过程中，除了思政融入点和具体的教学实施方案之外，还需要关注以下两个问题：一是课程思政课堂穿插了辩论讨论、案例分析等教学形式，为了在有限的课堂时间内完成必要的教学任务，需要学生在课上和课下给予充分的参与度，因而必须辅以“翻转课堂”的教学方法[5]，这就需要充分激发学生的兴趣，使其真正愿意投入足够的时间和精力在课程上；二是实施课程思政必须重新设计考核体系，从而对思政教育的成果进行考评和反馈纠偏，促使思政教育能够可持续运行。

## 参考文献

［1］宋淑琴，刘凌冰．财务管理课程思政建设研究——基于布鲁姆教学理论［J］．商业会计，2021（9）：109-112.

［2］苏海雁，杨世勇，边和平．会计学课程思政：启示、设计、思考［J］．商业会计，2020（18）：114-116.

［3］黄世忠，叶钦华，徐珊，叶凡．2010~2019 年中国上市公司财务舞弊分析［J］．财会月刊，2020（14）：153-160.

［4］张冬英．资源流视角下企业环境成本扩展问题探析［J］．财会通讯，2021（8）：169-172.

［5］陈晓芳，李琴．会计学原理课程教学设计与评价研究——基于“MOOC+SPOC+翻转课堂”［J］．财会月刊，2019（20）：74-81.

# 《管理会计》课程思政的实现方法探讨

洪　峰

**摘　要**：培养符合社会发展需求的管理会计人才是当代高等教育的新任务之一。本文在分析管理会计课程性质与课程思政现状的基础上，提出以职业道德教育、法律法规教育、职业技能教育作为管理会计课程思政的切入点，并从教学理念、教学内容、教学方法等方面，分析管理会计课程思政的落地方法。

**关键词**：管理会计；课程思政；教学设计

## 一、引言

习近平总书记在2016年12月的全国高校思想政治工作会议上强调："要用好课堂教学这个主渠道，思想政治理论课要坚持在改进中加强，提升思想政治教育亲和力和针对性，满足学生成长发展需求和期待，其他各门课都要守好一段渠、种好责任田，使各类课程与思想政治理论课同向同行，形成协同效应。"这一讲话首次提出了课程思政。课程思政有别于思政课程，它不是一门或一类特定的课程，更多地表现为教学理念和思考方式，不仅具有思想政治理论课的德育功能，还兼具塑造学生三观的功能。管理会计作为会计学专业的核心课程之一，具有社会性、应用性的特点，在应用型高校中特性尤其明显，具有开展课程思政的天然优势。然而，由于教师重视不足、案例资料缺乏、课程思政建设研究滞后等原因，管理会计课程思政教育实践落后于需求。本文根据管理会计课程思政的开展现状，找到管理会计课程思政的切入点，从教学理念、方法等方面提出如何实现管理会计课程思政的落地方法。

## 二、管理会计课程思政的现状

### （一）管理会计的课程性质

管理会计课程作为会计学专业的核心课程，是一门多学科相互渗透的综合性学科。它广泛吸收了管理经济学、工程经济学、系统论、信息论、控制论和会计学等各方面的研究成果，形成了相对独立的理论与方法体系。从课程性质上来看，相对于主要向外部利益相关者提供财务报告、必须遵循公认会计原则的财务会计而言，管理会计服务对象偏重企业内部管理层，分析方法和工具的技术性较强，不必遵循公认的会计原则。

### （二）管理会计课程思政的建设现状

首先，任课教师重视不足。管理会计一般开设在大二下学期或大三上学期，此时学生已完成了大学的思政课程，也学习过基础会计、财务会计等课程，具备一定的思政教育基础、会计知识基础以及职业素养教育。所以，任课教师在教授管理会计课程时，往往会把绝大部分时间都用于讲授专业知识与技能的内容上，而忽视了对管理会计师的职业道德、会计人员素质要求等内容的教育。

其次，案例素材不足。由于管理会计主要服务于内部管理者，管理会计信息不对外公开，长期以来被曝光的贪污舞弊、资本市场中的财务造假等行为主要与财务会计有关。因此，相对于基础会计和财务会计等专业课程，管理会计课程教学中缺乏适当的案例素材，导致任课教师忽视了诚信守规和职业操守教育。

最后，课程思政建设研究滞后。查阅文献不难发现，会计课程思政的研究成果中，有关基础会计、财务会计课程的浩如烟海，而管理会计课程思政研究成果则几近空白，这在一定程度上反映管理会计课程思政建设严重滞后于需求的现状。

## 三、管理会计课程思政的切入点

课程思政不是要求每门课程都进行系统化的思想政治教育，也不是简单地在专业课程中设置思想政治内容，而是老师要根据每门课的专业特点，寻找德育元素，将专业知识教育和思政教育结合起来，两者相互贯通、相辅相成。总的来说，管理会计课程思政的切入点包含以下三个层面：

### （一）职业道德教育

职业道德是管理会计师从业的基本准绳，管理会计课程思政的首要任务应当为将职业道德教育融入日常的专业教育中。《中国管理会计职业能力框架》中提出，管理会计师应遵循五方面的职业道德与行为规范：一是践行社会主义核心价值观，树立新发展理念。这强调了管理会计师的职业理念与信仰。二是爱岗敬业，坚守诚信原则，提供真实、准确的管理和会计信息，如实反映、报告单位财务状况与经营业绩。这强调了管理会计师的岗位职责与技能。三是维护单位的合法权益，保守工作秘密，积极促进所在单位承担必需的社会责任。这强调了管理会计师的职业操守与社会责任。四是在与道德规范冲突的情况下，不以牺牲道德规范为代价达到个人或单位的目的。这明确了管理会计师应如何处理集体利益与社会利益的关系。五是廉洁自律，不参与舞弊或行贿、受贿等。这强调了管理会计师的个人操守与具体准则约束。

### （二）法律法规教育

在管理会计教学中，应当使学生了解管理会计的应用环境。管理会计应用环境是企业应用管理会计的基础，包括内外部环境。内部环境主要包括与管理会计建设和实施相关的价值创造模式、组织架构、管理模式、资源保障、信息系统等因素。外部环境主要包括国内外经济、市场、法律、行业等因素。管理会计课程思政应当结合管理会计内外部应用环境，使学生了解管理会计师应当遵守的法律法规。在专业教育的过程中融入法制教育，将知法守法的观念在教学中潜移默化地植入学生的脑海。

### （三）职业技能教育

为推进管理会计工作，财政部先后印发了《管理会计基本指引》《管理会计应用指引》等一系列文件，这是管理会计职业技能教育的基本纲领。根据管理会计的职能和特点，管理会计职业能力分为专业能力和辅助能力两大类。专业能力包括财务会计能力和统筹管理能力，辅助能力包括开拓创新能力和协调领导能力。管理会计开展工作所依托的信息主要来自于财务会计，财务会计能力是管理会计的基础职业能力。统筹管理能力是管理会计的根本能力，是管理会计职业能力最重要的部分，根据管理会计工具方法应用的主要领域，具体分为战略管理能力、预算管理能力、成本管理能力、营运管理能力、绩效管理能力、投融资管理能力、风险防控能力七个方面。除此之外，考虑管理会计与财务会计相比是开放型的，其所涉及的领域也大大超出财务会计。因此做好管理会计工作，仅有专业技术能力是远远不够的，还要具有辅助能力。主要采取以下两方面措施：一是需要强调开拓创新能力，包括技术上善于依托信息技术手段、思维上勇于创新开拓；二是管理会计工作是面向全单位经营管理的各个环节，管理会计人员沟通、协调能力以及高级管理会计人员的领导能力，是成为管理会计能力不可或缺的组成部分。

## 四、管理会计课程思政的实现方法

### （一）梳理管理会计课程中的思政元素

在管理会计课程中进行思政教育，要梳理管理会计课程包含的思政元素，用“润物无声”的方式引导和启发学生。管理会计课程中的典型思政元素包括六个方面：

（1）管理会计概述章节涉及的思政元素有中国国有企业的产权改革、中国管理会计的发展历程、管理会计师的职业道德与行为规范。

（2）经营预测章节涉及的思政元素有中国古代传统文化，教师在授课时可以引用传统文化《论语·卫灵公》中“人无远虑，必有近忧”来讲解经营预测的重要性，引导学生凡事要有规划，不要盲目地做事。

（3）生产经营决策章节涉及的思政元素有中华民族传统美德、社会主义核心价值观等，教师在授课时可以讲述履行社会责任的企业为环境保护、抗击疫情、脱贫攻坚做出贡献的案例。

（4）长期投资决策章节涉及的思政元素为结合环境会计研究方向，适当补充环境可行性评估知识，使学生认识到投资项目的可行性评价是多维立体的，财务可行性只是其中的一个方面，投资项目还必须符合国家的产业和环保政策，从而树立可持续发展观、大局意识和社会责任感等。

（5）成本控制章节涉及的思政元素有当下国家“厉行节约、反对浪费”的倡议。

（6）业绩评价章节涉及的思政元素有国有企业对国有资本的经营、央企负责人考核等。

### （二）构建角色情境开展参与式教学

基于管理会计理论与实践高度融合的应用学科性质，在教学过程中，教师尝试采用角色扮演法，创设企业经营管理决策的职业情景，鼓励学生扮演不同角色，使学生在完成工作的过程中感受职业情境，体验工作过程，培养学生的职业技能。例如，在管理会计教学中的经营决策章节，假设大学毕业后开始创业。据成本测算，每件产品的成本合计为20元。开业之初，生意清淡，恰在此时，客户过来洽谈，且订单量在企业的生产能力范围内，该客户出价每件产品18元，小于产品的单位成本。那么，是否应该接受这个订单呢？首先，引导学生扮演生产企业中不同的角色——财务总监、营销总监、生产总监、总经理等，各部门负责人首先从自己岗位职责出发，给出是否接受订单的判断。其次，生产总监认为销售价格低于产品成本，多销售一件就亏损一件，不主张接受订单；营销总监认为销售价格低于市场价格，接受订单会扰乱市场秩序，导致同行对公司的价格竞争；财务总监从成本性态的角度出发，认为销售产品能够带来边际贡献，在开业之初，应该接受订单。最后，总经理进行拍板决策和总结分析，各职能部门负责人达成共识，得出一致结论。又如，以“海尔的SBU战略”为基础，可以要求学生分析三类责任中心在海尔的具体体现。在内部转移价格学习中，可以要求同学分别担任两个责任中心的负责人和外部市场中的买者与卖者，模拟企业内外的交易活动，使学生从当事人的角度领会内部转移价格的影响，充分发挥其主观能动性。通过构建角色情境，不仅使学生直观感悟了管理会计中各类成本的内涵及在短期经营决策中的应用，更使学生切身体会到，在企业经营管理中必须摈弃狭隘的部门或个人利益思维模式，应站在企业整体乃至社会责任角度去思考问题，才能做出对企业整体利益乃至外部利益相关者均有利的决策。

### （三）以ERP沙盘模拟为载体开展实验教学

实验教学是培养学生职业技能的重要手段。然而，当前管理会计实验课程设置远远不及其他专业核心课完善。例如，基础会计实验与基础会计学配套；综合会计实验与财务会计课程配套；财务软件模拟与会计信息系统课程配套。管理会计实践教学环节薄弱，课内实践教学课时少。我们认为，企业资源计划系统（ERP）沙盘模拟是一种开展管理会计实验教学的重要载体。

ERP 沙盘是由英美知名商学院和管理咨询机构开发出的模拟企业经营的工具，其背景设定为经营同一行业的生产型企业之间进行竞争，学生通过角色扮演，参与模拟企业经营，将企业经营决策的理论方法与实际模拟操作相结合。在 ERP 沙盘模拟中，需要学生自己挖掘实验过程中的各种问题，并通过搜集资料解决问题。在实施 ERP 沙盘模拟改进管理会计的教学中，师生角色要发生改变。教师需要从知识的传授者、教学的组织领导者转变成为学习过程中的咨询者、指导者和伙伴，充分赋予学生自主性。也就是说，教师应该避免主动提出明确的问题，而应该由学生自己发现问题。在实施之前，教师给学生做好市场规则与企业运营规则介绍，让他们了解企业面临的市场环境和企业运营规则。当具体实施时，由学生自由分配角色并模拟管理会计人员的预测、决策、全面预算与业绩评价职能。在这个过程中，学生之间对同一个问题必然会存在不同的认知和理解，从而激发出不同的问题与思考。ERP 沙盘模拟使学生身处仿真、复杂的经营状况中，让他们把所学习的知识与相关的真实任务情境联系在一起，自主发现问题、分析问题并解决问题，进而提升学生的管理会计职业技能培养效果。

### （四）依托线上渠道拓展课后教学

在 2020 年初“新冠肺炎”疫情暴发后，以线上为主的教学模式成为高校教学的替代性方案。在这之后，网络教学技术、软件、素材得到了极大的发展，教师与学生也逐渐熟悉与适应线上教学与学习方式。随着疫情逐步得到缓解，尽管高校教学已基本恢复线下模式，但仍然可以依托线上渠道拓展课后教学。对于管理会计课程而言，鉴于课堂教学时间有限，可充分利用网络资源拓展管理会计课程思政教学，尤其是案例研讨。例如，可以要求学生利用网络资源查阅数据，估算抗疫期间武汉每天的抗疫支出，区分其中的变动成本、固定成本和混合成本。学生在学习成本性态的原理之余，还能够更加认同社会主义制度的巨大优越性和生命的无价，这也是党的十九大报告提出的“以人民为中心”“生命至上”理念的生动实践。又如 2020 年初瑞幸公司财务造假事件曝光后，可以向学生提供关于瑞幸公司财务造假的产业链、内部控制缺陷、经济后果分析的学术论文，在提高学生对热点财经事件关注度的同时，要求学生对造假事件从管理会计角度提出自己的见解，帮助其树立正确的会计职业道德观念和行为规范。

## 五、结语

课程思政将思想政治工作贯穿教育教学全过程，有利于实现全程育人、全方位育人，开创我国高等教育事业发展新局面。管理会计是会计学的分支，是一门将现代企业管理与财务会计融为一体的综合性交叉学科。在管理会计课程教学中开展课程思政可以以职业道德教育、法律法规教育、职业技能教育作为切入点，基于对管理会计课程思政元素的梳理，借助角色参与式教学、ERP 沙盘模拟教学、线上线下教学结合等方法，实现管理会计课程思政的落地。

## 参考文献

［1］谭小芳，张伶俐．管理会计课程思政的理论与实践［J］．商业会计，2021（10）：122-124.

［2］李文新，王淑娟，杨霞．管理会计课程思政的现状、目标及实现路径［J］．当代会计，2021（3）：164-166.

［3］秦荣生．中国管理会计职业能力应具备政治站位能力、数据治理能力和业务能力［J］．中国总会计师，2018（9）：24-26.

［4］伍醒，顾建民．“课程思政”理念的历史逻辑、制度诉求与行动路向［J］．大学教育科学，2019（3）：54-60.

［5］岳世忠，张楠．会计学专业综合改革研究——思政教育视角［J］．财会研究，2019（10）：32-34.

# 《财务管理》课程思政的教学改革研究

吴伟容

**摘 要**：课程思政是高校思想政治工作落实“立德树人”目标的载体，在此背景下，以“财务管理”课程为研究对象，对大学生开展课程思政教学改革，围绕课程目标建立、思政元素挖掘、课程思政切入方式与教师队伍建设等方面进行分析研究，以期对财会专业课程实施“课程思政”提供参考借鉴。

**关键词**：课程思政；财务管理；思政元素

## 一、引言

2016 年 12 月 7 日，全国高校思想政治工作会议在北京召开，习近平总书记出席会议并发表重要讲话，强调指出要坚持把“立德树人”作为中心环节，把思想政治工作贯穿教育教学全过程，实现全程育人、全方位育人，努力开创我国高等教育事业发展新局面。2020 年 6 月，教育部发布《高等学校课程思政建设指导纲要》，明确指出：全面推进课程思政建设，就是要以价值观引导知识传授和能力培养，帮助学生塑造正确的世界观、人生观、价值观。

北方工业大学会计系在一流本科专业建设中十分重视课程思政教学的研究与实践，专业课、基础课教学过程中都在积极推动课程思政教育改革。笔者从事多年的财务管理教学工作，在教学中不断思考摸索适合当代大学生的思政教育方法，并努力付诸实践。

## 二、财务管理课程思政的必要性

“财务管理”课程是经管类专业的专业基础课程，对于财会类相关专业至关重要，在现代企业管理体系中，财务管理也扮演着“基石”的角色，在企业管理中发挥着举足轻重的作用。在当前社会经济形势下，财务管理的课程思政教育十分必要。

### （一）市场对财务管理人才的需求

自党的十九大以来，我国经济发展进入崭新时代，以计算机和网络技术为核心的现代技术催生了对新时代财务管理人才的新需求，财务管理专业人才培养模式改革已成大势所趋。高素质的财务管理人员是社会经济发展的支撑，因此在新时期经济发展的新阶段下，我国财务管理人员的综合素质亟待提升。

财务管理人员不仅需要扎实的理论和实务基础，同时也需要具有高尚的职业道德水平，以积极、诚信和客观公正的职业态度对待财务交易和事项。因此，高校要将思政教育融入财务管理专业课程，把专业知识和社会主义核心价值观紧密结合，聚焦于学生的思想道德素质和职业素养，培养学生的创造力和实践能力，帮助学生树立正确的世界观、人生观、价值观，引导学生将自我价值的实现融入国家的发展和社会的进步中。[1]

当前北方工业大学会计系人才培养目标是培养应用型财务工作者，重视提升学生应用技能与实际问题的解决能力。为实现这一目标，应着力推进内部课程体系改革、促进专业技能与职业素养有机融合的新型本科人才培养。因此，目前亟须在传授专业知识技能的基础上加强大学生思想政治教育，为新时代经济发展新阶段培养德才兼备的应用型财务管理人才。

### （二）财务管理专业三全育人的需要

近年来，市场上出现的企业财务信息泄露、违规做假账等一系列不良现象是财会专业思政教育缺失的体现，不仅有损企业声誉，侵害相关方利益，而且不利于我国社会经济的稳定与健康发展。课程思政教育有利于提高财会专业学生的诚信道德水平，树立爱岗敬业的良好心态，增强责任意识与职业素养。他们的思想道德、精神文明素质和职业素养将关系到企业的稳定平衡和国家经济健康发展。因此，在财务管理课程教学过程中，融入道德素质、法律法规以及社会责任等方面的思政教育，对培养学生的会计职业道德、法治观念、大局意识以及职业素养等具有非常重要的价值和意义。[2]

当前，绝大部分高校专业课程都以传授知识技能为主，对“立德树人”的教育观念认识不到位，在培育学生社会主义核心价值观中的作用得不到有效发挥。财务管理课程建设中将思政教育有机融入其中，既能有效发挥思政教育与专业理论课程的协同效应，又能提升教学质量。通过财务管理专业课程思政教育的融合以及核心价值观的引领，既能丰富财务管理专业的课程教学体系，又能提升专业课程的科学性，是强化高等教育三全育人的重要环节。

## 三、财务管理课程思政的实施策略

课程思政的教学改革任重而道远，为保障课程思政教育的效果，财务管理课程思政的实施应从以下五个方面进行：

### （一）课程目标的建立

课程目标的建立是确定教学内容、教学方法，实现教育目的的基础。财务管理课程思政建设的目标是以"立德树人"为核心，将社会主义核心价值观塑造、专业知识传授和综合能力培养三者融为一体。加强诚实守信等职业道德教育，在培养学生专业能力的同时，更加注重培养学生的高尚品格，使其具备良好的沟通协调能力、团队合作意识和承受挫折能力，树立终生学习的理念。塑造正确的世界观、价值观、人生观，培养富有科学精神、家国情怀、财务素养、奉献社会、热爱祖国的全面发展的财务管理专业人才。

通过财务管理课程的学习以及课程思政教育，学生能够掌握财务管理基本理论与方法，做到懂业务、善财务、会管理，形成一定的财务素养，具备诚实守信、客观公正、保守秘密等良好职业精神和职业品格，具有创新思维、创新方法和创新能力，具有法治观念，具有正确的世界观、人生观和价值观，可胜任中小企业财务管理、资产管理等岗位工作，成为德才兼备的复合型财务人才。在财务管理课程思政的教学改革过程中，我们必须在此目标的指引下开展工作。

### （二）思政元素的挖掘

思想政治教育有效性的关键在于教师能否从专业课程中有效地发掘思想政治教育元素。这是有效开展课程思政的前提和保证，也是能否顺利开展财务管理专业课程思政的必备条件。

常见课程思政的元素有家国情怀、社会责任、道德规范、法治意识、科学精神等，由于财务工作的特殊性，在财务管理课程思政教学中还要培养学生的会计职业道德意识，即爱岗敬业、诚实守信、廉洁自律、客观公正等。教师要带着强烈的责任感和事业心去收集、整理和储备课程思政的元素和素材以及鲜活案例。[3]例如，通过校园贷举例说明复利计息方式下的年金现值、终值的计算，引导大学生理性消费。在企业债券筹资讲解中，关于企业信用评级的内容就能结合企业社会责任、法治思维、诚信经营等思政元素。通过经营杠杆、财务杠杆和联合杠杆的讲述，引导学生深刻理解风险和收益的关系，理解导致风险的因素，树立风险意识。通过模拟公司的筹资、投资、运营管理，引导学生树立创新创业思想，培养团队积极合作的集体意识，鼓励学生不断超越，逐步具备敢于冒险、不断创新、合作共赢的企业家精神，鼓励学生协作完成课堂任务，增强课堂参与度，最终达到强化就业技能，增强职业道德意识的目标。在对利润分配内容讲解过程中，要学生明确企业在创造利润、对股东和员工承担法律义务的同时，还要承担对消费者和社会的责任。企业若想实现可持续发展，必须强调对投资者、消费者以及对社会的贡献。

### （三）专业教师队伍建设

“课程思政”是课程教学改革的重要工作，财务管理课程思政的有效实施，任课教师是关键，财务管理课程思政的实施质量同教师自身的专业素质有着密切的关系，其专业水平和教学能力直接影响对学生的教育成效，因此，必须加强教师课程思政建设意识和能力，形成课程思政建设主力军。促进课堂教学与德育教学的充分融合，强化对教师自身思想道德水平的培养，唯有保障教师具有一定境界的思想道德水平，才能为财务管理课程思政的高效落实创造良好的条件。教师应协调好思政育人与知识育人之间的关系，在做好专业教育的同时重视思想道德引领，在推行“课程思政”教育过程中多总结、多反思、多创新。[4]

任课教师应主动学习，按照“四有”好教师标准，在提升专业教学能力的同时，坚定理想信念，具备强烈的爱国主义情怀、高尚的道德情操，扎实而深入地领会和掌握思政理论，在课程教学中深入贯彻课程思政的思想精髓，将教书与育人紧密地结合起来。高校应积极采取措施强化引导教师注重加强自身的师德师风建设，鼓励和支持教师外出学习、积极参加各种课程思政的教学培训活动，既可以参加高校以及专题会议组织的线下培训，也可以依托现代信息技术参加线上培训，从而提升课程思政建设意识和能力。组织课程教学团队，搭建财务管理课程思政建设交流平台，通过集体教学研讨、经验分享、教学观摩等活动，集体讨论应用课程思政教学的方法，实现优质资源共建共享共用。

### （四）以大学生关注的点切入

当代大学生中，基本普及了互联网、移动客户端、智能手机，大学生获取知识和信息的渠道有很多，他们有极强的好奇心和旺盛的求知欲，学生在接受许多新事物、新科技等方面比教师知道得更快、了解得更多，教师的优势体现在专业知识和阅历上。因此，课程思政应以学生为主体，尊重学生的发展特点和成长规律，从学生诉求出发，懂得学生的所思、所想，解决学生的所疑、所惑，激发学生情感上的共鸣，从而加深学生对理论知识和思政内容的理解，实现课程理论教学与课程思政的高度融合。[5]

财务管理课程理论知识复杂、对数学计算要求比较高，面对如此多枯燥乏味的知识点，大多学生会产生畏难情绪，陈旧单一的传统教学方式难以调动学生的学习积极性。教师在授课过程中应以大学生关注的实际问题为突破点，把师生互动元素融入教学中，增强大学生的参与感，有助于强化课程教学的吸引力、感染力，激发学生对专业课程学习的积极性，有利于提升实际教学效果。财务管理专业课程教师可以结合典型案例、时事热点帮助学生理解相关知识点。启发研讨法也可以被应用在财务管理课程教学中，通过对特定财务主题进行集体讨论，学生自主探索以及相互之间查漏补缺比专业课教师单纯讲授的教学效果更好。

在设计《财务管理》课程思政时，可以根据财务管理教学的专业知识，找准切入点，合理地、自然地、情感式地融入思政内容。让学生自然而然地跟随教师的讲课，从专业知识的学习进入到自我感悟式的学习，既汲取了专业知识的精华又触动了心灵深处。每一位教师对相同的专业知识可以从不同视角融入思想政治内涵，只要言之有物，言之有理即可。这些都是有助于“立德树人”教育达到“润物细无声”效果的教学方式方法。

### （五）教学方法考核方式的改革

财务管理课程的教学应充分利用信息化教学手段，积极探索教学方法的改进。随着财务管理课程思政建设的推进，采用小组讨论法、案例教学法、角色扮演法等行动导向教学方法，创新课堂教学模式，丰富教学环节和内容，以课堂讲授为主，辅以课堂讨论、案例分析、头脑风暴，灵活采用翻转课堂、情景模拟、任务驱动等形式，模拟企业的实际情况，启发学生进行自主探索，增强学生的学习内驱力。

对课程思政考核方式可灵活多样，对学生的考评不仅包括财务管理的知识以及实践能力的考察，还应该包括课程思政的重要内容，考虑到课程思政教育的独特性，应加大过程考核比重，例如，日常的思政案例讨论次数、思政案例分析讨论的主动程度等，结合分析讨论的分组 PPT 汇报等，评定学生的作业成绩，对学生的参与度、团队意识、责任感等思政表现进行打分，旨在培养学生的团队意识，让他们学会团队分工和协作，能通过知识分享促进团队共同学习，以提升团队整体绩效。以此调动学生主动接受课程思政教育的积极性。[6]

## 四、结语

课程思政是高校教育工作落实“立德树人”目标的载体，将思想政治教育融入课程教学的过程，就是对课程教学进行改革的过程。财务管理课程开展课程思政教育是对大学思想政治教育课程的补充和完善，同时也是本科教学改革的必要过程。在专业建设的过程中，务必将课程思政落到实处，实现“立德树人”的教育目标。

将思政工作与专业课程有机结合是一条需要不断探索和改进的工作，其中构建《财务管理》课程思政教学体系也是需要不断的探索与尝试，通过课程思政教学体系的建立，帮助教师利用好课堂主渠道，培养具有职业精神的高素质人才。高校教师应该深入贯彻以人为本的教学理念，时刻注意在专业教学过程中思政教育元素的挖掘与有效融入，对财务管理教学方法、教学形式等进行不断探索、实践和创新，把思想政治工作贯穿教育教学全过程。之后也将在此研究基础之上，继续对如何提高《财务管理》课程思政教育进行进一步的研究，从而真正实现教书与育人相统一，培养一批德才兼备、全面发展的社会主义合格建设者和可靠接班人。

## 参考文献

［1］张敏，赵奥，祝恩扬．“课程思政”在民族高校财务管理专业课程教学中的实施路径研究［J］．产业与科技论坛，2019（19）：139-140.

［2］魏少玲．课程思政：应用型本科院校实现三全育人的教学改革研究——以《财务管理》专业课程为例［J］．教育现代化，2019（6）：56-59.

［3］杜丽．基于“课程思政”财务管理课程改革探讨［J］．当代会计，

2020（11）：52-53.

［4］慕丽．“课程思政”在财务管理课程的实践探索［J］．花炮科技与市场，2020（3）：128.

［5］张莉．财务管理专业推进“课程思政”建设的策略［J］．学校党建与思想教育，2019（9）：55-56.

［6］蒋晓改．《财务管理》课程思政实践路径探讨［J］．农村经济与科技，2020（10）：388-389.

# 《审计》课程思政优质专业课建设研究

何丽梅

**摘　要**：本文主要结合《审计》课程特点和具体知识点，分析如何将社会主义核心价值观有机融合到课程中去，分别从“富强、民主、文明、和谐”国家层面、“自由、平等、公正、法治”社会层面，以及“爱国、敬业、诚信、友善”个人层面三个层次分析了社会主义核心价值观与《审计》课程知识点的具体结合，包括内容设计和切入方式等。

**关键词**：课程思政；审计；社会主义核心价值观

## 一、引言

教育部2020年发布的《高等学校课程思政建设指导纲要》中指出，“培养什么人、怎样培养人、为谁培养人是教育的根本问题，‘立德树人’成效是检验高校一切工作的根本标准。落实‘立德树人’根本任务，必须将价值塑造、知识传授和能力培养三者融为一体、不可割裂。全面推进课程思政建设，就是要寓价值观引导于知识传授和能力培养之中，帮助学生塑造正确的世界观、人生观、价值观，这是人才培养的应有之义，更是必备内容”。[1]课程思政是解决高校人才培养问题的根本举措[2]，《审计》课程的专业特点更是凸显课程思政的重要性。本文主要探索课程思政与《审计》课程专业教育的深度有机融合路径，研讨“课程思政”如何渗透到《审计》课程教育中去，主要包括《审计》课程思政内容设计和切入方式等。

## 二、《审计》课程思政育人目标

课程思政应先明确建设目标，《审计》课程内容和职业特点，能与社会主义核心价值观有机融合。2006 年 10 月，党的十六届六中全会第一次明确提出了“建设社会主义核心价值体系”的重大命题和战略任务，明确提出了社会主义核心价值体系的内容，并指出社会主义核心价值观是社会主义核心价值体系的内核。学界对社会主义核心价值观的概括开始深入探讨。

2007 年 10 月，党的十七大进一步指出了“社会主义核心价值体系是社会主义意识形态的本质体现”。

2011 年 10 月，党的十七届六中全会强调，社会主义核心价值体系是“兴国之魂”，建设社会主义核心价值体系是推动文化大发展大繁荣的根本任务。提炼和概括出简明扼要、便于传播践行的社会主义核心价值观，对于建设社会主义核心价值体系具有重要意义。

2012 年 11 月，党的十八大报告明确提出“三个倡导”，即“倡导富强、民主、文明、和谐，倡导自由、平等、公正、法治，倡导爱国、敬业、诚信、友善，积极培育和践行社会主义核心价值观”。

2013 年 12 月，中共中央办公厅印发《关于培育和践行社会主义核心价值观的意见》明确提出，以“三个倡导”为基本内容的社会主义核心价值观，与中国特色社会主义发展要求相契合，与中华优秀传统文化和人类文明优秀成果相承接，是我们党凝聚全党全社会价值共识作出的重要论断。

2017 年 10 月 18 日，习近平同志在党的十九大报告中指出，要培育和践行社会主义核心价值观。要以培养担当民族复兴大任的时代新人为着眼点，强化教育引导、实践养成、制度保障，发挥社会主义核心价值观对国民教育、精神文明创建、精神文化产品创作生产传播的引领作用，把社会主义核心价值观融入社会发展各方面，转化为人们的情感认同和行为习惯。

2018 年 3 月 11 日，党的第十三届全国人民代表大会第一次会议通过中华人民共和国宪法修正案，将“国家提倡爱祖国、爱人民、爱劳动、爱科学、爱社会主义的公德”修改为“国家倡导社会主义核心价值观，提倡爱祖国、爱人民、爱劳动、爱科学、爱社会主义的公德”。

“自由、平等、公正、法治”不仅是对美好社会的生动表述，也是从社会层面对社会主义核心价值观基本理念的凝练，反映了中国特色社会主义的基本属性，是我们党矢志不渝、长期实践的核心价值理念。“爱国、敬业、诚信、友善”是公民基本道德规范，是从个人行为层面对社会主义核心价值观基本理念的凝练，覆盖社会道德生活的各个领域，是公民必须恪守的基本道德准则，也是评价公民道德行为选择的基本价值标准。社会主义核心价值观的三个层面统一于“以人为本”的时代主题，社会主义核心价值观引导人们正确处理个人与集体、权利与义务、公平与效率、道德与法律等关系，传递社会发展的正能量。

审计的基本职能是经济监督，在维护社会经济秩序，构建社会诚信体系，防范、治理腐败等治国理政方面具有特殊重要的作用。注册会计师职业道德基本准则“诚信、独立性、客观和公正、专业胜任能力和应有的关注、保密、良好职业行为”与社会主义核心价值观“富强、民主、文明、和谐；自由、平等、公正、法治；爱国、敬业、诚信、友善”是一脉相承的，注册会计师职业道德基本原则既是社会主义价值观对从业人员的客观要求，也是从业人员践行社会主义核心价值观必须遵循的行业规范。

在《审计》课程教学实施过程中，坚决落实“立德树人”根本任务，切实推进课程思政建设，深入挖掘课程专业知识体系和教学实施过程中蕴含的思想政治教育资源，将社会主义核心价值观教育有机融入审计专业知识及相关注册会计师审计课堂教学过程中，用好课程建设“主战场”课堂教学“主渠道”，努力提升教学团队师资思政水平，在专业知识传授和职业能力培养的同时，帮助学生塑造正确的世界观、人生观、价值观，培养学生诚信服务、德法兼修的职业素养，全面提升会计学专业人才培养质量。

## 三、《审计》课程专业知识点与对应思政要素结合的内容设计

### （一）“富强、民主、文明、和谐”——国家层面价值目标

“富强、民主、文明、和谐”是国家层面对社会主义核心价值观基本理念的凝练，也是我国新时代社会主义现代化国家建设的价值目标，在社会主义核心价值观中居于最高层次，具有统领作用。“富强”即国富民强。中国人民用鲜血与战争铸就的历史警示国人：落后就要挨打，发展才能强大！新时代中国特色社会主义现代化国家必须毫不动摇地加强经济建设，经济发展成果能够为国家繁荣昌盛、人民幸福安康提供坚实的物质基础。“民主”是人民民主，其实质和核心是人民当家作主。它是社会主义的生命，也是创造人民美好幸福生活的政治保障。“文明”是社会进步的重要标志，也是社会主义现代化国家的重要特征和社会主义文化的概括，是实现中华民族伟大复兴的重要支撑。“和谐”是中国传统文化的基本理念，集中体现了学有所教、劳有所得、病有所医、

老有所养、住有所居的生动局面。它是社会主义现代化国家在社会建设领域的价值诉求，是经济社会和谐稳定、持续健康发展的重要保证。

“富强、民主、文明、和谐”国家层面价值目标与课程知识点结合可以从以下四个方面进行：

1. 审计为新时代中国特色社会主义追求“富强”价值目标保驾护航

审计课程涉及的实务工作对社会经济发展具有重要的基础性作用。以财务报表审计为例，注册会计师作为独立的第三方，对企业财务报表编制的合法性、反映的公允性发表专家审计意见、出具审计报告，作为鉴证业务，可以增强财务报表信息的可信度，在企业与报告使用者之间构建了一座信任的桥梁，各类有关商业信息和经济资源才可能在两者之间进行正常的交换、交易或流动，市场经济才得以正常运转，所以有“注册会计师审计是市场经济发展的基石”之论。在当前情况下，审计为新时代中国特色社会主义经济发展，追求“富强”价值目标保驾护航。同样，内部审计、政府审计也在查错防弊、节能降耗、增加经济、社会效益、优化政府功能等方面发挥着重要的监督和治理作用。

注册会计师审计起源于16世纪的意大利。当时地中海沿岸的商业城市已比较繁荣，商业经营规模不断扩大，合伙制企业便应运而生，并出现了只出资、不参与企业经营管理的合伙人。所有权与经营权开始分离，在客观上需要独立的熟悉会计专业的第三方对合伙企业的经济活动进行鉴证，以保障全体合伙人的权益。人们开始聘请会计专家来担任查账和公证工作，可以说是注册会计师审计的起源。

18世纪，英国的资本主义经济得到了迅速发展，生产的社会化程度大大提高，企业的所有权与经营权进一步分离。企业主希望有外部的会计师检查企业管理人员是否存在贪污、盗窃和其他舞弊行为，于是英国出现了第一批以查账为职业的独立会计师。1721年，南海公司（The South-Sea Company）信息造假使英国投资者遭受了重大经济损失，也给英国社会经济发展带来致命打击。由于市场诚信缺失，在“南海公司事件”（The South-Sea Company Event）之后的100多年里，英国全境没有一家公司发行过股票。为了监督公司管理层的经营管理活动，保护投资者、债权人利益，避免“南海公司事件”重演，英国政府于1844年颁布了《公司法》，规定股份公司必须设监察人，负责审查公司的账目，之后修订为：股份公司的账目必须经董事以外的人员审计，独立会计师业务得到迅速发展。1844年至20世纪初是注册师审计的形成时期，英国注册会计师审计地位得到了法律确认。

从20世纪初开始，全球经济发展重心逐步由欧洲转向美国，因此，美国的注册会计师审计得到了迅速发展，它对注册会计师职业在全球的迅速发展发挥了重要作用。1933年美国颁布的《证券法》规定，在证券交易所上市的企业财务报表必须接受注册会计师审计，向社会公众公布注册会计师出具的审计报告。在第二次世界大战以后，经济发达国家通过各种渠道推动本国的企业向海外拓展，跨国公司得到空前发展。国际资本的流动带动了注册会计师职业的跨国界发展，形成了一批国际会计师事务所。

2. 审计是新时代中国特色社会主义“民主”价值目标实现的推动力量

“民主”是人民民主，其实质和核心是人民当家作主。审计总体上讲是一种经济监督活动，审计报告是信息公开的重要载体，审计业务的开展为扩大人民群众对公共事务尤其是财务、经济状况的知情权提供了重要信息渠道。公共事务的知情权是人民群众发表个人意见、参与集体决策的先决条件，是推动新时代中国特色社会主义“民主”发展的基础。

3. 审计是新时代中国特色社会主义“文明”价值目标实现的先锋力量

注册会计师之所以享有很高的公信力，在于其执行审计业务时，除了遵循相关执业准则和法律法规之外，还要遵循更高的行为标准——注册会计师职业道德基本原则：诚信、独立性、客观和公正、专业胜任能力和应有的关注、保密、良好职业行为。

（1）诚信，是指诚实、守信。诚信原则要求注册会计师在所有的职业、商业关系中保持正直和诚实，秉公处事、实事求是。

（2）独立性，是指不受外来力量控制、支配，按照一定之规行事。在执行鉴证业务时，注册会计师必须保持独立性，在提出结论时不受损害职业判断的因素影响，诚信行事，遵循客观和公正原则，保持职业怀疑态度。

（3）客观，是指按照事物的本来面目去考察，不添加个人的偏见。

（4）公正，是指公平、正直、不偏袒。客观和公正原则要求注册会计师应当公正处事、实事求是，不得由于偏见、利益冲突或他人的不当影响而损害自己的职业判断。

（5）专业胜任能力是指注册会计师具有专业知识、技能和经验，能够经济、有效地完成客户委托的业务。如果注册会计师在缺乏足够的知识、技能和经验的情况下提供专业服务，就构成了一种欺诈；如果注册会计师承接了难以胜任的业务，就可能给客户乃至社会公众带来危害。注册会计师在应用专业知识和技能时，应当合理运用职业判断。

（6）应有的关注，要求注册会计师遵守执业准则和职业道德规范的要求，勤勉尽责，认真、全面、及时地完成工作任务。注册会计师能否与客户维持正常的关系，有赖于双方能否自愿而又充分地进行沟通和交流，不掩盖任何重要的事实和情况。只有这样，注册会计师才能有效地完成工作。

（7）保密，注册会计师与客户的沟通，必须建立在为客户信息保密的基础上。

（8）良好的职业行为，要求注册会计师在向公众传递信息以及推介自己和工作时，应当客观、真实、得体、不得损害职业形象。

遵守职业道德基本原则是维护注册会计师职业形象，保证审计工作高质量完成的前提，它突出代表了注册会计师的职业文化，也代表新时代中国特色社会主义"文明"进步的倡导方向。

4. 审计是新时代中国特色社会主义"和谐"价值目标实现的中介力量

以注册会计师财务报表审计为例，注册会计师作为独立的第三方，对企业财务报表编制的合法性、反映的公允性发表专家审计意见，可以增强预期使用者对财务报表信息的可信度，通过构建这样一座信任的桥梁，有利于公司管理层与股东或潜在的投资者之间，在信息相对对称的前提下"和谐"相处，维护各自的经济利益（见图 1）。

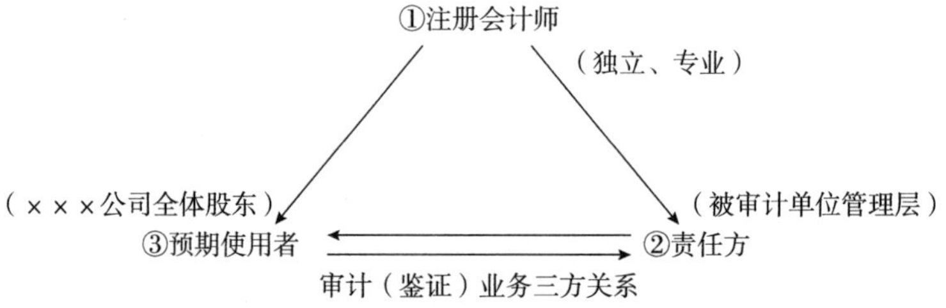


**图 1　审计业务中的三方关系人**

其他鉴证类业务，如合规性审计、验资业务、IPO 审计等，对降低信息不对称风险，防止利益相关者经济利益潜在损失具有不可替代的作用。所以说，审计是利益相关者进行经济交往过程中实现"和谐"相处的中介力量

## （二）"自由、平等、公正、法治"——社会层面的价值取向

"自由、平等、公正、法治"，是对美好社会的生动表述，也是从社会层面对社会主义核心价值观基本理念的凝练。它反映了中国特色社会主义的基本属

性，是我们党矢志不渝、长期实践的核心价值理念。

（1）“自由”是指人的意志自由、存在和发展的自由，是人类社会的美好向往，也是马克思主义追求的社会价值目标。

（2）“平等”是指公民在法律面前一律平等，其价值取向是不断实现实质平等。它要求尊重和保障人权，人人依法享有平等参与、平等发展的权利。

（3）“公正”即社会公平和正义，它以人的解放、人的自由平等权利的获得为前提，是国家、社会根本价值理念。

（4）“法治”是治国理政的基本方式，依法治国是社会主义民主政治的基本要求。它通过法制建设来维护和保障公民的根本利益，是实现自由平等、公平正义的制度保证。

“自由、平等、公正、法治”——社会层面的价值取向与课程知识点结合可以从以下四个方面进行：

1. “自由”价值取向要求注册会计师执业过程中保持应有的职业谨慎

“自由”是指人的意志自由、存在和发展的自由。注册会计师在执行审计业务时，应当按照审计准则的要求审慎执业，保证执业质量，控制审计风险。否则，一旦出现审计失败，就有可能承担相应的责任，可能被判承担行政责任、民事责任或刑事责任，“自由”可能就成了触摸不到的追求。

审计失败是指注册会计师由于没有遵守审计准则的要求而发表了错误的审计意见。例如，注册会计师可能指派了不合格的助理人员去执行审计任务，未能发现应当发现的财务报表中存在的重大错报。在绝大多数情况下，当注册会计师未能发现重大错报并出具了错误的审计意见时，就可能产生注册会计师是否恪守应有的职业谨慎这一法律问题。如果注册会计师在审计过程中没有尽到应有的职业谨慎，就属于审计失败。如果注册会计师未能恪守应有的职业谨慎，通常会由此承担责任，并可能致使会计师事务所也遭受损失。

《司法解释》第六条第二款作出详细规定，即“注册会计师在审计过程中未保持必要的职业谨慎，存在下列情形之一，并导致报告不实的，人民法院应当认定会计师事务所存在过失：（一）违反注册会计师法第二十条第（2）、（3）项的规定；（二）负责审计的注册会计师以低于行业一般成员应具备的专业水准执业；（三）制定的审计计划存在明显疏漏；（四）未依据执业准则、规则执行必要的审计程序；（五）在发现可能存在错误和舞弊的迹象时，未能追加必要的审计程序予以证实或者排除；（六）未能合理地运用执业准则和规则所要求的重要性原则；（七）未根据审计的要求采用必要的调查方法获取充分的审计证据；（八）明知对总体结论有重大影响的特定审计对象缺少判断能力，未能寻求专家意见而直接形成审计结论；（九）错误判断和评价审计证据；（十）其他违反执业准则、规则确定的工作程序的行为”。这些情形和标准的规定，主要是对审计实践经验的总结，在具体适用时，可能也要有赖于法官或有关专业人士的判断。

《司法解释》第七条从是否存在过错和因果关系两个方面规定了五种事务所免责的情形。该条规定：“会计师事务所能够证明存在下列情形之一的，不承担民事责任：（一）已经遵守执业准则、规则确定的工作程序并保持必要的职业谨慎，但仍未能发现被审计单位的会计资料错误；（二）审计业务所必须依赖的金融机构等单位提供虚假或者不实的证明文件，会计师事务所在保持必要的职业谨慎下仍未能发现虚假或者不实；（三）已对被审计单位的舞弊迹象提出警告并在审计报告中予以指明；（四）已经遵照验资程序进行审核并出具报告，但被审验单位在注册登记之后抽逃资金；（五）为登记时未出资或者未足额出资的出资人出具不实报告，但出资人在登记后已补足出资”。其中，前三项规定属于因没有过错而免责的情形，后两项规定属于因没有因果关系而免责的情形。

很显然，这里的“自由”不仅包含注册会计师执业的自由，甚至包括注册会计师个体的人身自由。

2. “平等”价值取向要求注册会计师审计关注社会公众利益

“平等”是指公民在法律面前的一律平等，其价值取向是不断实现实质平等，人人依法享有平等参与、平等发展的权利。在公司这个利益相关者利益交织、集合体中，存在着各种利益冲突。股东与管理层、股东与债权人、小股东与大股东、企业与潜在投资者等之间的信息不对称，使处于弱势地位的参与者在利益冲突中居于不利地位。注册会计师审计工作及报告披露缓和了信息不对称状况，事实上维护了社会公众的利益。

《司法解释》第二条第一款规定：“因合理信赖或者使用会计师事务所出具的不实报告，与被审计单位进行交易或者从事与被审计单位的股票、债券等有关的交易活动而遭受损失的自然人、法人或者其他组织，应认定为注册会计师法规定的利害关系人。”也就是说，事务所应当对一切合理依赖或使用其出具的不实审计报告而受到损失的利害关系人（第三方）承担赔偿责任。这一法律规定给予了社会公众在涉及注册会计师诉讼中与企业信息优势群体平等参与、平等发展的权利。

3. “公正”价值取向是注册会计师审计业务应有之义

“公正”即社会公平和正义，是国家、社会应然的根本价值理念。注册会计师审计是维持社会经济生活正常秩序的重要手段。审计报告是注册会计师根据审计准则的规定，在实施审计工作的基础上，对被审单位财务报表发表审计意见的书面文件。审计报告具有鉴证作用：注册会计师签发的审计报告，是以超然独立的第三者身份，对被审计单位财务报表的合法性、公允性发表意见；注册会计师签发的审计意见，具有鉴证作用，得到了政府、投资者和其他利益相关者的普遍认可；政府有关部门判断财务报表是否合法、公允，主要依据注册会计师的审计报告；企业的投资者主要依据注册会计师的审计报告来判断被投资企业的财务报表是否公允，反映了财务状况和经营成果，以进行投资决策等。审计报告具有保护作用：注册会计师通过审计，可以对被审计单位财务报表出具不同类型审计意见的审计报告，以提高或降低财务报表使用者对财务报表的信赖程度；审计报告能够在一定程度上对被审计单位的债权人和股东以及其他利害关系人的利益起到保护作用；投资者根据注册会计师的审计报告作出投资决策，可以降低其投资风险。审计报告具有证明作用：审计报告是对注册会计师审计任务完成情况及其结果所作的总结，它可以表明审计工作的质量并明确注册会计师的审计责任。例如，是否以审计工作底稿为依据发表审计意见，发表的审计意见是否与被审计单位的实际情况相一致，审计工作的质量是否符合要求。从审计报告的作用来看，注册会计师审计在经济生活中维护社会公平和正义方面起到了基础性作用。

4. 注册会计师是“法制”社会价值取向的重要保证力量

随着社会主义市场经济体制在我国的建立和完善，注册会计师在社会经济生活中的地位越来越重要，发挥的作用越来越大。如果注册会计师工作失误或犯有欺诈行为，将会给客户或依赖审计财务报表的第三者造成重大损失，严重的甚至导致经济秩序的紊乱。近年来我国颁布的不少经济法律法规中，都有专门规定会计师事务所、注册会计师法律责任的条款，其中比较重要的有：《注册会计师法》《公司法》《证券法》《刑法》及相关司法解释。注册会计师应学思践悟习近平全面依法治国新理念、新思想、新战略，牢固树立法治观念，深化对法治理念、法治原则、重要法律概念的认知，提高运用法治思维和法治方式参与社会公共事务、化解矛盾纠纷、维护自身权利的意识和能力。同时，注册会计师审计证据和结论也是进行民事、行政、形式判决的重要法律证据。

## （三）“爱国、敬业、诚信、友善”——个人层面的价值准则

“爱国、敬业、诚信、友善”，是公民基本道德规范，是从个人行为层面对社会主义核心价值观基本理念的凝练。它覆盖社会道德生活的各个领域，是公民必须恪守的基本道德准则，也是评价公民道德行为选择的基本价值标准。“爱国”是基于个人对自己祖国依赖关系的深厚情感，也是调节个人与祖国关系的行为准则。它同社会主义紧密结合在一起，要求人们以振兴中华为己任，促进民族团结、维护祖国统一、自觉报效祖国。“敬业”是对公民职业行为准则的价值评价，要求公民忠于职守、克己奉公、服务人民、服务社会，充分体现了社会主义职业精神。“诚信”即诚实守信，是人类社会千百年传承下来的道德传统，也是社会主义道德建设的重点内容，它强调诚实劳动、信守承诺、诚恳待人。“友善”强调公民之间应互相尊重、互相关心、互相帮助、和睦友好，努力形成社会主义的新型人际关系。

“爱国、敬业、诚信、友善”——个人层面的价值准则与课程知识点结合可以从以下四个方面进行：

1. “爱国”是注册会计师以振兴中华为己任，自觉报效祖国的情怀依托

注册会计师审计是市场经济发展的基石，在维护市场经济秩序、保证国民经济又快又好健康发展上具有重要的现实作用。经济发展是国家富强、民族复兴的前提和基础，注册会计师应该以振兴中华为己任，自觉报效祖国的情怀依托。在执业过程中，自觉遵守相关法律法规和准则的规定，保持独立性，和遵守其他职业道德基本原则，严把审计工作质量，在查错防弊、增加经济、社会效益、优化政府功能等方面发挥重要的监督和治理作用。

旧中国的注册会计师审计始于辛亥革命之后，当时一批爱国会计学者鉴于外国注册会计师包揽我国注册会计师业务的现实，为了维护民族利益与尊严，积极倡导创建中国的注册会计师职业。1918 年 9 月，北洋政府农商部颁布了我国第一部注册会计师法规——《会计师暂行章程》，并于同年批准著名会计学家谢霖先生为中国的第一位注册会计师，谢霖先生创办的中国第一家会计师事务所——正则会计师事务所也获准成立。此后，又逐步批准了一批注册会计师，建立了一批会计师事务所，包括潘序伦先生创办的“潘序伦会计师事务所”（后改称“立信会计师事务所”）等。1930 年，国民政府颁布了《会计师条例》，确立了会计师的法律地位。至 1947 年，全国已拥有注册会计师 2619 人，并建立了一批会计师事务所。但在半封建、半殖民地的旧中国，注册会计师职

业未能得到很大的发展。

2. “敬业”是注册会计师忠于职守、克己奉公、服务人民、服务社会的职业精神

“中天勤”审计失败案例是国内注册会计师审计发展史上一个非常著名的案例。案例的主角儿是银广夏，这家公司1994年6月上市；2000年12月29日股价创37.99元新高，1年半时间股价上涨8倍多。因为业绩表现抢眼，曾经被称为“中国第一蓝筹股”；2001年8月，事件被曝光，股价从最高37.99元降至最低0.74元，股民（投资公众）遭受了惨重的经济损失。痛定思痛，股民会想：财务报表是经过注册会计师审计的，你说没问题我才买的股票，我的投资损失注册会计师也负有责任。我们看到，虽然财务报表审计是由企业委托的，但注册会计师要维护的是公众的利益，除了股民之外，还包括其他财务报表使用者，他们在企业中也都有自己的利益，例如，政府、企业的客户、供应商、消费者、企业员工等。审计工作做不好，影响面非常广，严重的还会打击资本市场的信心，所以将来学生们走上工作岗位后作为注册会计师对待工作要有敬畏感，要敬业、认真负责。

从中天勤审计过程和存在的问题来看，相关注册会计师丧失了起码的敬业精神。审计情况包括四个方面：①当银广夏编制合并报表时，未抵销与子公司之间的关联交易，也未按股权协议的比例合并子公司，从而虚增巨额资产和利润；②注册会计师未能有效执行应收账款函证程序，在对天津广夏的审计过程中，将所有询证函交由公司发出，而并未要求公司债务人将回函直接寄达注册会计师处；③注册会计师未有效执行分析性测试程序，例如，对于银广夏在2000年度主营业务收入大幅增长的同时生产用电的电费却反而降低的情况竟没有发现或报告；面对银广夏2000年度生产卵磷脂的投入产出比率较1999年度大幅下降的异常情况，注册会计师既未实地考察，又没有咨询专家意见，而轻信银广夏管理部门声称的“生产进入成熟期”，违反《独立审计具体准则第11号——分析性复核》和《独立审计具体准则第12号——利用专家的工作》的相关要求；④天津广夏审计项目负责人由非注册会计师担任，审计人员普遍缺乏外贸业务知识，不具备专业胜任能力，严重违反《独立审计基本准则》和《独立审计具体准则第3号——审计计划》的相关要求等。2001年9月后，因涉及银广夏利润造假案，深圳中天勤这家审计最多上市公司财务报表的会计师事务所实际上已经解体。财政部也于2001年9月初宣布，拟吊销签字注册会计师刘加荣、徐林文的注册会计师资格；吊销中天勤会计师事务所的执业资格，

并会同证监会吊销其证券、期货相关业务许可证，同时，将追究中天勤会计师事务所负责人的责任。

3. “诚信”是注册会计师必须遵守的职业道德基本原则之一

“诚信”作为注册会计师必须遵守的职业道德基本原则之一，要求注册会计师在执业过程中要诚实、守信，言行与内心思想一致，不虚假；能够履行与别人的约定而取得对方的信任。诚信原则要求注册会计师应当在所有的职业关系和商业关系中保持正直和诚实，秉公处事、实事求是，不得与有问题的信息发生牵连：①含有严重虚假或误导性的陈述；②含有缺乏充分根据的陈述或信息；③存在遗漏或含糊其词的信息。注册会计师如果注意到已与有问题的信息发生牵连，应当采取措施消除牵连。

4. “友善”体现了注册会计师对利益相关者权利的关注和维护的良好公众形象

注册会计师应当恪守“良好职业行为”职业道德基本原则，对同行友善。遵守相关法律法规，避免发生任何损害职业声誉的行为。在向公众传递信息以及推介自己和工作时，应当客观、真实、得体、不得损害职业形象。注册会计师应当诚实、实事求是，不得夸大宣传提供的服务、拥有的资质或获得的经验。不得贬低或无根据地比较其他注册会计师的工作。

注册会计师应当恪守“保密”职业道德基本原则，对客户友善。能否与客户维持正常的关系，有赖于双方能否自愿而又充分地进行沟通和交流，不掩盖任何重要的事实和情况。只有这样，注册会计师才能有效地完成工作。注册会计师与客户的沟通，必须建立在为客户信息保密的基础上。

注册会计师审计的整个过程，都应该做到遵守法律法规、注册会计师执业准则及职业道德基本原则，降低审计风险，保证审计工作的质量，能够真正起到保护投资者经济利益不受损害的作用，避免由于欺诈或过失导致的审计失败，遭受投资者的法律诉讼。增强注册会计师行业的公信力，构建和加强与投资公众的友善互动关系。

## 四、结语

本文主要结合《审计》专业特点，分析了如何将社会主义核心价值观有机融合到课程中去，分别从国家层面、社会层面以及个人层面三个层次分析了社会主义核心价值观与《审计》课程知识点的具体结合，包括内容设计和切入方式。

此外，《审计》课程思政要融入课堂教学建设，作为课程设置、教学大纲核准和教案评价的重要内容，落实到课程目标设计、教学大纲修订、教材编审选用、教案课件编写各方面，贯穿于课堂授课、教学研讨和作业论文各环节。全面推进课程思政建设，教师是关键[3]，努力提升团队教师课程思政建设的意识和能力，提升教学团队师资思政水平，从而在专业知识传授和职业能力培养的同时，能有效帮助学生塑造正确的世界观、人生观、价值观，培养学生诚信服务、德法兼修的职业素养，全面提升会计学专业人才培养质量。

## 参考文献

［1］中华人民共和国教育部．高等学校课程思政建设指导纲要［EB/OL］．www. moe. gov. cn/srcsite/A08/s7056/202006/t20200603_462437. htm，2021-07-10.

［2］张大良．课程思政：新时期“立德树人”的根本遵循［J］．中国高教研究，2021（1）：5-9.

［3］娄淑华，马超．新时代课程思政建设的焦点目标、难点问题及着力方向［J］．新疆师范大学学报（哲学社会科学版），2021（5）：188-196.

# 基于“德、知、行”的《财务报告分析》课程思政建设研究

黄晓蓓

**摘　要**：为积极贯彻落实思政与课堂教学的有机结合，实现全方位育人，本文以《财务报告分析》课程为例，在分析该课程的定位与教学对象的基础上，重塑基于课程思政视角的《财务报告分析》课程目标。围绕“德、知、行”人才培养目标层次，详细介绍了三个课程思政元素的教学设计。研究结果将有助于高校教师搭建起基于“德、知、行”合一的《财务报告分析》课程思政教学体系。

**关键词**：课程思政；财务报告分析；课程建设

## 一、引言

2016年12月，习近平总书记在全国高校思想政治工作会议上发表重要讲话，指出：“做好高校思想政治工作，要用好课堂教学这个主渠道。”2019年3月，在学校思想政治理论课教师座谈会上，习近平总书记进一步指出：“要挖掘其他课程和教学方式中蕴含的思想政治教育资源，实现全员、全程、全方位育人。”习近平总书记关于课程思政建设的系列讲话与批示等，形成了习近平关于思政课建设重要论述，也为高校课程改革指明了方向（于桂荣和秦书生，2021）。如何将课程思政与专业知识有机结合，积极有效地开展课程改革，成为高校教师需要探索的理论与实践问题。

本文将以《财务报告分析》课程为例，从课程定位、教学对象分析、课程思政教学目标入手，通过教学过程中的具体思政元素教学设计，阐释如何构建基于“德、知、行”合一的课程思政教学体系。

# 二、课程定位与教学对象分析

《财务报告分析》是工商管理类专业的核心课程，是学习专业性管理课程，如《中级财务会计》《财务管理》等课程的后续课程。《财务报告分析》课程旨在帮助学生进一步认识和解读中英文财务报表，增强分析利用财务信息的意识，掌握财务报表分析内容，学会财务报表分析方法，培养学生对企业偿债能力、盈利能力、营运能力、发展能力和综合财务状况分析评价技能，能够全面客观地评价国内外上市公司综合财务质量与经营状况，并能够依据分析结果进行财务决策的能力。与会计学其他知识传递类的课程相比，《财务报告分析》课程具有更强的综合性和实操性，学生将通过大量真实上市公司案例认知现实的商业世界，是一门连接理论与实践的桥梁课。

《财务报告分析》课程是针对经济管理学院大学三年级学生开设的一门通识类管理课程，通过《会计学基础》以及《管理学》等基础知识的铺垫，同学们已具备一定的基础知识，但对财务会计学背后的深刻原理、准则中蕴含的深刻内涵以及所体现的价值观理解不足，需要适当引导。

作为“00”后，学生们生活在信息爆炸的环境中，这一阶段的学生思维活跃，接收新信息的能力强，可以吸收大量新知识与新观点。与此同时，他们获得的信息呈现出碎片化特征，学生们的主观意识也比较强，缺乏持续关注力与系统逻辑思维，对财务报告的判断尚浮在表面。当同学们面对网络上大量的碎片信息，尤其是上市公司在财务报告中存在诸多的问题时，可能会对财务会计工作的要求与原则产生质疑。

从学习特点上来看，一方面，学生们对新知识充满渴望，希望吸收更加前沿的会计知识；另一方面，由于本科生们缺乏相应的实践经历，导致其商业灵敏度较低，会计理论联系实际的能力尚弱。从学习能力上来看，这一阶段的学生尚缺乏知识深度和分析能力，而且对互联网依赖性强“有问题找百度”，对财务报告数字背后形成原因与经济后果的理解缺乏深度理解。

此时的学生尚未经过企业实践历练，对财会与管理人员应遵循的道德原则理解尚浅，又即将毕业迈入职场，是通过课程思政帮助其在未来的财会领域职业生涯中树立正确的价值观的关键阶段。课程思政将对今后走向经济管理岗位的素质品德产生重要的指引作用，也是对未来企业信息质量的保证，甚至对整个国民经济的运营都会产生积极影响。

## 三、《财务报表分析》课程思政教学目标

根据教育部印发的《高等学校课程思政建设指导纲要》，经管类课程要在课程教学中坚持以马克思主义为指导，构建中国特色哲学社会科学学科体系、学术体系、话语体系。要帮助学生了解相关专业和行业领域的国家战略、法律法规和相关政策，引导学生深入社会实践、关注现实问题，培育学生经世济民、诚信服务、德法兼修的职业素养。

结合《财务报告分析》这门课的课程定位与教学对象分析，可设立如下课程思政教学目标：①熟悉国家有关法律法规，遵守商业道德和职业操守，树立团结务实的工作作风；②掌握撰写财务、经营分析报告能力，为单位预测、决策和风险管理提供合理建议；③掌握国际会计惯例与准则，培育国际视野；④培养科学研究能力和创新意识，能够关注与应对不断变化的商业环境，提出创新性见解、进行创新性实验；⑤能认识到不断探索和学习的必要性，具有自主学习和终身学习的意识。

## 四、《财务报表分析》课程的思政教学方案设计

习近平总书记指出："要用好课堂教学这个主渠道。"课堂教学是落实课程思政的有效抓手。本文将结合具体案例，分别从"德、知、行"三个维度设计《财务报告分析》课程思政教学方案。

### （一）思政元素一：社会主义核心价值观

思政内容：爱国、诚信、敬业，强调"德"。

课程知识点结合：货币资金分析与会计人员职业道德。

思政元素要点：诚信、客观、职业关注、谨慎等是一个合格会计执业人员应具备的基本素养；不偏不倚地反映经济事实，客观公正地记录资金走向，摒弃私利，保持职业操守，是会计人员的底线与操守。如果违背这一原则，轻则受到市场的处罚，重则会受到法律的制裁。

思政教学过程：

1. 财务报告分析案例引入：康得新失"德"

2019年1月15日晚间，康得新（002450. SZ）公告披露，因公司流动资金

紧张，截至2019年1月15日终，公司未能按照约定筹措足额兑付资金，“18康得新SCP001”未能按期足额偿付本息，已构成实质性违约。与此同时，上海新世纪评级也下调了康得新主体信用等级。上海新世纪公告将康得新的主体信用等级由BBB级下调至CC级，同时将“17康得新MTN001”和“17康得新MTN002”的债项信用等级由BBB级下调至CC级，列入负面观察名单。全景网2020年2月17日讯*ST康得（002450）晚间公告，公司2017年度第一期中期票据（17康得新MTN001）应于2月15日偿付利息，公司未能按约筹措足额偿付资金，“17康得新MTN001”不能按期足额偿付利息，已构成实质性违约。2021年，*ST康得由于虚增利润等违法行为，被深交所勒令退市。

通过这一课程案例引导学生讨论三个问题：第一，康得新公司作为一家货币资金充沛的公司，为何债权违约仍频发？第二，通过仔细分析康得新公司的报表，其造假行为主要体现在哪些方面？第三，康得新公司退市背后的深层次原因是什么？如何杜绝类似事件再次发生？

2. 知识与能力层面的谈论分析

在引入案例之后，进入理论教学过程。

首先，强调货币资金是企业赖以生存的血液，企业需要使用货币资金偿还债务、购买商品、进行经营，资金链断裂将会对企业产生毁灭性的打击。而在实务中，由于货币资金的高度流动性，是最容易被侵占或是造假的项目，也是审计工作人员与监管机构重点关注的对象。因此，企业会计人员在进行货币资金核算以及列报的过程中，必须要保持职业谨慎性，遵循会计计量的可靠性原则，如实反映货币资金的数量与使用情况，为信息使用者提供更加真实可靠的信息。

其次，由老师讲解在财务报告分析过程中，如何结合货币资金的自由度分析其真实性与使用效率。在本案例中，康得新公司资产负债表上的货币资金存量约为158亿元，远远高于其债券规模。然其仍发生债券违约的原因在于货币资金自由度较低，表现为158亿元货币资金中，23亿元为各种保证金，企业不得随意动用，剩下的货币资金有122亿元查无此账，货币资金造假高达122亿元，康得新集团货币资金造假案也由此露出冰山一角。

最后，由老师总结分析一家上市公司货币资金中可能用到的技术手段与识别方法。

3. 思政元素的融合

完成知识与能力层面的教学后，再次回到案例带领引导同学讨论康得新案例产生背后的深层次原因：企业会计与管理人员没有遵循必要的职业操守，没有按照会计准则的要求，如实反映企业的货币资金信息，产生了失“德”行为，这是康得集团造假并退市的重要原因之一。

在社会主义核心价值观中，“诚信、敬业”是对各行各业工作人员的基本要求，这一要求在会计人员的工作过程中尤其重要。因为会计核算信息质量的首要要求是信息的真实可靠，而“诚信、敬业”的会计人员是真实可靠会计信息的生产者。随着经济环境与经济业务的日趋复杂，财务会计已从传统确认、记录与计量企业过去交易与事项的“仪表盘”，转变成指引企业未来经营与经济运行的“导航仪”。通过会计人员核算生成的各种财务信息，可以帮助利益相关者及时掌握企业动态，准确做出决策，确保其资本的稳定，促进社会再生产，兼顾社会公平与效率。但会计从业者也面临着较大的职业风险，我国会计舞弊违规事项频发，严重干扰了我国资本市场或是经济运行的正常秩序，也会对我国企业“走出去”产生恶劣影响，而从业者职业道德的缺失是产生这一现象的重要原因。企业会计人员必须守住底线，时刻遵循诚信、实事求是、不做假账的职业价值观，向信息使用者输出真实、可靠的信息，才能够保证企业的竞争力，优化我国的资源配置效率，也是社会主义核心价值观中“爱国”的重要体现。

### （二）思政元素二：马克思主义思想方法

思政内容：唯物辩证法，商业模式的变化与矛盾，强调“知”。

课程知识点结合：从雅戈尔看我国企业商业模式发展的矛盾与变化。

思政元素要点：唯物辩证法揭示了物质世界普遍联系和永恒发展的特性，要求人们在认识世界和改造世界过程中，充分运用辩证方法观察和处理问题，正确分析矛盾，准确把握客观实际，以发展的眼光看问题。从报表分析入手，客观分析我国企业发展中存在的问题及其对经济社会的影响。

思政教学过程：

1. 翻转课堂：雅戈尔商业模式发展案例

在课程开始前，让学生下载并分析雅戈尔（600177）2015~2019 年的财务报告。

并在课程开始之初，回答下述问题：

第一，如何通过财务报表判断一家企业的商业模式？

第二，通过分析雅戈尔的相关数据，其商业模式呈现什么特征？

第三，形成这一商业模式的驱动力是什么？如何看待其利弊？

2. 知识与能力层面的谈论分析

结合学生的课前讨论，进入理论教学过程。

首先，教授学生从报表上分析企业商业模式的方法。一方面，从资产负债表上对企业的资产性质和资产结构进行划分，将企业资产划分为进行实业的经营性资产与获取投资收益为目的的投资性资产，并计算各自占总资产的比例，获取企业资源配置战略；另一方面，从企业的利润表入手，分析企业经营性资产产生的经营性收益，与投资性资产产生的投资性收益，与企业的资产结构是否匹配，判断企业战略实施的结果。

其次，结合计算结果，可以从财务的视角将企业的商业模式划分为：投资主导型、经营主导型以及经营投资并重型企业。其中，经营主导型是指企业主要经营实业，并靠从事实体经济获取收益。投资主导型指企业主要依靠投资其他企业获取收益、并重型指两者对企业的贡献相当。

最后，结合案例数据，与学生一起分析雅戈尔的商业模式。雅戈尔是一家1979年成立的中国纺织服装行业龙头企业，主要从事服装业生产与销售，包括男士衬衫、西装等，雅戈尔也早已打上了商务男装的标签。但从其报表分析来看，该公司2014年发生了重大的战略转型。2014年之前，公司70%左右的资产为经营性资产，经营性收益也占到了企业整体收益的75%。然而从2014年开始，雅戈尔的投资性资产快速增长，到2018年，其投资性资产已达到总资产规模的70%，其投资性收益也占到了总收益的50%以上。这些数据说明雅戈尔公司已从一个经营主导型的企业发展成为投资主导型企业，体现了公司战略与商业模式的转型。

3. 思政元素的融合

结合以上案例，引导学生回答以下问题：

第一，雅戈尔的商业模式为何会呈现出这种变化？

第二，如何评价这一变化？其对公司发展，以及整个经济社会会产生何种影响？

企业在有限资源的约束下，会根据经营情况与市场环境动态调整其经营战略，最终这些战略实施成果会体现在资产负债表上，分析企业的商业模式，可以帮助信息使用者更好地判断企业的经营情况以及未来的发展，但对商业模式的判断需要一定的财务报告分析技术作为基础，尤其是不能静态地观察一个企业，而是需要动态地、辩证地去观察企业的商业模式发展。辩证法的核心思想就是每一种既成的形式都是在不断的运动中发展，不存在一成不变的客观事物。

这一点从雅戈尔的商业模式发展变化中可见一斑。

进一步分析雅戈尔战略转变的原因，本质上是由投资模式与经营模式的矛盾推动的。企业在资源有限的情况下，是将资源投入经营性资产还是投资性资产？是企业面临的矛盾。经营性模式意味着更多固定资产与无形资产的投入，意味着专注于产品，但产品市场竞争激烈，持续地投入研发与经营需要大量时间与资源，为企业带来的经营收益可能是较为缓和的。而将资源投入投资性资产，虽然可能会面临一定的风险，但企业可能会在短期内积累大量财富。仔细分析雅戈尔的战略转型，可以发现它逐渐将资源从经营资产转移至房地产、旅游等投资性资源，也因此带来了净利润的大幅增长。我们也可以看到有不少上市公司将资源投入房地产、金融资产等领域，其收益甚至远远超过其主业。但长此以往，企业将资源都投入投资领域，就会出现“脱实向虚”，造成企业的空心化，如果不专注于产品的创新，我国企业就会逐步丧失创新与可持续发展的能力，这也是为何近年来我国的发展战略聚焦于“脱虚向实”与供给侧改革，并强调企业的创新能力。

因此，对于企业商业模式的判断，我们应该使用马克思主义辩证思想来看待，既要看其发展必然性背后的矛盾，又要辩证地看待企业报表中存在的问题。通过构建战略思维与创新思维，锻炼从纷繁复杂的矛盾中把握规律的能力。以财务报表分析为抓手，引导学生辩证思考我国企业存在的问题及其对宏观经济的影响，激发学生的思维从微观走向宏观，为构建核心职业价值观，更好地推动我国经济的发展打下基础。

### （三）思政元素三：知行合一，讲好中国故事

思政内容：知先行后，行重知轻，知行合一，强调“行”。

课程知识点结合：苹果公司与华为公司综合案例分析。

财务报告分析是一门应用性非常强的学科，虽然有一系列的分析方法，但就像“一千个人眼里有一千个哈姆雷特”，对同一家上市公司，不同的财务报告分析的视角与技巧，会得出不同的分析结论。同时，财务报告分析是一个非常系统的工程，需要分析者掌握一定的财务知识与分析技术，具有一定的逻辑分析与思辨能力，这些能力需要在实践中历练。课程在分章节理论讲解完成之后，会要求学生对 Apple 公司与华为公司进行综合案例对比分析，通过学生的分析与讨论，提供多元化的分析视角。在“知行合一”中巩固所学知识，并学会灵活应用。

这两个案例是典型的经营主导型企业，也是学生非常熟悉的公司，可以引起学生的兴趣，并为学生提供丰富的分析内容与多元化的分析视角。但由于案例中涉及的苹果公司报表为全英文表述，其编制的基础也为美国会计准则，而不是学生们熟悉的我国企业会计准则，对于学生的英语水平以及国际会计准则的要求较高，分析难度较高，学生可能会出现眼高手低或是畏难情绪。在课程中，通过引述朱熹的“行重知轻”、王阳明的“知行合一”以及毛泽东的《实践论》，向学生强调财务报告分析学习由知向行转变的必要性以及潜在的困难。引导学生从研究中国会计准则的差异入手，关注苹果公司与我国上市公司的财务报表项目对接，分别从资产结构、商业模式、盈余资金管理、库存管理等多个角度对苹果公司的财务报告进行全面分析。以点及面地引导学生掌握财务报告分析的方法论，让学生体会“践行”中存在的挑战，掌握撰写财务、经营分析报告能力，培育国际视野，提高学生的创新及思辨能力。同时引导学生对苹果公司与华为公司的研发、供应链管理、资金管理等多方面进行比较，找出我国企业存在的优势与不足，了解研发创新对一家企业乃至整个国家经济发展的重要性，以及伟大的企业如何助力实现中华民族伟大复兴的“中国梦”，明确作为一名中国大学生同时也是企业未来管理人员身上肩负的责任与使命。

## 参考文献


［1］于桂荣，秦书生．习近平关于思想政治理论课建设重要论述的逻辑阐释［J］．现代管理教育，2021（3）：51-59.

［2］陈敏，李敏杰．“课程思政”视角下“财务报表分析”课程教学改革研究［J］．当代会计，2020（6）：24-25.

［3］殷俊明，张兴亮．会计学“专业思政”建设的思考与探索［J］．财会通讯，2020（15）：163-176.

［4］洪镔专业课“课程思政”的课堂教学设计——以“中级财务会计”课程为例［J］．厦门城市职业学院学报，2020（3）：15-19.

［5］熊晓梅．把握好高校思想政治教育“立德树人”的四个维度——学习贯彻习近平总书记关于思想政治教育重要论述［J］．现代教育管理，2020（8）：23-29.

# 《会计法规与职业道德》课程思政优质专业课程建设方案

蔡 炯

**摘　要**：随着中国特色社会主义进入新时代，我国高等教育也已进入高质量发展阶段。在有限的课堂实现对学生职业道德的引导，并将这种引导深入到学生的职业生命中，“如盐入水”“润物无声”地实现课程目标，本文首先分析了《会计法规与职业道德》课程思政优质专业课程建设方案建设要求，在此基础上探讨了该课程思政优质专业课程建设思路，最后提出该课程思政优质专业课程建设建议。

**关键词**：《会计法规与职业道德》课程思政；优质专业课程；课程建设方案

## 一、引言

随着中国特色社会主义进入新时代，我国高等教育也已进入高质量发展阶段。德才兼备是人才培养的较高境界，而任何职业都有属于自己的职业道德范畴，由于会计人员会计信息的重要性，一直以来有着属于自身的职业道德要求。但正如《道德经》所指出的“道可道，非常道”，职业道德的形成需要“如琢如磨”，需要外界的引导和内心的自省。而法律则更是规范职业行为的不可触碰的底线。

为了培养会计专业学生的职业道德素养，通常会开设《会计法规与职业道德》（有学校亦称为《财经法规与职业道德》）课程。如何在有限的课堂实现对于学生职业道德的引导，又如何将这种引导能够深入到学生的职业生命中。以及如何“如盐入水”“润物无声”地实现课程目标，特别是在课程思政优质专业课程建设背景下，值得探讨。有学者认为，在新时代，高等教育高质量发展以“立德树人”为根本，应坚持以学生为中心，深化教育教学改革，围绕培养高素质、应用型专门人才目标，进一步推进专业自身建设，探讨课程思政与专业教育的深度有机融合路径，即“课程思政”怎么渗透专业课程教育里边去。在此引导下，首先，本文拟分析《会计法规与职业道德》课程思政优质专业课程建设方案建设要求；其次，在此基础上探讨该课程思政优质专业课程建设思路；最后，提出该课程思政优质专业课程建设建议。

## 二、课程思政优质专业课程建设方案和建设要求

为促进高校高质量发展改革，2015 年 11 月，国务院发布了《统筹推进世界一流大学和一流学科建设总体方案》，为高校建设提供了新的指导思想和方向。2018 年习近平总书记在全国教育大会上强调教育要坚持中国特色社会主义教育发展道路，要培养德智体美劳全面发展的社会主义建设者和接班人，其中，对学生的培养提出以下希望：在坚定理想信念上下功夫，增强学生的中国特色社会主义道路的“四个自信”，立志肩负起民族复兴的时代重任；在厚植爱国主义情怀上下功夫；在加强品德修养上下功夫，引导学生培育和践行社会主义核心价值观，成为有大爱大德大情怀的人；在增长知识见识上下功夫；在培养奋斗精神上下功夫，做到刚健有为、自强不息；在增强综合素质上下功夫，教育引导学生培养综合能力，培养创新思维；要树立健康第一的教育理念，增强体质、健全人格、锤炼意志；坚持以美育人、以文化人；要弘扬劳动精神，辛勤劳动、诚实劳动、创造性劳动。[1]2020 年 6 月教育部印发实施《高等学校课程思政建设指导纲要》（以下简称《思政纲要》），为落实“立德树人”根本任务全面推进高校课程思政建设提供指导。《思政纲要》指出，全面推进课程思政建设，就是要寓价值观引导于知识传授和能力培养之中，帮助学生塑造正确的世界观、人生观、价值观，在高校价值塑造、知识传授、能力培养“三位一体”的人才培养目标中，价值塑造是第一要务。《思政纲要》对经济学、管理学、法学类专业课程提出：要在课程教学中坚持以马克思主义为指导，加快构建中国特色哲学社会科学学科体系、学术体系、话语体系。要帮助学生了解相关专业和行业领域的国家战略、法律法规和相关政策，引导学生深入社会实践、关注现实问题，培育学生经世济民、诚信服务、德法兼修的职业素养。另外，2021 年 3 月由教育部、财政部、国家发展和改革委员会联合制定并发布印发《“双一流”建设成效评价办法（试行）》等。在“双一流”建设背景下，学科建设问题引起高等教育学术界和实践界前所未有的关注（解德渤、崔桐，

2021)[2]。此外，还需注意的是2019年10月中共中央、国务院印发《新时代公民道德建设实施纲要》(以下简称《新道德纲要》)，并发出通知，要求各地区各部门结合实际认真贯彻落实。《新道德纲要》指出：加强公民道德建设是一项长期而紧迫、艰巨而复杂的任务，要适应新时代新要求，坚持目标导向和问题导向相统一，进一步加大工作力度，把握规律、积极创新，持之以恒、久久为功，推动全民道德素质和社会文明程度达到一个新高度。《新道德纲要》指出，要以习近平新时代中国特色社会主义思想为指导，……,在全民族牢固树立中国特色社会主义共同理想，在全社会大力弘扬社会主义核心价值观，……，全面推进社会公德、职业道德、家庭美德、个人品德建设，……。《新道德纲要》也明确提出要坚持提升道德认知与推动道德实践相结合；把“立德树人”贯穿学校教育全过程。

可以看到，上述观点和规范总结起来可以归纳为两个方面：一是德与才的并进，二是敦品励学，才德并茂，也即专业学习和课程思政。因此，本文认为《会计法规与职业道德》课程优质专业课程建设思路应主要围绕专业学习和课程思政进行。

## 三、课程思政优质专业课程建设思路

《会计法规与职业道德》课程优质专业课程建设思路应围绕专业学习和课程思政两个方面展开，两者构成《会计法规与职业道德》课程目标实现的不可或缺两个方面。其中，专业学习内容是学生成“才”的主要构成，课程思政是学生立“德”的主要构成。

### (一) 通过提高专业性提升课程思政建设效果

《会计法规与职业道德》课程的主要任务是梳理和强调有关的会计相关工作法律规范，包括会计法律制度规范、税收法律制度规范、支付结算法律制度规范、预算法律制度规范及会计职业道德内容等。知法、懂法才能守法。在会计从业资格考试取消之前，该考试中设置了“财经法规与职业道德”科目，在事实上一方面促进了会计业界和学界对于会计职业法规和道德的重视，并促进了相关教程的发展和完善；另一方面在会计从业资格考试取消之后，在初级会计资格考试中的“经济法基础”科目中仍然保留了会计职业道德和相关职业法规的内容。在“经济法基础”科目中，除上述内容之外，还包括了法律概述和劳动合同与社会保险法律制度。但正如会计从业资格经过多年的发展退出历史舞台，初级会计资格变成了事实上的职业“入门考试”，人们泰然处之；通过结合“经济法基础”提升《会计法规与职业道德》课程内容，由于在内容上“经济法基础”较“财经法规与职业道德”在深度和广度上有所提升，而《会计法规和职业道德》课程课时的安排，可以通过以点带面，“管中窥豹”等方式对相关内容再结合学生学习状况进行组合，并结合初级会计资格考试，以考带练，以考促学。

将《会计法规与职业道德》内容与初级会计资格考试内容相结合，使学生的职业理想追求有可预见的效果，树立底线思维，并帮助其树立高远职业目标，增强学生专业知识的积极性，使学生在增长专业知识上下功夫，并在深入学习专业知识的过程中培养其奋斗精神。

### （二）通过课程思政建设提高专业认识

《思政纲要》指出：课程思政建设总的目标是立足于解决培养什么人、怎样培养人、为谁培养人这一根本问题，围绕全面提高人才培养能力这个核心点，努力培养担当民族复兴大任的时代新人，培养德智体美劳全面发展的社会主义建设者和接班人。在《会计法规与职业道德》课程中要实现课程思政目标，以文化人需要解决理论与实践的矛盾引导与内化的矛盾，短课程与长道德的矛盾。而案例教学法自 20 世纪 80 年代正式引入我国以来，其“真实性”和“故事性”等特质大大缩短了教学情境与实际生活情境之间的差距，已成为教学改革中一种非常重要的教学方法（和平、宫福清，2020）[3]。“经验和教训使我们党深刻认识到，法治是治国理政不可或缺的重要手段”，同样实践中的经验和教训也可以使学生们深刻认识到职业道德与职业法规的遵守，是职业发展的必须，可以通过“以案说纪、以案说法、以案说德、以案说责”，知其然更知其所以然，通过案例共情，提升学生的道德认知与推动道德实践。好的案例能够使学生们才的精进，德的养成，因而案例的设计和臻选应当包括两个方面：一是典型的案例，如安然事件、中航油事件等，从中可以得到反面教训；二是正面案例事项或正面职业榜样，如中国现代会计之父潘序伦先生的事迹等，特别是结合中共党史、新中国史、改革开放史和社会主义发展史“四史”学习。例如，“毛泽民与扁担银行”事迹的学习。[4]1931 年，党中央在江西瑞金成立了中华苏维埃共和国临时中央政府，并在第一次执委会议上决定建立“国家银行”，毛泽民任银行行长。为了将在漳州筹集来的部分资金储存起来，选定了邻近瑞金石城县烂泥垄村一个靠山房子后面山坡上的一个地窖作为临时金库。当时主要考虑的因素是这个地窖空间不太大，但十分干燥。地窖前的房子，既可以掩护，又可以派人看守。当资金清点打包时，毛泽民亲自过目。当资金被放置到地窖后，毛泽民也亲自视察。为了资金的保管安全，毛泽民设计了严密的工作流程：组织了 4 批战士来运送，每一批人只掌握一部分信息。包裹金银的不知道储藏何处，负责运输的不知道终点在哪里，储藏包裹的不知道里面是什么，最后警卫更是毫无线索。他们将 30 个担子的东西造好清册，一共两份，一份由毛泽民亲自保管。不仅如此，毛泽民在清册上还以黄酒白酒来掩饰。后来的实践证明，这一决策十分高明。在后来红军被迫撤离中央苏区进行长征时，这部分资金发挥了极大的作用。的确，“在近代以来漫长的历史进程中，中国人民经历了太多太多的磨难，付出了太多太多的牺牲，进行了太多太多的拼搏”。通过“扁担银行”的事迹学习，一方面，学生们可以学到内部牵制制度、资产管理制度等会计核算制度规范的重要性；另一方面，也可以看到职业能力、职业责任的重要性。无德，在私利面前，人们会见利忘义，难以成事；无才，在问题面前，可能束手无策，同样难以成事；唯有德才兼备，方可有为。

同学们在学习过程中努力体悟“德才”的重要性，并努力追求“德才”。习近平总书记关于教育的论述中提到，要以“立德树人”为根本目标，即为使学生们努力“德才兼备”“才德并茂”。而就社会主义建设而言，德才兼备、才德并茂方能在面对未来工作挑战中游刃有余。并在不断演进的制度及现实环境过程中，以专心、恒心和热爱专业之心，努力精进职业能力，成为有大爱大德大情怀的人。

## 四、课程思政优质专业课程建设方案具体实施

依据《思政纲要》，本文认为《会计法规与职业道德》课程思政优质专业课程建设主要从以下四个方面展开：

第一，要抓好课堂教学管理，在课堂教学管理规定中全面融入课程思政建设要求。明确课程目标，依据培养目标及授课内容包括教学案例修订教学大纲、选择或编修教材，完善教案课件编写等，并下功夫落实到位。

第二，要综合运用第一课堂和第二课堂，特别是深入挖掘第二课堂的思政教育元素，引导学生将学习“四史”，学习行业楷模，先进人物与对会计职业道德的体悟、与会计法规的遵守相结合；同时，考虑到学生课程体系的系统性、

完整性和关联性，拓展《会计法规与职业道德》课程思政建设方法和途径。

第三，要在教育教学方法上不断改革创新，以学生的学习成效为目标，激发学生学习兴趣，运用蓝墨云班课、中国慕课等，并引入案例讨论法及文献搜集整理法引导学生深入思考，实现思想启迪和价值引领。正如《思政纲要》所指出的：当代大学生是在互联网环境下成长起来的一代，课程思政案例整理要积极适应学生学习方式的转变，借助多媒体分析诸如“扁担银行”“中航油事件”等，以积极事例引导，以消极事例警示以解决短课程与长道德的矛盾。

第四，通过实践不断提高教师的专业能力和课程思政能力。由于会计法规始终随着社会宏观环境和微观主体实践的发展变化而不断演进，因而对于专业老师而言，与时俱进是不可避免的。自党的十八大以来，习近平总书记多次强调，育人由育师开始，不断提高教师培养培训的质量。

## 五、结语

社会经济发展需要不断向前发展，专业一流建设需要持续向前。以“立德树人”根本目标为指引，以底线思维，才德并茂，以专业性为才，业精于勤荒于嬉，德在自我修养，使人更快乐。社会经济发展需要不断向前发展，专业一流建设需要持续向前。《会计法规与职业道德》课程从内容设计上，应专业性与课程思政相结合，具体与综合相结合，学习与考试相结合，知识与历史相结合，时空小与大相结合。

## 参考文献

［1］解德渤，崔桐．我国高校学科建设的制度意蕴、困境与创新［J］．现代教育管理，2021（7）：54-61.

［2］教育部．新时代高等教育高质量发展论析教育部高等教育司负责人就《高等学校课程思政建设指导纲要》答记者问［EB/OL］. http：//www. gov. cn/zhengce/2020-06/06/content_5517612. htm，2020-06-06.

［3］和平，宫福清．从“故事”到“知识”：案例教学实践逻辑的反思与重构［J］．教育理论与实践，2020（5）：3-6.

［4］金服透视镜．话说人民币（三）：金融史上的奇迹——“扁担上的国家银行”［EB/OL］. https：//www. sohu. com/a/273590918_481763，2018-11-18.

# 《政府与非营利组织会计》课程思政建设探索与实践

于国旺

**摘　要**：本文主要根据《高等学校课程思政建设指导纲要》的要求，对《政府与非营利组织会计》课程思政建设相关问题进行了分析探讨。研究认为，《政府与非营利组织会计》课程思政建设在目标上需要“求本”“求知”“求行”“求新”，为此应当强化课程的理论性、知识性、时代性等基本要素，优化完善教学方式方法。

**关键词**：政府与非营利组织会计；课程思政建设；教学内容设计；教学方式方法

## 一、引言

现代社会科学通常按照组织属性及其产出性质，将人类社会组织可以划分为政府组织（Governmental Organization）、营利组织（For-Profit Organization，以企业或公司为主体）和非营利组织（Not-for-Profit Organization，NPO）。它们是分别涵盖政治领域、经济领域和社会领域的主要组织形式。会计是这些组织主体的重要组成部分，在组织中发挥着不可替代的基础性和支柱作用。

在会计学中，政府与非营利组织会计属于整个会计体系的两大分支，是会计学基本原理在政府与非营利组织主体中的具体应用，是运用专门的会计程序和技术方法对政府与非营利组织发生的经济业务进行确认、计量、记录和报告的一种管理控制活动，旨在满足有关利益主体评估政府与非营利组织履行受托责任情况、作出相关资源配置决策的信息需求。因此，高校会计专业应当进一步加强《政府与非营利组织会计》课程教学，及时优化改革课程教学模式，为学生补齐会计知识和应用技能短板，提升学生的实践与创新能力，进一步提升会计专业人才培养质量。

2020年5月，教育部印发了《高等学校课程思政建设指导纲要》，明确提出全面推进课程思政建设是落实“立德树人”根本任务的战略，是全面提高人才培养质量的重要任务。所以，课程思政建设应当成为《政府与非营利组织会计》教学改革的核心推动力和抓手，为提高课程在会计专业人才培养方面的能力创造有利条件，为此需要进行系统深入的探索与实践。

## 二、课程思政建设的目标

《政府与非营利组织会计》课程思政建设主要在于推动专业课程教学改革，提升学生的课程学习体验，帮助学生了解国家财税管理体制改革的相关政策、法律法规、制度规范等，引导学生关注国家治理体系和治理能力现代化进程中的“国家理财”问题，培养学生具有“奉公守法”的职业操守、“知行合一”的行动力、“攻坚克难”的创新力和“为国理财”的责任心。因此，《政府与非营利组织会计》课程思政建设在目标上需要“求本”“求知”“求行”“求新”。

### （一）求本：夯实学习认知基础

《政府与非营利组织》课程要求学生先行掌握一定的涉及部门预算、国库集中收付、政府收支分类等方面的基本背景知识，这样才能更好地学习理解课程的教学内容，达到“知其然”与“知其所以然”的教学效果，否则只能在会计知识获取上“打转转”“死记硬背”。但是，高校会计专业本科生以学习企业会计为主，投入的个人时间和精力较多，政府与非营利组织会计的基本背景知识十分欠缺，以致在课程学习中往往过于关注会计分录和报表编制问题，对政府与非营利组织会计背后的规律缺乏更为深入的探究，影响对政府与非营利组织会计实践的理解应用和创新。因此，《政府与非营利组织会计》课程应当通过“求本”，帮助学生探究政府与非营利组织会计的规律性，为学生夯实学习认知基础。

### （二）求知：构建专业知识体系

为学生构建一套系统化的专业知识体系，是专业课程教学的一个重要目标，也是提升学生实践应用技能与思考创新能力的基础。在现有的教学模式下，高校会计专业本科生对企业会计的理解认知更为深入，在课程学习过程中形成了一定的企业会计知识体系网，但在政府与非营利组织会计知识体系方面基本处于空白状态。这不仅不利于学生采用系统的观念，从整体上把握会计体系各组成部分的关联性，而且也不利于学生掌握各个具体的知识点，课程学习中易于出现混淆混乱的情况。所以，《政府与非营利组织会计》课程要进一步达成“求知”目标，从各层次为学生构建系统整体的专业知识体系，使学生更为有效地理解课程各知识点的关系。

### （三）求行：培养实践应用技能

作为一种管理控制活动，任何组织中的会计都具有实践性。因此，高校会计专业学生不仅要掌握好会计理论知识，还应当具有较强的会计实践应用技能，达到“知行合一”的人才培养目标。高校会计专业本科生主要接受企业会计实践应用技能的训练，政府与非营利组织会计方面的实践应用技能训练严重不足，如果进入政府或非营利组织工作，那么难以及时适应新环境、新任务、新需求。所以，《政府与非营利组织会计》课程在教学中应当注重知识向应用的转化，不仅强化课内知识点的立体化配套练习，也可以结合“三公经费”、行政事业性收费等实例引导学生关注分析现实问题，培养学生的会计实践应用技能，提高会计职业素养。

### （四）求新：提升思考创新能力

作为一种信息系统，会计是环境的一种产物，环境的发展变化推动会计改革变迁。高校会计专业学生只有深刻理解国家治理体系和治理能力现代化、深化财税管理体制改革、社会治理主体创新等新时代新环境的客观需求，才能进一步明确政府与非营利组织会计发展变化的深层次动因及趋势，进而创新性地思考解决学习实践中的各种问题。但是，现行课程教学往往过多强调政府与非营利组织会计账务处理的技术方法，忽视了组织环境变化的影响作用，使学生难以理解所学会计知识的新时代价值。因此，《政府与非营利组织会计》课程应当在教学中注重介绍宏观层面的国家治理现代化背景，引导学生积极探索分析政府与非营利组织会计相关问题，提升学生思考创新能力，培养高质量会计人才。

## 三、课程思政教学内容设计

《政府与非营利组织会计》课程思政建设旨在通过“求本”“求知”“求行”“求新”，提高会计专业人才培养质量，使会计专业学生能够系统掌握政府与非营利组织会计基本理论知识，对会计作为管理控制活动形成更为深入的认识，而且可以付诸实践应用、创新性地解决实际问题。为此，《政府与非营利组织会计》应当按照课程思政与专业教育深度有机融合的客观要求，在教学内容设计上强化课程的理论性、知识性、时代性等基本要素。

### （一）课程的理论性

理论来源于实践，也指导实践。会计作为一项富有实践性的管理控制活动，同样需要会计理论的指导。会计理论是对会计活动一般规律的归纳总结，涉及一系列会计基本概念及有关准则。因此，《政府与非营利组织会计》课程应当提高理论性，在教学内容上纳入政府与非营利组织会计基本理论，包括会计（或财务报告）目标、会计信息质量特征、会计确认基础、会计要素、会计程序及会计处理方法、财务报告等，为学生深入学习政府与非营利组织会计知识与实践应用提供理论基础。通过对政府与非营利组织会计基本理论体系的介绍讲解，有利于学生从理论层面理解掌握政府与非营利组织会计实务问题及其规律性。

### （二）课程的知识性

广博的知识体系，是深入学习认知的坚实基础。《政府与非营利组织会计》课程不仅包括财务会计知识，也涉及预算管理、资产管理、财务制度等相关知识，因此一般要求学生必须掌握一定的基本背景知识。高校会计专业本科生学习《政府与非营利组织会计》课程存在困境的一个重要原因就是欠缺这些知识。所以，《政府与非营利组织会计》课程需要提高知识性，在教学过程中应当结合国家财经法律法规的相关规定，为学生阐述课程知识点涉及的具体背景知识，例如，部门预算、国库集中收付、结转结余资金管理、政府债务管理、非税收入管理等，促使学生从制度规范层面更好地分析理解政府与非营利组织会计实务问题。

### （三）课程的时代性

作为环境的一种产物，会计的改革发展反映了时代的呼唤。自中华人民共和国成立以来，政府与非营利组织会计历经了多次变革，都是为了满足特定发展阶段的客观需求。所以，《政府与非营利组织会计》课程应当提升时代性，通过对政府与非营利组织会计发展的回顾、总结和展望，使学生不仅了解掌握政府与非营利组织会计的“过去”和“现在”，也可以进一步明确其“未来”，从而增强学生对全面深化改革（包括财税管理体制领域）及其成果的高度自信。这可以使学生从时代发展层面去认识政府与非营利组织会计实务及其变革问题。

## 四、课程思政教学方式方法

为了达到课程思政建设的目标，使课程教学内容设计能够落到实处，《政府与非营利组织会计》课程在教学方式方法上进行了一定的探索与实践，为进一步优化完善课程教学模式提供了有利条件。以下结合实例进行简要的说明。

### （一）为学生创设学习认知基础

政府与非营利组织会计不同于企业会计，两者存在多方面的差异。为了使学生深入理解政府与非营利组织会计的主要特征这一知识点，《政府与非营利组织会计》课程不仅分析比较了政府与非营利组织会计相对于企业会计的特殊性外，还结合不同组织类型在宗旨目标、经济资源来源与使用、受托责任等方面的特征，深入分析其产生的根本原因。例如，政府会计中的净资产，一般分为结转结余和基金两类；非营利组织会计中的净资产，主要分为限定性和非限定性两类。这种分类主要是为了体现政府与非营利组织在未来持续提供产出的能力及在资源使用上受到的限制。但在企业会计中，所有者权益主要包括实收资本、资本公积、盈余公积和未分配利润。其中，实收资本和资本公积是企业所有者投入的资金；盈余公积和未分配利润是企业获取的留在内部使用的盈利。通过这种分类，可以反映企业对所有者投入资金的保值增值能力。尽管在会计上净资产和所有者权益都是资产减去负债的一种结果，但采取不同分类的根本原因主要在于组织特征的差异性。

### （二）为学生构建专业知识体系

政府与非营利组织会计包括财政总预算会计、政府单位会计和民间非营利组织会计。为了使学生形成系统完整的专业知识体系，《政府与非营利组织会计》课程主要通过图示的方式向学生揭示这三者之间的关系。具体流程为典型的政府财政资金运动过程始于以政府名义向企业、组织等主体征税、服务性收费、发行债券、接受捐赠等。传统上，行政事业单位取得资金但未上缴财政时，相关经济业务由政府单位会计通过资产负债项目进行核算反映；行政事业单位将财政资金缴入国库或财政专户、成为一级政府财政收入时，则纳入财政总预算会计进行核算，政府单位会计不再进行核算；政府财政将取得的资金按年度预算和用款计划实际划拨所属部门或单位时，财政总预算会计一般直接记录相关支出项目而不再进行核算，在政府单位会计中反映为相应的预算收入项目；当行政事业单位为履行职能向企业、组织等主体购买商品或服务而支付资金时，政府单位会计记录为相应的支出项目，财政资金运动过程由此正式终止。在整个循环体系中，非营利组织会计主要对组织取得的收入和发生的费用以及资产负债变动进行核算反映。而且，《政府与非营利组织会计》课程也通过思维导图等工具归纳总结相关知识点，帮助学生构建必要的专业知识体系。

### （三）强化学生的实践应用技能

虽然财政总预算会计、政府单位会计和非营利组织会计设置的会计要素相同，但由于适用的会计主体以及核算反映的经济业务不同，因此各有一套自求平衡的会计科目体系。《政府与非营利组织会计》课程不仅要求学生准确熟记这些会计科目及其核算对象，而且通过实践案例具体说明其使用方法，并提示学生从不同会计主体相互关系的层面进一步分析经济业务的处理方法。根据会计科目使用的重要知识点，附有立体化的配套练习、作业、自测题等，以提高学生运用所学知识解决实践问题的能力。

《政府与非营利组织会计》课程在教学中通过实践案例讲解说明相关知识点。例如，在财政总预算会计中财政专户管理资金收支核算知识点上，首先，说明财政专户管理资金的范畴，即政府财政纳入财政专户管理的各种教育收费资金；其次，向学生提出“学校每年向大家收取的学费、住宿费都存在哪里?”的问题，使学生明确这些收费在实践中一般先要上缴财政专户，而不是直接留归本单位使用；最后，进一步说明财政总预算会计对这类资金的核算方法。这种教学方式有助于激发学生的兴趣，引导学生关注现实问题，使学生的实践应用技能得到一定的提升。

### （四）提升学生的思考创新能力

我国政府会计进行了深刻变革，政府会计理论与实务发生了较大变化，形成了包括准则、制度、新旧衔接与补充规定、应用指南及解释公告在内的一套政府会计规范体系，但在实践中也有许多值得关注的问题，如资产的计价、收入的确认等。这些正是可以引导学生深入思考的相关知识点。例如，对行政事业单位资产的计价，规定的计量属性主要包括历史成本、重置成本、现值、公允价值和名义金额。对于特定的资产项目，应当采用何种计量属性通常有可待商榷之处。又如，在《政府与非营利组织会计》课程教学中涉及固定资产入账价值确定时，除了说明常规的情况之外，还以学校早期建造的教学楼为例，组织学生思考讨论以下问题：以历史成本入账是否导致学校资产账面余额过低？采用的入账凭据是否还存在？采用其他计量属性是否更为合理？入账后是否计提折旧？这可以使学生利用所学的政府与非营利组织会计理论和实务知识，进行独立思考并提出见解，有利于提升学生的思考创新能力。

## 五、结语

《政府与非营利组织会计》课程是高校会计专业本科生人才培养的一个重要组成部分，能够为学生补齐会计知识和技能短板，为学生构建更为系统完整的会计知识体系，提高学生的实践应用技能与思考创新能力，使学生了解掌握国家治理现代化进程中“国家理财”的发展大势。课程思政建设是《政府与非营利组织会计》课程教学改革的核心驱动力和重要抓手，通过“求本”“求知”“求行”“求新”，可以进一步优化完善教学目标、教学内容、教学方式方法等，有利于提升课程教学的育人效果，为专业育人目标提供合理保障。

## 参考文献

［1］辛旗．新版政府会计制度下的《政府与非营利组织会计》课程教学改革探讨［J］．产业与科技论坛，2020，19（13）：209-210.

［2］张春燕．“翻转课堂”教学模式在《政府与非营利组织会计》教学中的设计与应用［J］．教育现代化，2019，6（86）：213-215.

［3］马娟．政府及非营利组织会计改革趋势视角下会计教学方向研究［J］．课程教育研究，2019（14）：58.

［4］童友霞．政府与非营利组织会计课程教学与改革探讨［J］．教育教学论坛，2018（50）：86-87.

［5］程红梅．“政府与非营利组织会计”课程的教学改革探讨——以安徽建筑大学为例［J］．商业会计，2018（18）：119-120.

# 《纳税筹划》课程思政优质专业课建设方案

刘　捷

**摘　要**：从《纳税筹划》课程思政改革的目的和意义出发，结合“课程思政”教育理念，挖掘思想政治教育资源，找准价值引领与税收筹划课程的契合点，将传统美德、职业道德、责任担当和社会主义核心价值观等思政元素融入《纳税筹划》课程教学过程，以期学生在学习专业知识的同时提升思想政治素质和人文素养，并促进教师育人水平的提高。

**关键词**：纳税筹划；课程思政；建设方案

## 一、引言

习近平总书记在主持召开学校思想政治理论课教师座谈会时强调：“要坚持显性教育与隐形教育相统一，挖掘其他课程和教学方式中蕴含的思政教育资源，实现全体教学人员全方位教书育人。”强调了思政元素不仅存在于思政课课堂，也应存在于专业课课堂，所有教师都有育人职责，所有课程都有育人功能。

“课程思政”指以构建全员、全程、全课程育人格局的形式将各类课程与思想政治理论课同向同行，形成协同效应，把“立德树人”作为教育的根本任务的一种综合教育理念。“课程思想政治教育”不是专门开设的一门具体的课程，而是一种新的教学思维、教育理念，即在开设的每门专业课程中，嵌入“思想政治教育”内容，在专业课程知识中嵌入思政教育，并非要改变专业知识的原有属性，而是发掘专业课程中“隐形”的思想政治元素，达到“润物细无声”的教育效果，充分发挥课程的德育作用。课程思政是将高校思想政治教育融入课程教学和改革，实施全过程、全方位、全员育人的一种探索，是我国高等教育构建知识传授和价值养成相统一、知识育人和立德树人相统一的现代课程设想。课程思政的发展既是顺应课程改革的要求，也是提高高校思政教育实效性的积极探索。高校专业课程的课堂教学在高校教育教学活动中占据着非常大的比重，是落实立德树人根本任务的主渠道，所以各门专业课“都要守好一段渠、种好责任田”。据此，本文以《纳税筹划》专业课程为例，探索如何通过教学改革深入挖掘专业课程的思政教育功能。

## 二、文献综述

### （一）课程思政元素

《纳税筹划》作为专业课程要发挥育人作用，不能像思政课程一样直白，而是要更加隐蔽地达到“润物细无声”甚至是“无声胜有声”的效果。要达到这一目的，首先应该对《纳税筹划》课程的知识点进行全盘梳理，从中挖掘出思政元素。吕燕（2020）对增值税、消费税、企业所得税、环境保护税中的思政元素进行了挖掘，如社会主义核心价值观、树立正确的消费观、创新和环境保护观等。周肖肖（2020）从税收目的性与特征以及具体税种筹划方面进行了思政元素挖掘，例如税收的目的是国家为了提供公共产品，并结合此次新型冠状病毒肺炎疫情，让学生充分认识税收取之于民、用之于民、造福于民，激发学生的爱国热情，培养“四个自信”，并理解纳税光荣的真正含义。李亚杰（2020）通过对增值税、消费税和环境保护税中的思政元素举例说明了《纳税筹划》课程中思政元素的挖掘，例如他列举到木制一次性筷子，为什么征税呢？保护树木、保护森林就是保护我们的“绿水青山”，如何筹划呢？生活中一次性筷子有木制的，也有竹子制的，显然选用竹子的就无须缴税，这筹划思路清晰明了，方法简便易行。盛香林（2020）主要研究了将思政教育元素融入关税教学的基本途径。朱明会（2020）从课程结构角度逐一列举了内容模块的思政元素。例如他提到可以在讲解小微企业和双创企业税收优惠政策的过程中融入“社会主义核心价值观——诚信”思政元素。

### （二）教学模式设计

运用丰富多彩、灵活多样的教学方法，可以激发学生学习兴趣和独立思考潜能，开发创新思维能力。荣国萱（2020）指出，可以采用仿真案例式、问题探究式、主题演讲式、团队合作式、分组讨论式等开放式教学模式，并且利用“互联网+教育”的理念和技术，尝试“课堂+网络+实践”三结合的混合式教学，迎合“互联网原生代”学生的喜好，提升教学效果。李亚杰（2020）提到大数据、人工智能、云计算等已严重地改变了课堂的教学模式，要取得很好的教学效果，就必须利用现代教学手段，采用线上线下混合教学模式，如同时采用视频观看、模拟场景、角色扮演等。刘志玲等（2019）研究了创造性问题解决模型（简称 CPS 模型）下翻转课堂教学模式设计，其认为在 CPS 模型下的翻转课堂教学模式将整个教学过程分为教学资源设计、课前思维创新、课中交流评价和课后反思整改四个部分。张红霞（2020）提出可以用增设纳税筹划专业实践教学课程的方式，进行课堂教学模式改革与讨论的研究。

## 三、《纳税筹划》课程基本概况

### （一）课程定位

《纳税筹划》课程是会计专业的必修课程，是该专业课程体系的重要组成部分。本课程建立在学生已有一定的税收法律法规知识的基础上，通过对增值税、消费税、企业所得税、个人所得税等纳税筹划技巧的演练，培养学生“依法纳税，合法节税”的专业技能。本课程对税收法律法规知识运用能力的培养起着综合和提升作用，注重理论联系实际，注重培养学生的综合分析能力和解决实际问题的能力，以造就适应社会需求的应用型人才。

### （二）课程目标

《纳税筹划》的教学目标首先是德育目标，培养学生首先清楚为谁学、怎么学、将来怎样干。如何通过为党和人民服务提升自己人生价值。具体到本课程，要培养学生知法、敬法、守法、用法，既要维护国家税法的法律权威，又要守护纳税人的合法权益，提高运用法治思维和法治方式维护自身权利、参与社会公共事务的意识和能力。这是《纳税筹划》教学目标的首要价值定位。

其次是专业目标，要服务于党和人民，要为国家的繁荣富强贡献力量，就需要有扎实的基本功，有一技之长和过硬本领。《纳税筹划》的专业目标可以分解为知识目标与能力目标两个方面。对于知识目标，要求理解掌握税收筹划的含义、意义，目标、原则，方法等基本理论，并将税收筹划的理论内化，形成服务于纳税人价值最大化的能力。对于能力目标，要能将理论知识熟练运用于实践，能全面系统地梳理国家现行税收法律法规与纳税主体利益相关的内容，结合纳税主体所处行业及地区、纳税主体的经营业务及投融资需求展开分析、设计税收筹划方案，选择最优方案、对方案进行评估。

《纳税筹划》课程思政教学目标，无论是德育目标，还是专业知识目标和能力目标都包括多重具体目标，都需将目标进行分解，然后落实到具体的教学内容上。反之，每一具体教学内容、教学活动都应体现德、技、能的交融要求。

### （三）课程思政现状

长期以来，思想政治教育一直被默认为是思想政治课、党课的主要任务，专业课堂只是传统意义上的专业技能的学习，因此，专业课很少涉及思政内容。尤其是财会专业，课程专业性都很强，思政教学内容覆盖不广，很难达到预期的思政教学目标。另外，我们大多数专业教师对思政教育认识不足，错误地认为专业课程教学内容与思政教学关联不大，导致课程思政元素挖掘不够，思政内容空洞乏味，形式单一，学生对思政教学也是兴趣寡然、敷衍了事，导致课程效果不佳。

## 四、课程思政的意义

### （一）课程思政实现知识传授和价值引领相统一

在专业知识的传授中融入价值观的引领，实现知识传授与价值引领的同频共振，改变单纯的理论说教授课模式，采用学生能够接受的方式，改善了学生对思政课的认知态度，增强了思想政治教育说服力和感染力，扭转了专业课程重智轻德的现象，真正实现将思政课建设成为大学生真心喜爱、终身受益、毕生难忘的优秀课程的终极目标。

### （二）课程思政是创新课程教学的必然要求

《纳税筹划》课程是会计专业的核心课程，专业性和综合性强，需要综合运用所学的税法基础知识，又因近年来税制改革变化较大，学生需要不断更新原有的知识储备，因此很多学生觉得税法比较枯燥难懂，不容易掌握。课程思政将思政元素融入课程教学，采用任务驱动、探究式、行动导向等教学方法，让学生成为课堂的主角，一方面解决了思想政治课单调枯燥，学生课堂玩手机，学习缺乏主动性，课堂互动性差，教学效果不理想的问题；另一方面也解决了专业课程教师一味强调“专”，与思政内容脱钩，缺乏情感和道德熏陶的问题。

### （三）课程思政是培养学生职业素养和岗位胜任能力的需要

大学生接受新鲜事物和学习能力较强，正处于人生观、世界观和价值观形成的关键期。作为经济管理类大学生，不仅要有扎实的专业知识和过硬的专业技能，更要具备人文精神和职业道德。作为合格的教师，应加强更新教学理念，潜心思考将“教学”和“育人”巧妙地结合在一起，深入挖掘《纳税筹划》课程蕴含的思政元素，并适时将思政元素融入课堂，培养学生诚实守信、爱岗敬业等职业精神和岗位胜任能力。

## 五、《纳税筹划》课程中的思政元素挖掘

首先，《纳税筹划》课程具有较为丰富的思政元素，通过本课程的讲授，可在培育和弘扬社会主义核心价值观等方面发挥作用。例如，结合 2020 年新型肺炎冠状病毒，可以让学生充分认识税收取之于民、用之于民、造福于民，激发学生的爱国热情，培养“四个自信”，并理解纳税光荣的真正含义。其次，税收具有的强制性、无偿性和固定性，可以挖掘公平性、义务性元素，帮助学生树立正确的公平观、义务观。最后，分析与讨论近两年重大企业偷漏税案例，让学生建立“依法纳税，合法节税”的筹划理念。

### （一）增值税筹划的思政元素

首先，通过增值税一般纳税人与小规模纳税人的身份筹划，让学生体会到法律的公平与效率。其次，观看金税三期视频，使学生认识到依法治税与技术创新的辩证关系，进一步增强“依法纳税”的自觉性。最后，通过设计、撰写筹划方案，让学生在亲身实践中培养良好的财税职业道德，遵纪守法、不做假账、不偷逃税款，培养规范操作意识、团队合作精神、精益求精的工匠精神。

### （二）消费税筹划的思政元素

计算卷烟的税负，观看吸烟有害身体健康视频，帮助学生建立健康、科学消费观。比较新能源企业、普通小汽车、超豪华小汽车税负，提倡消费应量力而行，杜绝攀比而导致的奢侈消费。讨论为什么要针对木制一次性筷子、电池、

涂料等征收消费税，结合环境保护税，让学生树立环境意识，倡导绿色生活。

### （三）企业所得税筹划的思政元素

首先，通过企业所得税税收优惠筹划，了解企业所得税在“扶持民生、公益事业和照顾弱势群体”方面优惠，感受国家税收政策的温度。其次，挖掘税收宏观调控元素，帮助学生树立正确的国家治理观。最后，了解研发费用加计扣除优惠政策对于促进企业科技创新、推动产业结构升级、建设创新型国家等方面发挥的积极引导作用，引导学生树立创新意识，培养创新能力。

### （四）个人所得税筹划的思政元素

首先，讨论个人所得税制度改革的深层次原因，分析“子女教育、继续教育、大病医疗、房屋贷款利息、房屋租金、赡养老人”六项专项附加扣除，使学生在个税改革中体会尊老爱幼的传统美德，感受税收的民生情怀。其次，通过“我给家人做个税筹划”活动，真正落实、践行“依法纳税、合理节税”。最后，通过观看视频，讨论、分析范冰冰偷税漏税案件，以及娱乐圈曝光的明星“阴阳合同”事件，教育学生应依法纳税，并通过说明税收的作用，让学生理解依法纳税的重要性，培养学生主人翁意识。

### （五）其他税种筹划的思政元素

其他税种包括环境保护税、关税、资源税、城市维护建设税、土地增值税等。以关税为例，关税具有满足税收收入、保护本国产业发展等方面的作用，关税的课程思政主要从培养学生的爱国情怀、公正、法治、诚信、敬业等方面展开。利用轰动一时的“空姐李晓航代购走私”案告诉学生法律意识淡薄的危害，切不可打海关法规擦边球，钻执法成本的空子。利用中美贸易战的时政新闻，树立学生的爱国主义情怀。疫情期间，国家对捐赠用于疫情防控的进口物资，免征进口关税，对进口的直接用于防控疫情物资免征关税，利用这些鲜活的案例树立学生要有民生意识。利用报关进口时价格瞒骗进行偷税等的一些案例，告诉学生为了自身利益损害国家利益的危害及严重后果，在以后的工作中要依法纳税、诚信做人、诚信行事以及法律面前人人平等。

# 六、在《纳税筹划》课程思政的建设方案

《纳税筹划》课程思政的建设，应运用现代化的教学手段和教学方法，创新改革教学内容与教学模式，以人为本，因材施教，增强课程思政教学的育人效果。本文主要从教学内容、教学案例、教学模式三个方面来对纳税筹划课程思政进行设计和优化。

## （一）教学内容设计

专业课程思政教学效果的好坏与课堂教学内容与氛围直接相关，教学过程中教师不仅需要传授专业知识，还需要营造良好的课程思政教学氛围，激发学生学习的兴趣与主动参与度。因此，课程思政的落实具体体现在教学内容的设计与教学活动的开展。可以运用一些启发式、探究式、讨论式的教学方式，创新运用现代化教育手段，科学设计课程思政内容与环节，积极引导学生创新思考和深入探究，打破以往老师讲授为主教学方式，从而实现纳税筹划课程思政的全过程育人和时时育人。

表 1 以关税筹划为例，设计教学活动，使学生在掌握专业知识的基础上，培养学生的爱国情怀。关税是海关依法对进出境的货物、物品的流转额为计税依据而征收的一种商品税，国际上统称为“商品和劳务税”。所谓边境是一国海关法得以全面实施的区域，包括该国的领土、领海、领空。随着国际贸易的发展，关税理论不断发展与完善，现代意义的关税不仅是国家财政收入的一个相对稳定的税收源，而且具有调节资源与市场分配、调节国家收支平衡、保护本国产业发展等方面的职能。因此，关税思政是培养学生爱国情怀的需要。

**表 1　关税纳税筹划教学内容设计**

<table>
<tr><th colspan="2" rowspan="2">教学内容</th><th rowspan="2">教学目标</th><th colspan="3">教学活动</th></tr>
<tr><th>课前</th><th>课中</th><th>课后</th></tr>
<tr><td rowspan="3">关税纳税筹划</td><td>关税完税价格的纳税筹划</td><td>知识目标：了解关税的相关法律规定以及纳税筹划方法</td><td rowspan="3">观看视频：<br>（1）观看关税的相关微课视频，回忆关税的相关法律规定以及相关背景知识<br>（2）观看纪录片“丝绸之路”，树立民族文化自信心和爱国情怀</td><td rowspan="3">案例分析与讨论：<br>（1）疫情防控下的税费优惠政策（培养民生意识）<br>（2）西方国家对芯片等高端技术实行关税保护（培养自主创新意识）</td><td rowspan="3">（1）完成所学内容相关练习题，巩固所学知识<br>（2）小组展示：搜寻相关案例进行小组汇报展示，培养学生的合作能力与表达能力</td></tr>
<tr><td>关税税率的纳税筹划</td><td>能力目标：利用税率以及减免政策进行关税筹划</td></tr>
<tr><td>特别关税的纳税筹划</td><td>素质目标：培养学生的创新意识，并且加文化自信，树立民族文化自信心和爱国情怀</td></tr>
</table>

## （二）教学案例完善

“纳税筹划”是一门与实务联系紧密的课程，借助案例教学不仅可以使学生更好地吸收知识，同时可以激发学生的兴趣与参与度。将纳税筹划具体筹划方法结合案例，具化成纳税行为，增加学生的代入感，提升学生对将来从事职业的认知，提升职业认同度。

目前教材中的案例都比较陈旧落后，无法与多变的市场及税收政策相连接，这也是教材出版周期性所带来的固有缺陷。因此需要随时调整和更新，以此来弥补教材的缺陷。授课教师要深入企业、税务机关收集第一手真实案例，不能被教材所绑架。在案例的选择上可以从两个方面来安排：第一，税收筹划的基本理论。授课教师给出切合纳税人实际的真实案例，让学生根据税收政策和市场变化及纳税人的行业特点，独立策划多个筹划方案，这是税收筹划的基础。第二，将企业主要的税种的税收筹划及经营活动的税收筹划通过案例结合起来。目前《税收筹划》教材多数都是以不同税种作为架构来讲解税收筹划，人为地割裂了企业经营活动，容易使学生单纯以税种来定税负，进而可能得出错判结论。授课教师要以实际的纳税人为主体，既要分析其涉及的税种，还要考虑其经营活动，结合税收筹划理论，制定不同的筹划方案，进而进行优化选择，这样才能提高学生实际税收筹划的职业能力。这是税收筹划课程的核心。

此外，可以通过收集各种财税事件和财税新闻，借助新浪财经、凤凰财经、东方财富、注册会计师网等网络工具的评论，有针对性地根据教学内容和教学目的的需要编制具有代表性、反映社会现象、体现核心价值观念的税收案例，例如近段时间热度较高的明星阴阳合同等案例。通过让学生对案例的讨论，不仅可以提高课程思政教学质量，而且培养学生职业道德和是非判断能力。

### （三）教学模式改革

1. 翻转课堂教学模式设计

翻转课堂是对传统课堂的一种变革和创新，对于培养学生的高阶思维能力具有很大的促进作用。翻转课堂教学核心在于转换教师与学生之间的课堂地位，让学生自主完成课前预习，并在课堂教学中将学生置于主体地位。在课程思政视角下则应赋予其更多思想元素，具体反映在学生在课前预习阶段应对知识点所内含社会实践性辨析，通过辨析来建立自身价值判断。

翻转课堂教学需要教师进行教学资源设计。一是准备教学资源。作为实施翻转课堂的最基础环节，教学资源的好坏直接影响到学生课前学习的效果。首先进行学情分析，了解和掌握学生的基本情况、知识结构体系、认知状态和兴趣点；其次根据专业人才培养方案和课程标准，挖掘思政元素，确定教学目标；最后，收集、整理、设计、制作、上传教学资源。二是确定学习主题。一方面学习主题应能够支撑教学目标的实现，主题设计容量适度；另一方面学习主题需要具有灵活性、开放性和可拓展性，能够使学生在掌握知识技能的同时又能不限制其个性的发展。此外，主题的选择尽量贴近现实生活，从实际生活出发，既具有趣味性，又具有实用性。三是设计引导问题。学习主题比较宽泛，需要教师进行适度引导，设计一些启发式和引导性问题。教师综合考虑学生的学习能力和知识储备情况，精心设计有创造性的引导性的问题，有效引导学生进行探究活动，提高学生举一反三的能力。

2. 增设实践教学

采用增设纳税筹划专业实践教学课程的方式，进行课堂教学模式改革与讨论的研究。首先，传统的“纳税筹划”课程是以讲授理论知识为主，为了改革传统的教学模式，提升学生对于理论知识的理解程度，结合校企合作教学制度，可由企业为高校提供多种实践设备，在高校搭建对应的实践基地，将传统的课堂转移到实践基地中，由企业员工为学生开展一对一线下实践指导，并且企业员工也可以讲述一些企业中发生的真实案例，供学生思考探讨。其次，建立模拟实践场景，学生可根据自身的发展方向任意切换场景中的职业，结合企业为高校提供的真实项目案例，教师引导学生进行对应的情境学习，提升理论知识具备的真实性，并且学生可依照自己的创新性思维，切实地参与到企业的真实项目案例设计中，使学生提前接触实务中的真实案例，不仅有利于学生对于知识的把握与运用，更是为学生今后的就业打下了良好的基础。

## 七、总结

课程思政作为一种新的要求和改革方向，在教学过程中还需要更多的经验积累才能达到更好的思政教学效果。《纳税筹划》课程教学内容实践性强，在培养学生专业技能的同时，润物无声地向学生传达正确的价值追求和理想信念，意义重大而深远。《纳税筹划》课程的教学改革，不仅可以实现教学内容的与时俱进、教学模式的丰富创新、教学理念的更新转变，而且融入“课程思政”价值引领，既发挥了专业教师的育人功能，又提升了专业教师的思政水平，使“传道、授业、解惑”真正成为现实。

## 参考文献

［1］孙志亮，杨焕玲．“三全育人”视域下税法课程思政教学改革探讨［J］．现代商贸工业，2021，42（13）：148-149.

［2］李思呈，包晓岚，唐梅．税制改革背景下《税务基础》课程思政的设计与探索［J］．高教学刊，2021（8）：73-76.

［3］于泽楠．基于“课程思政”的税法课程教学改革实践探索［J］．营销界，2021（7）：192-193.

［4］全艺美，陆秀团．课程思政背景下高职《纳税会计实务》课程改革探索［J］．现代商贸工业，2021，42（5）：159-160.

［5］刘杨．课程思政在税法课程中的应用及进阶路径探究［J］．营销界，2021（2）：149-150.

［6］荣国萱，彭爽．“课程思政”理念下税收筹划课程教学改革探索［J］．

信阳农林学院学报，2020，30（4）：145-147.

［7］李亚杰，张胜强．《税收筹划》课程思政教学方法实践探讨［J］．营销界，2020（50）：197-198.

［8］周肖肖．《纳税筹划实务》课程思政教学改革探讨［J］．营销界，2020（48）：197-198.

［9］邱娟．“课程思政”视角下“税费计算与申报”课程改革探析［J］．国际商务财会，2020（9）：49-51，84.

［10］燕玲，贾兴飞，刘素坤．课程思政在税法课程中的应用及进阶路径探析［J］．辽宁经济，2020（8）：83-85.

［11］盛香林．高校《税法》课程思政融合问题研究——以关税教学思政元素融合为视角［J］．中国乡镇企业会计，2020（7）：243-244.

［12］朱明会．高职院校课程思政教学改革的设计与实践——以《税法》课程为例［J］．现代营销（信息版），2020（5）：132-133.

［13］梁红，徐静．基于 OBE 理念的应用型高校专业课课程思政实施路径探析——以《税法》课程为例［J］．教育现代化，2020，7（34）：110-112.

［14］张红霞．基于课程思政视角的纳税实务课堂教学模式改革与探讨［J］．纳税，2020，14（9）：170-171.

［15］吕燕．“互联网+”背景下高职“税费计算申报与筹划”课程思政教学改革研究［J］．科教导刊（上旬刊），2020（1）：64-65.

［16］黄玲．“三全育人”背景下高职会计专业“课程思政”路径探析——以《纳税实务》为例［J］．科技资讯，2019，17（34）：125-126.

［17］刘志玲，唐旭斌．基于课程思政视角的翻转课堂教学模式研究——以纳税实务课程为例［J］．科技经济导刊，2019，27（27）：162.

［18］刘志玲，唐旭斌．课程思政视域下基于 CPS 模型的翻转课堂教学模式研究——以纳税实务课程为例［J］．淮南师范学院学报，2019，21（5）：94-98.

# 《资产评估实务》课程思政优质专业课建设方案

周　霞

**摘　要**：首先，本文分析了《资产评估实务》课程思政的育人目标是培养以广大人民群众利益为根本出发点资产评估人员；其次，探讨了该课程的总论、资产评估法律、无形资产评估、企业价值评估等方面所包含的思政内容；最后，为了实现课程思政的育人目标提出加强教师队伍建设、选择合适的教学方法、创新教学模式和教学评价等措施。

**关键词**：资产评估实务；课程思政；目标；措施

## 一、引言

习近平总书记在全国高校思想政治工作座谈会上明确指出，高校要将“立德树人”放在第一位。在这种背景下，专业课的“课程思政”应运而生[1]。因此，资产评估实务课程也要立足育人之本，将思政元素融入该课程的具体教学过程。

北方工业大学的《资产评估实务》课程是为会计学专业和金融学本科学生开设的选修课程，属于专业选修课程。该课程已经过近二十轮的教学实践，经过长时间实践与探索在教学、科研和人才培养等方面形成了较为鲜明的专业特色。该课程是专业方向选修课，这门课程在大学二年级第二学期开课，学生可以根据自己专业方向和学习兴趣自选。通过该课程的学习，使学生理解资产评估的基本理论，掌握机器设备、无形资产、不动产及在建工程、企业价值等资产评估的程序和方法，并通过一定的实务操作技能训练，为将来从事资产评估相关工作奠定基础。为了实现为党育人，为国培养合格资产评估人员的目标，有必要对《资产评估实务》课程思政建设方案进行探讨。

## 二、《资产评估实务》课程思政的育人目标

资产评估提供的是面向公众的专业服务，让学生认识到自己将来所从事资产评估工作是社会经济资源有效配置的基石，是维护公平交易不可或缺的一个环节。首先，《资产评估实务》课程要实现育人的目标，是培养以广大人民群众利益为根本出发点资产评估人员。其次，通过该课程的学习，不仅要使学生理解资产评估的基本理论，掌握机器设备、无形资产、不动产及在建工程、企业价值等资产评估的程序和方法，并进行一定的实务操作技能训练，为将来从事资产评估专业工作奠定基础。而且还要使学生将来能够自觉践行独立、公平、公正职业精神，增强从事资产评估职业的责任感，培养诚实守信和具有开拓创新精神的资产评估人员。

## 三、《资产评估实务》课程思政的内容

资产评估是一种为交易双方进行资产估价的中介行为。在我国，资产评估最早服务于国有企业。随着社会经济的发展，在资产交易、并购重组、抵押融资等领域资产评估发挥越来越重要的作用。资产评估作为社会经济学类专业课程。根据教育部印发《高等学校课程思政建设指导纲要》的要求，需要深度挖掘提炼资产评估专业知识体系中所蕴含的马克思主义、党的方针、政策、爱国主义等，从而使思政内容贯穿资产评估实务课程始终。

### （一）总论部分的课程思政

总论部分主要讲述资产评估的概念、资产评估的目的、资产评估的价值类型等内容。本部分重点传授马克思的劳动价值理论。该理论指出，社会必要劳动时间决定价值量，商品的生产过程既体现了劳动过程，又体现了价值形成过程。该理论形成只有符合广大人民的利益且为广大人民所接受的价值才是真正的价值，人民是一切社会价值的创造者和享用者等共产主义的价值观念。价格和价值是资产评估的基本概念。价格是价值的货币表现形式，价格变动的内在的、支配性的因素是价值的变动，价格形成的基础是价值。商品供求关系的变化引起价格围绕价值上下波动。资产评估是对评估对象价值进行评定、估算的专业服务。资产评估评估的是价值，价值必须符合广大人民的利益，资产评估

应该以广大人民的利益为出发点。总论部分要用生动事例教育学生，真正把学生培养成为具有中国特色社会主义经济建设的服务者[2]。

### （二）资产评估法律及职业道德的课程思政

资产评估除了要遵循《资产评估法》之外，还要遵循《中华人民共和国公司法》《中华人民共和国拍卖法》《中华人民共和国证券法》等相关法律，更要坚守职业道德。本部分传授依法治国和以德治国相结合的思想。依法治国是中国共产党领导全国各族人民治理国家的基本方略。依法治国的本质是否定人治，确立法大于人、法高于权的原则，其根本目的是保证人民当家作主的权利，维护人民当家作主的地位。党的十八大和十九大都确切表明要依法治国和以德治国相结合。习近平总书记以德治国思想内涵主要体现为：社会公平正义是出发点，人民为中心是落脚点，以社会主义核心价值观为价值导向，中华优秀传统文化是文化根基等。与此同时，他强调要依法治国和以德治国相结合，道德发挥软约束，法律发挥强制作用，让道德与法律协同发力。资产评估在提供专业服务时，均需利用会计记录等相关资料做出专业判断，都具有独立、客观、公正的社会属性。鉴于资产评估对象的复杂性，任何准则都难以对资产评估机构及其资产评估专业人员在执业活动中的具体行为给出所有具体的标准，这就要求资产评估一方面需要法律发挥强制作用，另一方面需要发挥道德的软约束。法律法规的强制性作用可以保证形式上是独立、客观、公正，道德是资产评估人员不成文的行为规则，可以保证实质上的独立、客观、公正。资产评估人员要以社会主义核心价值观为导向，要不忘初心，牢记使命，为党和群众服务，为市场有效配置资源提供合理依据。

资产评估作为专业服务行业，以其客观、真实、有效的专业服务，保障市场经济运行的规范、有序、公平和公正。资产评估更需要坚守职业道德。诚实守信是中华民族传统美德，习近平总书记在不同场合多次强调诚实守信的重要性。认真学习贯彻习近平总书记关于加强诚信建设的重要指示精神，加强政务诚信、社会诚信等建设，加强诚信宣传教育，加强征信体系建设，严肃查处失信行为，构建信用联合奖惩联动机制，长抓不懈，打造不敢失信、不能失信、不愿失信的社会环境，形成全社会诚实守信、重信守诺的良好风尚。诚实守信是在合同或其他经济活动中遵循民法基本原则的必然要求，已越来越广泛地成为各行业普遍性的职业道德规范，并被直接写入《资产评估法》中。诚实守信和勤勉尽责是资产评估行业得以存在和被认可的关键因素，也是取得委托人和社会公众信任的重要支撑，资产评估机构及其资产评估专业人员在开展资产评估业务时应当将诚实守信放在首位，诚实履行职业责任，提供诚信可靠的专业服务，这也是资产评估职业道德核心要求。

### （三）无形资产评估的课程思政

无形资产评估是指按照一定的估价标准，采用适当的评估方法，通过分析各种相关因素的影响，计算确定无形资产在某一评估基准日价值的工作。该部分思政主要讲授党的十八大实施创新驱动发展战略。党的十八大强调提高社会生产力和我国的综合国力要依靠科技创新，国家发展全局的核心是科技创新。要实现全面小康社会，要实现中华民族伟大复兴，必须实施科技创新发展战略。科技是第一生产力，确实一个国家在全球科技体系当中的地位决定了国家的实力，同样的道理，一家企业如何应用先进科技也成了企业发展的主旋律，但问题是面对今天日趋激烈的竞争，单靠企业自己进行科技创新已经是远远不够，企业内部不仅要持续创新，还要利用外部创新才能保持核心竞争力。企业要利用外部创新，就涉及无形资产中专利技术和非专利技术的评估。企业要进行专利技术或非专利技术评估，就需要了解我国的科技水平和我国科技政策，当评估专利技术或非专利技术是代表我国科技水平，或是符合我国科技发展战略时，例如，量子卫星、高铁、3D激光打印机、新能源、人工智能等技术，不能仅考虑内部的经济因素，还应考虑技术的外部性。由于技术种类多，可比性差，通常以单项技术评估为主，技术类资产主要评估方法是收益法。收益法涉及多种参数的确定，评估人员对每一个参数的微小偏差都可能对评估结果造成巨大差异，收益法评估过程要体现动态性和预测性，动态性和预测性主要体现在使用收益法预测无形资产未来预期收益时间和收益额时，需要根据我国的技术水平和科技发展战略调整无形资产的属性参数。评估人员在进行无形资产评估时牢记提高社会生产力和我国的综合国力要依靠科技创新，对无形资产评估才能客观、公正。

### （四）企业价值评估的课程思政

企业价值评估是指资产评估师依据相关法律、法规和资产评估准则，对评估基准日特定目的下企业整体价值、股东全部权益价值等进行估算并发表专业意见的行为。该部分思政主要讲授重民本，服务群众，一切以人民为中心的思想。习近平总书记在党的十三届全国人大一次会议上指出：“始终要把人民放在心中最高的位置，始终全心全意为人民服务，始终为人民利益和幸福而努力工作。”社会发展的力量源泉是人民群众。在经济社会发展过程中要坚守人民立场，践行以人民为中心的理念。人民群众的利益要维护并实现好。各级党委、政府和干部要把老百姓的安危冷暖时刻放在心上，要以造福人民为最大政绩。想群众之所想，急群众之所急，让人民生活更加幸福美满。根据财政部颁布的《国有资产评估管理办法》，当国有单位发生合并、资产转让、置换等经济行为时，必须进行资产评估。除此以外，企业改制、投资项目决策、股权的质押和债务重组等，都可能涉及企业价值评估。企业价值评估不仅有可能产生国有资产流失问题，还可能影响员工经济补偿标准。在对企业进行价值评估时，不但要考虑股东和债权人的权益，还应该考虑员工的权益。即作为评估师要把人民放在心中最高的位置，始终把人民利益放在心上。对企业各项资产和负债进行识别，要考虑人员因素，例如，在识别资产时，除了要根据企业的账簿、会计报表所确认和计量的资产之外，还要识别表外资产，通常包括专有技术、销售网络、客户关系、合同权益、域名和商誉等账面未记录资产。保证企业所有的有形资产和无形资产的价值都得到正确评估，从而防止国有资产流失，保障员工权益。

### （五）资产评估报告的课程思政

资产评估报告是指注册资产评估师根据资产评估准则的要求，在履行必要评估程序后，对评估对象在评估基准日特定目的下的价值发表的书面专业意见。该部分课程思政主要讲授知行统一的思想。知行统一要求理论教育与实务教育并重。贯彻这一思想不仅要帮助学生掌握相关的专业知识，而且要组织学生参与社会实践、关注社会现实问题。在瞬息万变的社会经济活动中要做到认识与行动一致，表现与思想一致，注重理论学习与实践学习相结合，增强学生勇于探索的创新精神和善于解决问题的实践能力。《资产评估实务》课程的目的是通过开展相关教学工作培养专业、诚信的资产评估师。出具评估报告不仅需要理论知识还需要实务知识。在学习实务知识时，相关的案例必须紧密结合现实的经济社会环境，如通过分析全国人民众志成城、积极投身抗击疫情战斗，使新冠肺炎疫情在我国被快速有效地控制，说明我国社会主义制度的优越性，提高学生对我国制度自信，引导学生关爱民生、关注社会、热爱家乡、热爱祖国，通过专业知识实现个人价值，从而实现个人价值与国家民族的命运紧密相连，增强学生使命感和社会责任感。

# 四、《资产评估实务》实施课程思政的措施

## （一）加强师资队伍的建设

要将资产评估与课程思政紧密融合，要在资产评估课中实现思政目标，教师是核心因素，因此，首先，教师必须用中国共产党指导思想武装自己。为此，要加强对教师进行中国特色社会主义制度、习近平思想、中国文化等方面的培训。其次，对专业课程如何有效融入课程思政教育内容和方式方法进行观摩和交流。把课程思政教学效果纳入教师考评，衡量教师素质，建立交流共享机制，强化课程思政集体备课。总之，在开展课程思政之前，任课教师应通过文献检索、培训研修、听课观摩等形式活动积累包含思政元素的教学资源，了解课程思政的手段，掌握课程思政教学方法。

## （二）选择合适的教学方法

挖掘和梳理资产评估实务专业课的思政内容，只是专业课程思政探索的重要内容之一，如何实现课程思政育人效果取决于教学方法[3]。目前主要教学方法有讲授法、案例教学法、讨论法、参观教学法等，只有用合适的教学方法，才能达到教书育人的效果。根据资产评估实务专业课程的内容，可以采用不同的教学方法。例如，可以采用讲授法把马克思的劳动价值论和资产评估的基本概念价格和价值相结合，教师向学生传授马克思的劳动价值论，引导学生分析和认识资产评估的价格和价值的基本概念。可以采用讨论法讲授资产评估人员应遵循的法律，通过讲授相关的事件，让学生各抒己见，同时让他们意识到资产评估人员不仅要遵循各种法律，还需要道德的软约束。企业价值评估、无形资产评估和机器设备的评估可以采用案例教学法。通过案例将学生带入无形资产评估、企业价值评估和机器设备评估具体案例“现场”，学生通过思考，进一步提高其分析和解决问题的能力，同时加深对科技创新和以人民为中心思政内容的理解。

## （三）创新教学模式和教学评价

在资产评估教学中，可利用翻转课堂教学模式。翻转课堂是一种新颖而有效的教学方法。学生要在课堂上主动参与各项教学活动，而不是被动灌输知识。这种教学模式充分体现学生的主体价值，使课程思政更加具体生动[4]。教师在布置相应的学习任务时，引导学生从思政的视角和社会视角收集资料，最终形

成自身观点。在课堂教学中教师可采用头脑风暴、小组分享、角色扮演等手段，不仅可以使学生综合素养得到有效提高，而且也使课程思政达到润物细无声的境界。

教学评价在整个教学过程的实施中起到举足轻重的作用。教学评价帮助任课教师不断总结经验，改进教学方法[5]。教师应该创新评价方式，在评价过程中让同学发挥主体作用。例如，在过程性评价的基础之上加以创新。如学生自我评价、同学互相评价以及教师的评价。为了提高后续课程的教学效果，教师应当根据当前的评价结果，与学生加强沟通和交流。教学评价也需要与时俱进，有效收集学生的建议，进一步改善和优化自己教学方案和教学内容。

## 五、结语

《资产评估实务》作为会计学和金融学专业的选修课程，在课程思政改革中理应担负起重要的职责，并在思政教育中发挥应有的作用。为了提高该课程思政育人效果，不仅要在思政内容建设上坚持实事求是、与时俱进的原则不断完善思政内容，还要不断创新教学方法，充分利用好课堂和课后两个环节，更要建立《资产评估实务》课程思政考评制度，只有这样才能将思政教育的理念得以切实贯彻，并取得理想的育人效果。

## 参考文献

［1］章忠民，李兰．从思政课程向课程思政拓展的内在意涵与实践路径［J］．思想理论教育，2020（11）：62-67.

［2］刘康伟．思政教育融入《基础会计》课程探讨［J］．现代商贸工业，2021，42（9）：164-165.

［3］马春影．高校“思政课程”与“课程思政”协同育人体系构建研究［J］．天津中德应用技术大学学报，2021（1）：106-109.

［4］肖攀，苏静，何鑫．课程思政视角下经济类专业课程教育教学改革的探讨［J］．教育现代化，2020，7（43）：42-44.

［5］黄素心，屠淑莹．经济类专业“课程思政”教育教学改革的思考［J］．现代商贸工业，2021，42（14）：154-155.

# 《西方财务会计（双语）》课程思政优质专业课建设研究

何丽梅

**摘　要**：本文结合《西方财务会计（双语）》课程特点和具体知识点，主要依据教材的“职业道德、舞弊和公司治理”部分内容，分析每一章课程思政的内容设计和切入方式。该课程思政内容结合专业，完全避免思政和专业知识两层皮的情况，还能让学生掌握以前没有接触过的知识点。英文原版教材不仅能让学生了解每一章相关的职业道德内容，还有利于学生的英语阅读和理解水平的提高，有利于提高学生的专业英语水平。

**关键词**：课程思政；《西方财务会计（双语）》；职业道德

## 一、引言

根据教育部2020年发布的《高等学校课程思政建设指导纲要》，“培养什么人、怎样培养人、为谁培养人是教育的根本问题，‘立德树人’成效是检验高校一切工作的根本标准。落实‘立德树人’根本任务，必须将价值塑造、知识传授和能力培养三者融为一体、不可割裂。全面推进课程思政建设，就是要寓价值观引导于知识传授和能力培养之中，帮助学生塑造正确的世界观、人生观、价值观，这是人才培养的应有之义，更是必备内容。”[1]《西方财务会计（双语）》课程的专业特点更是凸显课程思政的重要性：一是会计职业道德异常重要，二是双语课程思政有其特殊性，更值得研究。本文主要探索课程思政与《西方财务会计（双语）》课程专业教育的深度有机融合路径，研讨“课程思政”如何渗透到《西方财务会计（双语）》课程教育中去，主要包括《西方财务会计（双语）》课程思政内容设计和切入方式等。

## 二、《西方财务会计（双语）》课程思政育人目标

根据教育部2020年发布的《高等学校课程思政建设指导纲要》第三条，要明确课程思政建设目标要求和内容重点。根据《西方财务会计（双语）》课程内容和职业特点，该课程思政的育人目标和主要内容能与培育和践行社会主义核心价值观有效结合，能教育引导学生把国家、社会、公民的价值要求融为一体，提高个人的爱国、敬业、诚信、友善修养，自觉把小我融入大我，不断追求国家的富强、民主、文明、和谐和社会的自由、平等、公正、法治，将社会主义核心价值观内化为精神追求、外化为自觉行动。也能深化职业理想和职业道德教育，教育引导学生深刻理解并自觉实践各行业的职业精神和职业规范，增强职业责任感，培养遵纪守法、爱岗敬业、无私奉献、诚实守信、公道办事、开拓创新的职业品格和行为习惯。[1]

会计的基本职能是对经济活动进行核算和监督。会计的核算职能就是为经济管理搜集、处理、存储和输送各种会计信息，为利益相关者提供决策有用信息。会计职业道德八大准则——爱岗敬业、诚实守信、廉洁自律、客观公正、坚持准则、提高技能、参与管理、强化服务能与上述课程思政目标有机融合。在《西方财务会计（双语）》课程教学实施过程中，坚决落实“立德树人”根本任务，切实推进课程思政建设，深入挖掘课程专业知识体系和教学实施过程中蕴含的思想政治教育资源，将相关目标有机融入专业知识和课堂教学过程中，用好课程建设“主战场”、课堂教学“主渠道”，努力提升教学团队师资思政水平，在专业知识传授和职业能力培养的同时，帮助学生塑造正确的世界观、人生观、价值观，培养学生诚信服务、德法兼修的职业素养，全面提升会计学专业人才培养质量。

## 三、《西方财务会计（双语）》课程思政内容设计

本课程使用的是机械工业出版社的原版教材，教材每一章后面都有“职业道德、舞弊和公司治理”部分，该部分通常讨论与该章内容相关的普通舞弊例子，分析企业人面临的职业道德困惑和挑战，或者完善公司治理需要的努力以及会计信息质量[2]。该部分内容结合专业，有利于避免思政和专业知识两层皮的情况，还能让学生掌握一些以前没有接触过的知识点。

结合课程思政，授课教师在每一章讲解都会让学生阅读该部分，然后结合课程思政加以分析和讨论，这样不仅能让学生了解每一章相关的职业道德，还有利于提高学生的英语阅读和理解水平的能力，有利于提高学生的专业英语水平，此外，在讲解美国情况和案例时把中国相关的职业道德和诚信情况结合起来进行讲解。

下面结合教材，分章节具体分析每一章课程思政的内容。

（1）第一章导论部分。首先，该部分职业道德、舞弊和公司治理部分谈及2000年初美国史无前例的企业经营失败和财务报表舞弊潮，包括那些曾经家喻户晓的公司：安然、世通、南方保健和泰科等。其次，分析了舞弊的特点。舞弊通常是高级管理层都参与的，例如，2010年的一项调查显示，美国证监会在处理的公司舞弊案件中，98%的公司首席执行官和（或）首席财务官都参与了舞弊。参与舞弊这种违法行为说明参与者明显缺乏职业道德意识和道德敏感。另外，多数舞弊都显示出来的特点就是舞弊企业普遍公司治理环境较弱。公司治理涉及监督公司事务，包括监督公司董事会和公司高管行为的公司结构和程序，以保证公司按照股东的利益最大化进行管理。

第一章还醒目地配了泰科公司前首席执行官 Dennis Kozlowski 离开法庭时的大照片。该首席执行官因证券舞弊和共谋罪被判了8.33~25年有期徒刑。

（2）第二章会计循环部分。该部分的职业道德、舞弊和公司治理部分分析了萨班斯法案。萨班斯法案潜在地增加了证券舞弊，包括财务报表舞弊的民事和刑事责任。这个增加的巨大的惩罚预计会减少非法行为。例如，2006年安然公司的前首席执行官就被指控犯了几项和舞弊相关的犯罪，被判长于24年的有期徒刑。

有时企业工作人员被他们的上级指使做一些不道德甚至在一些情况下是违法的行为。管理层有时释放的信息可能是“做这个或者去别的地儿找工作”。管理层的压力可能会使抵制参与不道德行为变得较为困难。有些雇员可能有时认为因为他们只是遵从指令，因此可以免于追责。

授课教师提醒学生在职业生涯中面临职业道德困境时，要记住，如果来自你上级的指令是不道德的，如果是非法的就更不用说了，将使你面临严重的后果，包括坐牢和监禁。

会计循环里面还有一部分讲到了管理层讨论与分析的执业道德问题，这部分内容之前在基础会计和中级财务会计里面学生可能没怎么接触过，因此，既可以补充学生的专业知识，又可以作为课程思政和执业道德的好材料。该案例具体内容如下：

上市公司应该披露所有可能会使理性人正确解读企业报表的必要信息。上市公司每年都要向美国证监会提交年报。年报里有一部分是管理层讨论与分析（MD&A）的。美国证监会要求上市公司在年报中披露管理层讨论与分析，是因为财务报表和相关的附注可能不足以让投资者评估企业的质量和可持续性。

管理层讨论与分析很重要的例子之一，就是美国证监会曾经对索尼公司管理层讨论与分析内容披露不充分提出了质疑。索尼是在美国纽约证券交易所上市的日本公司，因此受美国证监会监管。索尼曾经在其管理层讨论与分析中披露和两个分部信息——电子事业部和娱乐事业部。娱乐事业部包括两个独立部门——索尼音乐娱乐和索尼图片娱乐部门。音乐部门是盈利的，而图片部门却存在巨额亏损。索尼公司通过将两个部门放在一起披露，隐瞒了影业部门的巨额亏损。这个决策和做法与索尼的外部审计师及在美国的财务人员看法不一致。

虽然索尼只选择在管理层讨论与分析中披露两个分部，但他可以着重分别讨论音乐部门和影业部门的业绩。尽管索尼也单独讨论了影业事业部，但并不足以让理性投资者正确地截图影业事业部的业绩。其管理层讨论与分析没有讨论影业事业部损失的性质和程度。相反，他们着重讨论了影业事业部一些好的发展，包括票房市场份额以及奥斯卡金像奖提名等。

美国证监会（SEC）的结论是索尼的管理层讨论与分析披露不足。索尼同意了美国证监会终止命令，但他们并没有承认或者反对犯罪。总体看来，索尼并不承认它们做错了，但它们承诺再也不这么做了。作为解决方案的一部分，索尼也同意接下来的几年让其外部审计师检查管理层讨论与分析部分并对社会公众公开其发现。这个处理是有意义的，因为通常外部审计范围不包括管理层讨论与分析。

（3）第三章金融资产部分。该部分是应收账款坏账准备的确定和披露，这种职业道德分析部分也非常有利于拓展学生的视野，不仅对执业道德问题有了了解，对现实问题和资本市场也能更好地进行解读。

应收账款坏账准备余额取决于管理层判断。因此，披露管理层如何决定坏账准备的重要事实以及计提方法的变化就很重要。

如果相关披露不足的话，就违反了证券法，美国证监会就可以强制公司和（或）高管执行。最近美国证监会就对美国集成电子服务公司（IES）的会计主管因其坏账准备披露不当采取了强制执行措施。

美国集成电子服务公司（IES）是总部在美国得克萨斯州休斯敦市的一家企业。该企业将计提坏账准备的比例从1%降低到0.25%，这样季报里的坏账准备降低了110万美元，而税前利润却提高了很多。尽管这个计提比例的变化对财务报表造成了重大影响，但公司并未对该坏账准备计提比例的变化进行披露。

上市公司的会计主管要在年报里签章，需要保证报表按会计准则公允披露。非充分披露，如果达到重要性水平的话，就会使报表不能按准则公允呈现企业的财务状况和经营成果。

（4）第四章存货部分。存货的估值和主营业务成本对公司管理层和报表使用者都非常重要。对存货价值最重要的两个方面就是存在性和估值准确性。

该部分职业道德和专业报表结合特别紧密，非常有利于学生对专业知识进行延伸思考。正好避免将这门课讲成了专业英语课。

教材讲到一个非常著名的存货舞弊案例。在该案例中，美国证监会对美国MiniScribe的一个高管采取了强制措施。该高管参与了公司资产负债表中的存货高估行为，该行为使主营业务成本被低估，因此，利润表中的利润高估了2200万美元，高估了244%。

在被收购前，该公司生产计算机磁盘驱动器，股票在纳斯达克上市。公司发现其存货余额存在重大差额，如果报告该差额将提高主营业务成本并显著降低公司净利润。因此，该公司向其外部审计师隐瞒该差额。他们通过一系列措施不正当地提高了实际的存货余额。主要表现在以下三个方面：一是虚构了一笔不存在的存货并假装从总部运到了海外分部；二是将废品和过时的存货伪装成正常的存货；三是将砖头装进磁盘驱动器的盒子里并将它们发运给分销商。在分销商卖出这些存货之前，公司仍旧在报表里计算了这部分存货。

（5）第五章固定资产和无形资产部分。该部分的学习目标之一就是区别资本化支出和费用化支出。资本化支出是将支出记为一项资产而不是费用，美国历史上最大的舞弊案例就是讲费用资本化。世通公司在1999~2002年第一季度利润虚增了110亿美元，其中，70亿美元就是通过不当地将费用支出资本化进行的。

世通公司在纳斯达克上市，是一家给65个国家提供通信服务的大公司。1999年经济下滑以后，公司的业绩下滑，为了达到华尔街分析师的盈利预期，世通公司的高管指使各子公司隐瞒利润的下滑，其中的重要手段之一，就是将日常的经营费用——线路成本记为固定资产。这一举措使企业资产高估，经营费用低估，从而虚增了净利润。

世通公司案例带来了众多职业道德和公司治理启示。虽然公司舞弊行为是高管策划的，但其执行大部分是由中层财务和会计人员进行的。

世通公司并没有一套道德准则。原来公司试图建立一套道德准则时，公司首席执行官认为纯粹是浪费时间。萨班斯法案和相关的美国证监会解释都要求上市公司披露它们是否建立了一套适用于首席执行官、首席财务官和会计主管的道德准则，如果没有，要说明为什么没有。此外，纽约证券交易所和纳斯达克交易所目前都要求在它们那儿上市的公司要有一套道德准则。虽然这些要求是往对的方向前进了一步，但如果高管们不欣然采纳这些书面准则的话也很难达到预期的效果。

（6）第六章负债部分。该部分分析了美国历史上最著名的财务舞弊——安然公司。安然公司舞弊的主要手段就是低估负债。1997～2000年，安然公司至少每年低估负债5.5亿美元。安然公司管理层低估负债的目的是为了维持在穆迪和标准普尔较高的信用评级。

安然公司低估负债的主要手段就是将负债转移到特殊目的实体。特殊目的实体是公司为了达到特殊目的设立的一家独立的实体。通常特殊目的实体的经济目的是借款，然后将借款转移到发起公司，这样发起公司就不用在资产负债表中报告该特殊目的实体的借款。

安然公司的舞弊蕴含了很多职业道德和公司治理问题。考虑到安然公司舞弊的复杂性，如果没有外界职业机构，包括律师、审计师、信用评级机构和投资银行等，舞弊是无法实现的。虽然外部审计师安达信会计师事务所发现安然公司财务报表有明显的和准则不一致的地方，但还是出具了无保留意见的审计报告。评级机构在安然公司舞弊期间也没有降低安然公司的评级。一直到公司破产前几周才降低了评级。最后，华尔街的投资银行创建了特殊目的实体结构，包括很多交易，使安然公司账面上的负债得以转移到特殊目的实体。

安然公司外部职业机构的不道德行为导致了严重的后果。安达信因为将安然公司审计底稿毁掉犯了重罪。该项指控使原来的国际大会计师解散。

（7）第七章所有者权益部分。所有者权益这章分析了成立公司的好处。有很多公司为了筹集资金会选择上市。不幸的是，有些公司滥用了上市欺骗投资者。一个惯用的伎俩就是利用壳公司哄抬股价。美国证监会将壳公司定义为只有很少或者没有经营活动，只有少量或者没有资产，或者资产主要是由现金和现金等价物的公司。通常，一家非上市公司和上市公司会联合起来进行反向收购。在反向收购中，上市的壳公司通常是被非上市公司的股东控制。哄抬股价操作如下：①上市公司宣称非上市公司有很高的增长潜力；②上市公司向 SEC 递交一些财务和其他信息；③公司所有者通过媒体发布有利信息，或者通过其他的利润操纵手段抬高股价；④采取高压销售策略让散户购买股票；⑤所有者在高位抛售股票。

利用壳公司操纵股价的例子之一就是 2DoTrade 公司。该公司是一家上市的壳公司，有一群股东秘密买入了其 99%的股份，然后将一家非上市公司与该公司合并。他们还通过宣称公司签订了超过 3 亿美元的进出口合同而且开发了一种抗炭疽病化合物。而实际上该合同一文不值，因为并没有开发抗炭疽病化合物。在哄抬股价过程中，该公司市场价值曾一度超过 4600 万美元，而公司实际上并没有资产和收入。它们在高点抛售股票，获得了近 200 万美元的利润。

美国证监会对这些人提起了民事诉讼，联邦调查局也逮捕了一些操作者，让他们承担了刑事责任。

（8）第八章财务报表部分。该部分的职业道德分析了萨班斯—奥克斯利法案。2000 年初美国大量的财务舞弊导致了 2002 年萨班斯—奥克斯利法案的出台。萨班斯—奥克斯利法案被认为是 1930 年证券法出台后影响最为深远的证券法案。

法案的主要要求之一就是要求公司的首席执行官和首席财务官声明企业财务报表的准确性。所有上市公司的首席执行官和首席财务官都必须在年报和季报里面声明：①他们已经复核公司的财务报表；②他们没有发现使得财务报表具有误导的错误和遗漏；③他们相信公司的报表在所有重大方面公允地反映了财务状况（资产负债表）和经营成果（利润表）。已有证据表明该声明要求在影响公司行为。例如，南方保健公司的前首席财务官就联系了联邦当局，汇报了他们的会计舞弊行为，因为他不愿意声明南方保健公司的财务报表在重大方面是没有问题的。

# 参考文献

［1］中华人民共和国教育部．高等学校课程思政建设指导纲要［EB/OL］. http：www.moe.gov.cn/srcsite/A08/s7056/202006/t20200603_462437.htm，2021-07-10.

［2］Jan R. Williams，Susan F. Haka，Mark S. Bettner and Joseph V. Carcello. Financial & Managerial Accounting：The Basis for Business Decisions（17th）

[M]. New York: McGraw-Hill Education, 2015.

# 《内部控制与风险管理》课程思政优质专业课建设方案

王 放

**摘 要**：当前《内部控制与风险管理》课程内容及所依据的教材多以涉及的法律规章、规范性文件等为蓝本，难以引起学生的兴趣和关注；且课程内容涵盖管理学学科的范围较广，需要探寻与会计学专业其他课程的衔接点。本文拟基于教育目标分类理论对《内部控制与风险管理》课程思政教学目标进行细化，并深入挖掘课程思政融入点，最后提出课程思政建设与实施方案，为实现专业知识和思政理论的深度融合、建设会计学一流专业课程提供思路。

**关键词**：内部控制；风险管理；课程思政；教学改革；专业课建设

## 一、引言

在党的十九大报告中，习近平总书记明确指出，“要全面贯彻党的教育方针，落实‘立德树人’根本任务”，进一步明确和发展了‘立德树人’的目标、任务与使命，强调“要以培养担当民族复兴大任的时代新人为着眼点”，要“加强马克思主义理论教育”“广泛开展理想信念教育，深化中国特色社会主义和中国梦宣传教育，弘扬民族精神和时代精神”“培育和践行社会主义核心价值观”，引导青年“有理想、有本领、有担当”，更好地“构筑中国精神、中国价值和中国力量”。可见，理想信念教育已经成为高等教育的“灵魂”和首要任务，是“立德树人”的关键环节。

2020 年 5 月 28 日，教育部印发《高等学校课程思政建设指导纲要》，其中明确指出：“培养什么人、怎样培养人、为谁培养人是教育的根本问题，‘立德树人’成效是检验高校一切工作的根本标准。落实‘立德树人’根本任务，必须将价值塑造、知识传授和能力培养三者融为一体、不可割裂。全面推进课程思政建设，就是要寓价值观引导于知识传授和能力培养之中，帮助学生塑造正确的世界观、人生观、价值观，这是人才培养的应有之义，更是必备内容。”对于管理学类专业课程，“要在课程教学中坚持以马克思主义为指导，加快构建中国特色哲学社会科学学科体系、学术体系、话语体系。要帮助学生了解相关专业和行业领域的国家战略、法律法规和相关政策，引导学生深入社会实践、关注现实问题，培育学生经世济民、诚信服务、德法兼修的职业素养。”这为管理类课程思政建设指明了方向。

《中华人民共和国教育法》第五条和第六条分别指出：“教育必须为社会主义现代化建设服务、为人民服务，必须与生产劳动和社会实践相结合，培养德、智、体、美等全面发展的社会主义建设者和接班人”；“教育应当坚持‘立德树人’，对受教育者加强社会主义核心价值观教育，增强受教育者的社会责任感、创新精神和实践能力。国家在受教育者中进行爱国主义、集体主义、中国特色社会主义的教育，进行理想、道德、纪律、法治、国防和民族团结的教育。”可见，《教育法》也为我国高等教育的发展以及课程思政建设提供了根本遵循。

《内部控制与风险管理》是为会计学专业本科生开设的专业选修课。内部控制与风险管理已成为企业实现可持续发展的关键，同时也逐渐成为会计类专业学生必须掌握的专业知识。开设这门课程的目的是使学生熟悉企业内部控制与风险管理的体系架构，掌握内部控制与风险管理的基本概念和基本方法，以帮助学生全面认识与掌握我国企业内部控制基本规范和配套指引，为今后从事经济管理工作充实专业基础。当前该课程在授课过程中存在两个主要问题：一是课程内容及所依据的教材多以涉及的法律规章、规范性文件等为蓝本，以条文形式列示，是对企业经营实践的高度概括，需要穿插以案例条分缕析，否则不仅无法将规范和指引内容真正阐释清楚，也难以引起学生的兴趣和关注；二是课程内容涵盖管理学学科的范围较广，与会计学专业其他课程如何进行有效衔接和关联存在一定的难度。本文拟基于教育目标分类理论对《内部控制与风险管理》课程思政教学目标进行细化，并深入挖掘课程思政融入点，最后提出课程思政建设与实施方案，为实现专业知识和思政理论的深度融合、建设会计学一流专业课程提供思路。

## 二、《内部控制与风险管理》课程思政建设的基本要求和教学目标

### （一）基本要求

《内部控制与风险管理》课程思政建设应遵循以下三个基本要求：

第一，传承中华文化，弘扬中国精神，坚持知识技能传授与思政元素挖掘渗透有机融合的总原则。一方面，任课教师应在开课前对课程思政的融入点进行深入讨论，对教学方案、教学资料、教学媒介进行优化；另一方面，还需要在教学实践中逐步落实各优化后的思政教学内容，并定期交流、反馈和总结实施情况，以便提炼新的思政融入点，实现相应的思政育人目标。

第二，坚持课程思政以家国情怀、人文精神、责任意识、法治意识、会计职业道德为中心的主旋律，鼓励学生勇于担当中华民族伟大复兴的时代重任。

第三，坚持通过改革创新持续优化课程体系，促使思政教育能够可持续运行。课程思政所采用的教学方式可以是正面教育、警示教育、辩论与讨论、借助第二课堂或双创竞赛的社会实践等，真正形成“以学生为中心”的教学模式，从而教育学生成长成人成才。

### （二）教学目标

教学设计的首要环节是确定教育目标。本文参照布卢姆的教育目标分类理论，对《内部控制与风险管理》课程的教学目标细分为认知领域、情感领域和动作领域目标，并具体阐释各目标中专业知识和思政理论的具体内容。

1. 认知领域目标

《内部控制与风险管理》课程认知领域目标包括了解内部控制的历史演进脉络、美国的内部控制法规体系，理解我国的内部控制法规体系，掌握内部控制的定义、意义、目标、原则、基本要素以及局限性，掌握内部控制评价和审计的基本原则和思路。思政理论教育要求培养学生了解国情，因此《内部控制与风险管理》课程思政建设在认知领域应构建“国家宏中微观政策+社会热点研讨+专业知识”的模式，在“以专业知识为纲”的基础上，基于政策导向和公众关注热点组织教学内容，从而使学生能够关注经济现实，评价和认知我国国情[1]。

2. 情感领域目标

《内部控制与风险管理》课程情感领域目标包括树立正确的世界观、人生

观和价值观，恪守职业道德和职业底线，严格遵循《企业内部控制基本规范》《企业内部控制应用指引》《企业内部控制评价指引》《企业内部控制审计指引》的要求，对企业内部控制设计、执行、审计的合规性、规范性做出是非评判。思政理论教育要求培养学生的家国情怀、社会责任、人文精神、法治意识和仁爱之心，因此《内部控制与风险管理》课程思政建设在情感领域应构建“情感注入+辩证分析+专业知识”的模式，激发学生在学习过程中产生爱国报国、坚持原则、甘于奉献、勇于创新等“正能量”。

3. 动作领域目标

《内部控制与风险管理》课程动作领域目标包括对掌握企业业务活动层面各环节的风险点及控制措施，能够针对企业新的业务活动进行流程梳理和设计，具备通过内部控制和风险管理实现价值创造的创新能力。思政理论教育要求培养学生的实践能力、创新能力，引导学生树立为国家、社会奉献青春和创造力的宏伟理想。

## 三、课程思政融入点分析

课程思政改革的重点和难点是，通过历史典故、国家大事、社会热点、经济现实深挖课程中蕴含的思政元素，并将其与专业知识点有机融合在一起，形成“思政融入点”，在润物无声中达到“立德树人”的教育目标[2]。为了使课程思政教育理念落地，本文重新进行了《内部控制与风险管理》课程思政教学设计，基于内部控制与风险管理课程的八大教学模块，梳理了课程思政融入点，并将其对标至认知领域、情感领域和动作领域的教学目标，如表1所示。

**表1　《内部控制与风险管理》课程思政融入点与教学目标**

| 教学模块 | 专业知识点 | 思政融入点 | 示例 | 思政教学目标 |
| --- | --- | --- | --- | --- |
| 概述 | 内部控制的价值 | 合规要求 | 上市公司监管的问询函制度 | （1）认知领域：问询函制度及其监管意义；<br>（2）情感领域：法治意识；<br>（3）动作领域：如何高效获取资本市场信息 |

续表

| 教学模块 | 专业知识点 | 思政融入点 | 示例 | 思政教学目标 |
|---|---|---|---|---|
| 概述 | 内部控制的历史演进 | (1) 内部牵制理念；<br>(2)《萨班斯—奥克斯利法案》产生的背景 | (1) 我国周朝出纳工作的内部牵制机制：“职内”(收入)“职岁”(支出)“职布”(记录)[3]；<br>(2) 国企混改中的“制衡”；<br>(3) 安然公司、世通公司的财务欺诈丑闻 | (1) 认知领域：关注国企改革、关注现实；<br>(2) 情感领域：提升职业素养 |
| | 中国企业内部控制规范体系 | 企业内部控制规范体系内容 | 动手查：上市公司执行状况 | 动作领域：如何高效获取资本市场信息 |
| | 内部控制定义、目标、原则、要素、局限性 | (1) 内部控制定义；<br>(2) 内部控制目标；<br>(3) 制衡性原则、内部控制局限性 | (1) 百名外逃人员红色通缉令；<br>(2) 为什么设定“资产目标”？(制度创新与制度自信)；<br>(3) 案例：工段长发现技术秘密之后 | (1) 认知领域：国有资产保值增值；<br>(2) 情感领域：法治意识、红线意识、制度自信 |
| 内部环境 | 组织架构、发展战略、人力资源、社会责任、企业文化 | (1) 人力资源政策；<br>(2) 企业社会责任；<br>(3) 企业文化 | (1) 讨论：“亲亲相隐”原则究竟是历史的进步还是社会的倒退？<br>(2) 腾讯公益“小朋友画廊”；<br>(3) 讨论：“996”的企业文化合理吗 | (1) 认知领域：企业社会责任、企业文化；<br>(2) 情感领域：责任担当、辩证思维 |
| 风险评估 | 目标识别、风险识别、风险分析、风险应对 | 风险应对 | (1) 芯片断供后，华为怎么样了？<br>(2) 呷哺呷哺的鸭血危机应对 | (1) 认知领域：风险应对范例；<br>(2) 情感领域：科技报国 |
| 控制活动 | 不相容职务分离控制、授权审批控制、会计系统控制、财产保护控制、预算控制、业绩考评控制 | (1) 授权审批控制；<br>(2) 会计系统控制；<br>(3) 财产保护控制； | (1) 中纪委一年通报 30 多起高校贪腐案：权力集中，资源富集，相对独立；<br>(2) 被内控缺陷绊住的 IPO 失败企业； | (1) 认知领域：中国资本市场的制度环境；<br>(2) 情感领域：法治意识、红线意识； |

续表

| 教学模块 | 专业知识点 | 思政融入点 | 示例 | 思政教学目标 |
| --- | --- | --- | --- | --- |
| 控制活动 | 不相容职务分离控制、授权审批控制、会计系统控制、财产保护控制、预算控制、业绩考评控制 | (4) 预算控制 | (3) 邯郸农行金库被盗案;<br>(4) 物美财务总监张榆:零售业预算管理的"三条真金";<br>(5) 动手查:上市公司普遍应用哪些指标进行业绩考评?为什么 | (3) 动作领域:如何高效获取资本市场信息 |
| 信息与沟通 | 信息、沟通、信息系统 | 信息与沟通机制的建立 | 乔家大院的"信息与沟通"机制 | (1) 认知领域:晋商文化;<br>(2) 情感领域:文化自信 |
| 内部监督 | 日常监督、专项监督 | (1) 日常监督;<br>(2) 专项监督 | (1) 三鹿集团驻站监督检查不到位;<br>(2) 友谊集团的"五位一体"监督体系 | 认知领域:关注中国企业经典案例 |
| 内部控制评价 | 内部控制自我评价 | 内部控制自我评价 | 动手查:上市公司内部控制自我评价状况 | 动作领域:如何高效获取资本市场信息 |
| 内部控制审计 | 内部控制审计 | 内部控制审计 | 动手查:上市公司内部控制审计状况 | 动作领域:如何高效获取资本市场信息 |

例如，当学习“内部环境”教学模块时，教师可以通过设计“‘亲亲相隐’原则究竟是历史的进步还是社会的倒退”和“‘996’的企业文化合理吗”两个辩题，组织学生进行辩论，从而加深学生对企业人力资源回避管理原则和当前互联网企业文化的认识。当学习“控制活动”教学模块时，教师可以通过组织学生在资本市场公开信息披露平台查询上市公司的薪酬契约内容提高学生信息搜寻能力，并通过“什么样的上市公司会选择进行薪酬契约披露”“上市公司披露的薪酬契约中采用了哪个或哪些业绩评价指标”“各类业绩评价指标有什么样的优缺点”“为什么不同的上市公司会选择不同的业绩评价指标”“这些评价指标的选择会对上市公司后续的经营发展产生什么影响”等问题逐步引导学生自行发掘企业经营管理实践中的真实做法，一方面能够培养学生的科研兴趣和发现问题、解决问题的科研思路，另一方面也可以将《内部控制与风险管

理》课程的内容与《管理会计》《财务管理》《会计学》等课程的内容进行链接。

## 四、课程思政建设与实施

### （一）广泛组织研讨，优化培养方案

由于人才培养涉及课程设置、实践教学、师资队伍建设等问题需要统筹考量[4]，因此，需要广泛组织研讨、征求意见。首先，组织企业事业招聘单位，围绕社会对会计人才在思想政治素质方面的要求展开讨论，以此为依据优化人才培养方案；其次，根据优化后的人才培养方案，修订教学大纲，选择或编写修订教材，制作和整合教学资源；最后，组织《内部控制与风险管理》《管理会计》《财务管理》等课程组全体成员定期学习国家有关方针、政策，分享思政教学融合点和教学方案。

### （二）融合思政内容，重塑教学单元

课程思政的教学设计强调“润物无声”，因此需要将专业知识的显性教育与思想政治的隐性教育高度融合。在设计教学内容时，应以“教学模块”和“知识点”为单元，将“思政元素”与有限的课堂教学活动进行融合。在此过程中，还要注意合理安排专业知识内容和思政内容的比重，从而达到专业和思政的双重育人目标。

在设计思政内容时，教师要深入分析会计专业学生的学习特点、学习习惯、学习需求，主动贴近学生，关注青年人喜好的社交媒体和网络平台，用青年人的语言习惯把知识讲活讲透，激发课堂的思政魅力，使课堂有思政灵魂。

### （三）拓展思政素材来源，选择恰当展现形式

思政素材的选取应冲破本课程、学科束缚，引入中华优秀传统文化、国家发展新战略、科技领域新成果。课程思政素材的来源可以是国家政策改革动向，可以是古今中外具有正反意义案例，可以是引发社会热议的事件和现象，也可以是由学生动手实践后产生的思维启发与灵感等。

思政素材还需要结合恰当的展现形式才能达到最佳的教学效果。例如，当单纯的案例介绍（如呷哺呷哺的鸭血危机应对）难以凸显知识点和其中的思政

元素时，可以考虑利用情境教学法，设计和再现教学情境，诱导学生进入情境之中（考虑真正面临危机时如何应对），将知、情、意、行融成一个整体，从而通过“感知”来理解深化“认知”。

### （四）课内课外联动，扩大实践教学比重

为了培养学生的知识应用能力和实践能力，需要加强实践教学建设。通过开展实验教学、实训教学、学科竞赛、校外导师进课堂等形式，构建“思政引领+实践启发”的模式。适宜在《内部控制与风险管理》课程中引入的具体实践教学项目包括以“动手查”为核心的课程科研小实验，以及“大学生创新创业训练计划项目”“企业价值创造大赛”“互联网+大学生创新创业大赛”等比赛项目和产学研协同育人项目。上述项目在培养学生的独立思考、团队合作，提升学生创新创造能力方面具有不可替代的作用。

## 参考文献

［1］宋淑琴，刘凌冰．财务管理课程思政建设研究——基于布鲁姆教学理论［J］. 商业会计，2021（9）：109-112.

［2］苏海雁，杨世勇，边和平．会计学课程思政：启示、设计、思考［J］. 商业会计，2020（18）：114-116.

［3］杨雄胜．内部控制理论研究新视野［J］. 会计研究，2005（7）：49-54.

［4］张军，龙月娥，晓芳，吴作凤．提升地方高校会计学专业人才培养质量［J］. 中国高等教育，2020（18）：59-60.

# 《专业实习》课程思政建设研究

蔡　炯

**摘　要**：《专业实习》是本科会计学专业实践教学环节的重要组成部分，是会计专业学生的必修课程之一。本文认为，《专业实习》课程思政建设应围绕课程专业性展开、强调“课程思政”，提升课程本身教学效果，使之成为培养学生、“立德树人”的重要一环，具体建设探讨应从《专业实习》课程的特点分析出发，分析《专业实习》课程在充分发挥专业培养过程中存在的不足，借鉴可借鉴的有关培养经验，从而提出《专业实习》课程思政建设建议。

**关键词**：《专业实习》课程；课程思政；建设建议

2016年，习近平总书记在全国高校思想政治工作会议上强调要坚持把“立德树人”作为中心环节，把思想政治工作贯穿教育教学全过程。2020年5月28日，教育部印发《高等学校课程思政建设指导纲要》提出，“全面推进课程思政建设是落实‘立德树人’根本任务的战略举措”。在各方的有力推动下，高校课程思政已取得了相当的成就，对于高校课程思政建设过程中的一些问题已达成广泛共识：专业教育是课程思政建设的重要载体，课程思政也为专业教育注入灵魂，使之更加鲜活生动；课程思政是整体性课程观，课程思政建设是一项系统性工程；教师是做好课程思政建设的关键，其育人能力的高低直接决定课程思政建设的效果。同时，对于课程思政推进的难点问题各方也有了共识：“课程思政”讲什么，如何将专业教育与课程思政融合起来，以及如何提高教师课程思政建设的意识和能力等，仁者见仁，智者见智，特别对于实践类课程，如《专业实习》课程，如何在课程中生动地展开课程值得探讨。

《专业实习》课程思政建设应围绕课程专业性展开、强调“课程思政”，提升课程本身教学效果，使之成为培养学生、“立德树人”的重要一环。因此，本文认为，《专业实习》课程思政建设探讨应从《专业实习》课程的课程特点分析出发，分析《专业实习》课程在充分发挥专业培养过程中存在的不足，借鉴可借鉴的有关培养经验，提出《专业实习》课程思政建设建议，具体分析如下。

## 一、《专业实习》的课程特点分析

《专业实习》是本科会计学专业实践教学环节的重要组成部分，是会计专业学生的必修课程之一。该课程是学生们在学习管理学、基础会计、会计基础实训、中级财务会计、税法、会计综合业务实训、财务管理、成本会计等专业课程基础上，为强化学生的专业直观认识、训练和提高学生的基本会计操作技能、更好地理解会计和财务管理理论知识而开设的。通过该课程或者可以通过实践中的“耳濡目染”，增强学生对经济组织资金运动流程及其管理背景等的认识，包括对于组织成本的管理与核算的主要内容和一般流程，对于税种及报税流程等，培养学生的实际操作能力，让学生在实习中发现问题、分析问题甚至解决实际问题的能力，确立职业方向，从而为后续进一步学习高级财务会计、管理会计和审计等会计学专业的后续课程奠定实践基础。本文认为，《专业实习》课程区别于其他理论课程具有系统性、实践性和承继性等特点。

### （一）《专业实习》课程具有内在系统性

这种系统性一方面体现在实习环境的系统性，另一方面体现在实习内容要有系统性。我们知道，会计是现代企业一项重要的基础性工作，经济越发达，会计越重要，会计工作涉及的主体包括一切经济组织，同时每一个经济组织都有自身的资金特点，会计信息可以记录并监督微观经济组织的资金运动。以企业为例，涉及的业务包括资产、负债、所有者权益、收入、费用、利润等经济要素；以资产为例核算的内容，包括现金、银行存款、存货、固定资产、无形资产、投资性房地产到长期股权投资等。可以看到，会计实践通常是在一个持续经营、不断发生各种经济交易或事项的主体中发生的，各项业务是彼此关联，离不开主体自身的特征，呈现实习环境的系统性。而由《专业实习》课程开设的内容安排和时间安排及其在培养学生的课程体系中来看，《专业实习》内容本身具有系统性，这种系统性是由实习环境系统性及《专业实习》课程之所以存在决定的。当学生以准专业者的身份加入实习单位并实践进而观察实习单位的会计活动，需要有一定的系统性，或者说需要在整个培养知识系统框架内来实施和完成。

### （二）《专业实习》课程具有实践性

这是《专业实习》课程区别于其他专业理论课的一个重要特点。“实践的观点是马克思主义认识论首要的和基本的观点。”[1]毛泽东指出：“无论何人要认识什么事物，除了同那个事物接触，即生活于（实践于）那个事物的环境中，是没有法子解决的。”理论来自实践，需要在实践中检验。实践是理论的最好老师，会计职业也是如此。“两耳不闻窗外事，一心只读圣贤书”，虽然大学生在理论课堂上通过相对集中、较为系统的学习，使其对于专业知识有一定的认识，但“纸上得来终觉浅，绝知此事要躬行”。学生需要走出“象牙塔”，通过实习，努力弥合理论与实践的差异。《专业实习》通常要求学生在具有一定规模的企业里或会计师事务所进行实践，在统一的理论指导下，面对千差万别的实践，学生需要转变“学习”思路。会计行为是存在于一定的社会、经济、企业背景之下的。会计职业与服务主体紧密相关，因此学生实习面对的会计知识包括但不限于在《专业实习》的前导课程中，同时由于《专业实习》课程学时所限，这种实践需要学生努力“管中窥豹”。

### （三）《专业实习》课程具有承继性

一方面，通过《专业实习》的实践，学生们开始实施对专业理论的实践，这是对未来的职业实践的初演练、初体验，其后通常还有至少一个更深入的实习，例如，毕业实习等，通过《专业实习》课程将加深之前的理论学习认知，并为更深入的理论学习提供来自实践的动力，因而《专业实习》课程起到了专业理论与实践的承前启后的作用。另一方面，前文提到，《专业实习》是学生在一定专业课程基础上从专业视角出发进行的第一次由理论走向实践的体验，“管中窥豹”需要在初步体验的基础上进一步深化理论学习。因而《专业实习》课程实践对于前一阶段和后一阶段理论课程学习起到了承前启后的作用。

## 二、《专业实习》课程思政建设的可能困难分析

由前述分析所知，《专业实习》课程具有系统性、实践性和承继性三个特点，这三个特点一方面表明《专业实习》课程的课程价值以及课程思政建设的必要性和重要性；另一方面也正是由于上述属性，使《专业实习》课程思政建

设需要面对不同于其他课程的问题。

### (一)《专业实习》课程的实践性需要“课程思政”建设“另辟蹊径”

课程思政建设的目的在于“立德树人”，在于培养社会主义事业建设者和接班人，更多地体现在职业理想、信念等方面的引导。而《专业实习》的实践性，特别是实习单位的分散等，使这种课程思政建设在具体实习过程中可能处于一种被动的需要。反过来，《专业实习》的实践性又能够更好地体现课程思政的教育成果。当然《专业实习》的系统性和承继性则使课程思政建设可以不囿于该课程本身。正如王骞等（2021）所述，“课程思政并非是一个全新的概念，是教师教书育人能力在课程和专业教学中的体现”。[2]因此，《专业实习》课程思政建设应首要考虑如何在实践中体现课程思政。

在中国共产党成立100周年之际，中共中央、国务院印发了《关于新时代加强和改进思想政治工作的意见》指出，要培育和践行社会主义核心价值观；加强教育引导、实践养成、制度保障，推动社会主义核心价值观融入社会发展和百姓生活；加强党史、新中国史、改革开放史、社会主义发展史和形势政策教育；反对历史虚无主义，继往开来走好新时代长征路。坚持遵循思想政治工作规律，把显性教育与隐性教育、解决思想问题与解决实际问题、广泛覆盖与分类指导结合起来，因地、因人、因事、因时制宜开展工作；坚持守正创新，推进理念创新、手段创新、基层工作创新，使新时代思想政治工作始终保持生机活力。同时，陈宝生（2018）提到，“思想是行动的先导。认识到位，行动才能到位。”[3]

综上所述，本文认为，一方面，突出《专业实习》的实践性，以问题导向为指引，引导学生们通过实践发现问题、分析问题，进一步明晰并明确职业理想体现；另一方面，充分利用系统性和承继性，通过“四史”的学习，淬炼学生的职业精神。

### (二)《专业实习》课程思政需要提高课程专业训练效果

专业课程思政的根本目的是“立德树人”，在于培养社会主义事业建设者和接班人，则专业素质的培养是内涵，如果没有过硬的专业能力，何谈建设和接班。作为专业课程之一的《专业实习》课程，由于受到学时的安排所限，可能对学生的实习造成片段性，也因此，通过实习带来的经验可能多为体验式而非实践式：实习主体通常应处于持续经营状态，此时，实习主体的经济活动至少有12个月，与《专业实习》通常的几周教学时间矛盾；同时，实习主体的经营有着自己的周期，与《专业实习》的教学时间难以完全契合，极端情况可能完全错配，此时会在实践中带来实习单位难找，或者实习生难找的问题存在，影响实习内容，实习效果；另外，在统一的课程设计的标准化下有利于实习结果评价的公平、标准化，但可能与实践的多样性，包括实习单位的多样、实习内容的多样等相矛盾。此外，会计的专业性意味着会计信息具有一定保密性，同时会计信息对于实习主体通常具有非常的重要性这使学生在进行短期的专业实习时，很难能迅速融入实习主体相关业务活动中，或者说即使融入，其参与的程度也与真正的实践存在差异。

因此，从这一角度考虑，本文认为，应努力提高《专业实习》的课程效果，这有利于该课程的课程思政建设。

## 三、《专业实习》课程思政建设的建议

综上所述，《专业实习》课程思政建设可以从培养学生的课程系统角度入手，而不仅仅依赖于本课程以及努力提高《专业实习》的课程效果两方面入手。

### （一）通过明确课程目标，强化《专业实习》课程，在实习中淬炼学生的职业理想

在诸多高等教育的发展中，美国斯坦福大学的发展无疑是非常成功的，而斯坦福大学的发展与硅谷的发展相辅相成，尽管硅谷的成功有很多因素影响，但必定离不开斯坦福大学。从斯坦福毕业的学生在硅谷取得了成就，不忘母校的栽培，形成了提携母校的传统。同时，硅谷也成为斯坦福师生实习和开发基地，教授们在硅谷可自办公司，或在各公司兼职，学生们也可在各公司实习和就业，师生们的研究成果很容易在硅谷迅速转为技术成果或产品，硅谷的繁荣与发展，促进了斯坦福的发展与进步。《专业实习》的安排可以进一步向实践倾斜。

经过多年的发展，我国职业教育相较于高等教育在就业率方面有相对较大的优势，同时，较好地实现了使受教者具有一技之长的教育目标，而高等教育往往受到“眼高手低”的诟病，本文认为，在育人方面，会计专业可以借鉴职业教育发展的经验，努力加强专业教育与实践的关联：2000～2019年，中共中

央、国务院、教育部、财政部等国家相关职能部门，颁布了大量推进高等职业教育产教融合政策，这些政策不仅包含国家层面对产教融合问题的现实判断，更反映了国家层面对该问题的战略规划和设计（尤莉等，2021）[4]。一方面，应发挥《专业实习》课程的特性，构建产学研平台，构建尽可能稳定、系统、持续的专业实习平台，并可将这种实习真真正正转化为社会的现实生产力；另一方面，提高《专业实习》课程与实习单位的进程匹配程度。

### （二）从实践中寻找指导，加强相关教育，并结合“四史”学习，淬炼学生精神

“功夫在诗外”，《专业实习》课程思政的主旨意在从实践的角度明确职业理想，明确理想与现实的差距，从而明确后期努力的方向，从实践中寻找指导，本文认为，通过实习案例参考集的编撰等，加强相关教育，并结合“四史”学习，淬炼学生精神。例如，长征路上的“扁担银行”事例[5]，一方面，展示了曾经的中央红军高尚的品德；另一方面，也展示了会计素养的重要。当时毛泽民率领 14 位来自银行的同志以及 100 多名运输员组成中央纵队第 15 大队，用扁担挑起中央红军的全部家当——金子、银圆和部分纸币“红军票”行军移动，在红军到达遵义后，战士们急需休整，购买药品、衣物等补给。可他们手里只有少量不能在当地流通的红军票。此时，红军缴获了一批食盐。盐在当地是紧俏商品，军阀们一直抬高盐价盘剥百姓。红军决定向老百姓平价出售这批盐，唯一条件就是要用红军票才能购买。这样一来，老百姓就要用银圆兑换红军票或卖给红军商品来换取红军票。这使红军票有了信用，成了能够流通的纸币。部队用红军票买了很多急需物资。然而 12 天后，红军决定转移。为避免让百姓蒙受损失。红军在城中设立许多兑换点，贴下布告，限时 3 天让百姓把手中的红军票兑换成银元。这些资产的运用方式不仅解决了红军的困难，同时也顾及人民群众的利益，树立了共产党在当地百姓心中的诚信形象。

此外，《专业实习》应充分利用国家搭建的产学研用平台，并结合社会实践，搭建自己的实习平台，结合学生就业，考虑课程开设时间，时长以及实习单位范围，提高课程的实践性。

## 四、结语

《专业实习》是本科会计学专业实践教学环节的重要组成部分，具有区别

于其他理论课程具有系统性、实践性和承继性等特点。其中，实践性需要《专业实习》课程思政建设“另辟蹊径”，《专业实习》课程思政建设应首要考虑如何在实践中体现课程思政。而《专业实习》的系统性和承继性则使课程思政建设可以不囿于该课程本身；同时，《专业实习》课程思政需要提高课程专业训练效果，因此，《专业实习》课程思政建设可以从学生培养的课程系统角度以及努力提高《专业实习》的课程效果两方面入手。

## 参考文献

[1] 沈炜.《实践论》：做好工作的传家宝 [N]. 解放日报，2019-04-28 (09).

[2] 王骞，邓志勇. 论当前高校课程思政建设策略 [J]. 江苏高教，2021 (5)：94-98.

[3] 陈宝生. 培养社会主义建设者和接班人 [J]. 党建研究，2018 (7)：19-21.

[4] 尤莉，钱丽明，王晓梅. 高等职业教育产教融合政策工具分类及优化路径——基于2010—2019年国家政策文本量化分析 [J]. 重庆高教研究，2021 (3)：99-110.

[5] 李国斌. 长征路上的“扁担银行” [N]. 湖南观察，2016-11-20 (02).